科技部教育部『中小学科学探究学习与创新人才培养机制实验研究』项目研究成果

创新人才培养

理念探索与思维突破

王晶莹◎著

组编单位
科技部教育部『中小学科学探究学习与创新人才培养机制实验研究』项目组

江苏教育出版社

图书在版编目（CIP）数据

创新人才培养：理念探索与思维突破 / 王晶莹著．
—南京：江苏教育出版社，2013.6
ISBN 978-7-5499-2521-6

Ⅰ．①理… Ⅱ．①王… Ⅲ．①教学研究—中小学
Ⅳ．① G632．0

中国版本图书馆 CIP 数据核字（2012）第 292086 号

书　　名	创新人才培养：理念探索与思维突破
作　　者	王晶莹
责任编辑	严小英　司亚宁
出版发行	凤凰出版传媒股份有限公司 江苏教育出版社（南京市湖南路 1 号 A 楼　邮编 210009）
苏教网址	http://www.1088.com.cn
照　　排	吕　龙
印　　刷	九洲财鑫印刷有限公司
厂　　址	河北省三河市灵山大口
开　　本	787 毫米 ×1092 毫米　1/16
印　　张	18
字　　数	292 千字
版　　次	2013 年 6 月第 1 版　2013 年 6 月第 1 次印刷
书　　号	ISBN 978-7-5499-2521-6
定　　价	30.00 元
网店地址	http://jsfhjy.taobao.com/
邮购电话	025-85406265，85400774　短信　02585420909
E - mail	jsep@vip.163.com
盗版举报	025-83658579

《创新人才培养系列》

编委会名单

序　言

在中国，人们对创新人才的期盼，从来没有像今天这样强烈。1999 年，《中共中央国务院关于深化教育改革全面推进素质教育的决定》（中发〔1999〕9 号）中就指出要转变教育观念，改革人才培养模式，积极实行启发式和讨论式教学，激发学生独立思考和创新的意识，切实提高教学质量，培养学生的科学精神和创新思维习惯。2001 年，《国务院关于基础教育改革与发展的决定》（国发〔2001〕21 号）及教育部颁布的《基础教育课程改革纲要（试行）》（教基〔2001〕17 号）中，都进一步强调要重视培养学生的创新精神和实践能力，为学生的全面发展和终身发展奠定基础。

在《国家中长期教育改革和发展规划纲要（2010—2020 年）》中，对“创新人才培养”论述更加深刻、全面。该文件指出，创新人才培养是一个系统工程，要努力发挥各学段、各环节、各要素在创新人才培养方面的积极作用；要做好小学、中学、大学有机衔接，教学、科研、实践紧密结合，学校、家庭、社会密切配合；大力推进教育教学改革，探索多种培养方式。

为贯彻中共中央、国务院关于创新人才培养的重要指示与精神，从 2009 年起，我们积极承担了科技部“创新方法工作专项”中的重要课题“中小学科学探究学习与创新人才培养机制实验研究”（项目编号：2009IM010300），并成立了“中小学科学探究学习与创新人才培养机制实验研究”项目组，着重探索、研究在基础教育领域推进科学探究学习与创新人才培养的工作机制与模式。

在科技部条件财务司、教育部基础教育二司和 21 世纪议程管理中心的指导下，我们遴选当前基础教育领域的知名专家成立了项目专家指导工作组，并在全国建立起三大实验区和125所项目试点学校。经过近三年的研究、实践，该项目带动了试点校整体办学水平的提高，特别是促进了基于学科的科学探究活动的广泛开展和推广。各试点校呈现出中小学生主动参与科学探究活动，学习兴趣浓厚，积极思考、乐于交流的良好风气，有力地促进了中小学生的自主与个性发展，培养了他们积极健康的科学态度和科学精神。而且，很多学校还形成了有代表性的人才培养模式。

为更好地传播、推广项目研究成果，使更多中小学校师生受益，我们选编了部分项目研究成果，希望在更大范围内深入推进我国中小学校的科学探究学习与创新人才培养工作。

中小学科学探究学习与创新人才培养机制实验研究项目组

2012年12月6日

目 录

CONTENTS

绪　论

《国家中长期科学和技术发展规划纲要（2006—2020年）》指出，科技人才是提高自主创新能力的关键所在，要创造良好的环境和条件，培养和凝聚各类科技人才特别是优秀拔尖人才，努力开创人才辈出、人尽其才、才尽其用的良好局面，努力建设一支与经济社会发展和国防建设相适应的规模宏大、结构合理的高素质科技人才队伍，为我国科学技术的发展提供充分的人才支撑和智力保证。教育部基础教育课程教材发展中心承担了科技部设立的创新方法工作专项“中小学科学探究学习与创新人才培养机制实验研究”项目，它属于国家级重大项目。基础理论研究是该项目的子课题之一，旨在通过研究，形成中小学科学探究学习与创新人才培养的理论体系，为实验研究提供必要的理论支撑和指导，本书即是该研究的结晶。

一、本书的写作背景

2008年，科技部、教育部等部委发布的《关于加强创新方法工作的若干意见》要求建立有利于创新型人才培育的素质教育体系，实现由应试教育向素质教育的转变，培养一大批掌握科学思维、科学方法和科学工具的创新型人才，大幅度提升国家的核心竞争力。目前国内关于创新人才的书籍多针对高等教育，本书则主要针对基础教育阶段创新人才的培养。

（一）问题的提出

大力开展教育创新，培养创新人才，是应对时代挑战、建设创新型国家的必然要求和战略选择，也是当代国际教育改革的共同追求与核心目标。目前国内的研究多集中在高等教育阶段的创新人才培养，但是，作为人才发展的关键学段，基础教育阶段对创新人才的养成起着关键作用。因此，本书的研究不仅处于时代发展的前沿，更具有重要的现实意义。

1. 创新成为时代要求

创新已经成为世界各国经济和社会发展中的一个关键主题，世界各国都对它给予了高度的重视，把它视为社会进步和经济发展的重要推动力。各国政府制定了各种各样的政策，推动和促进创新；专家学者们纷纷撰文，探讨创新的理念和意义，寻求推进创新的途径。在这一趋势下，大众媒体也不遗余力地宣传创新，力图为创新营造一个良好的舆论环境。可以说，创新已经成为这个世界的主流意识形态之一，创新人才的培养已成为这个时代最紧迫的任务。

2. 培养创新人才成为学校教育的重要目标

创新人才培养是一项系统的工程，学校教育在其中处于主导地位。这是因为，如果学校教育不能够极大地保护和提高学生的创造性或创造力，那么就很难向社会提供创新人才。以前的学校教育体制，从观念到制度、从内容到方法，虽然不能说阻碍了学生创造潜能的发挥和实现，但是至少没有把培养学生的创造性或创造力及相关思维和人格品质作为核心目标来追求。因此，要顺应时代的要求，培养大量的创新人才，从学前教育到基础教育一直到高等教育，整个学校教育体系都必须进行认真的反思，大力推进指向创新人才培养和创造性或创造力提升的教育创新，从而更有效地开展创新教育。只有这样，学校教育才能体现自己鲜明的社会性和时代性，才能跟上时代的步伐。可见，教育在培养国民的创新精神、培养创新人才方面，肩负着特殊的使命。从教育研究来看，科学教育的核心在于培养创新人才，科学探究学习的目标即是培养学生的创新精神和实践能力。

（二）意义价值

党的十七大报告指出：“提高自主创新能力，建设创新型国家。这是国家发展战略的核心，是提高综合国力的关键。……进一步营造鼓励创新的环境，努力造就世界一流科学家和科技领军人才，注重培养一线的创新人才，使全社会创新智慧竞相迸发，各方面创新人才大量涌现。”一般来说，我们习惯于把高等教育视为培养创新型人才的主力，但事实上，在培养创新型人才的过程中，基础教育是起点，同样不容忽视。在基础教育阶段，虽然我们难以确定学生未来的发展方向，不能很早就开始有针对性地辅导和培养学生某一方面的创造能力，但是我们可以通过科学探究学习培养学生的创新意识和创新技能，为他们具备创新人格打下扎实的基础。本书的研究意义如下：

1. 建构中小学科学探究学习与创新人才培养的理论体系。

2. 促进我国对中小学科学探究学习与中小学生创新精神和能力培养经验的调查研究，并为与国际创新人才培养的有益经验和成功模式的比较研究提供理论参照。

3. 为中小学科学探究学习与创新人才培养的实验研究提供坚实的理论基础。

4. 进一步促进对基础教育阶段创新方法与科学思维的研究。

二、本书的基本内容

本书的基本内容分为创新与创新人才培养的核心理论，科学探究、创新思维与创新人才培养，创新思维的基础理论和实践探索，中小学科学探究学习研究的成果汇总，中小学科学探究教学实施成功案例与模式以及我国拔尖创新人才培养的实证案例六大部分。如果按照研究内容来看，可以分为创新人才及其培养的理论和实践、创新思维及其教学的理论和实践、中小学科学探究教与学的理论和实践以及三者之间的关系。

（一）创新人才及其培养的理论和实践

这一部分的研究内容主要由两章组成的：第一章为创新与创新人才培养的核心理论，开宗明义地引出本书的主题——创新人才培养的基础理论，为后续各章做好理论铺垫；第六章为我国拔尖创新人才培养的实证案例，主要从实践角度定性和定量分析两所中学拔尖创新人才培养的教学方式和课程设置，实证地阐释人才培养的实际状况，是在前五章对创新人才、创新思维和科学探究的理论和实践研究的基础之上，对我国创新人才培养的案例展开调查。

（二）创新思维及其教学的理论和实践

第二部分的研究内容主要由第三章组成。第一章对创新及创新人才的基础理论进行了阐释，也指出了创新人才的一大特质，即具有创新思维，第二章详细介绍了科学探究、创新思维与创新人才的关系，基于此，第三章将创新思维作为主要研究内容，从理论和实践上对其展开考察。对创新思维的研究首先从思维的概念和研究历史入手，然后概述创新思维的基础理论和研究发展，并回顾关于思维训练和思维教学的基础研究，最后说明创新思维教学及其形成性评价的应用，这与后续章节对科学探究教与学的研究相辅相成。

（三）中小学科学探究教与学的理论和实践

这一部分包括两方面的内容，一是第四章中小学科学探究学习研究的成果汇总，二是第五章中小学科学探究教学实施成功案例与模式。目前，国内研究科学探究理论的著作已有很多，第四章采用全新的视角，基于分析中国期刊网的文献探讨国内的研究现状，然后就科学探究能力的评价展开说明，接着分析科学素养和科学本质的相关理论和实践，最后介绍《中小学科学探究学习实施指南》中关于科学探究学习的研究成果。第五章主要对中小学科学探究教学的现状进行了调查，并进行了国际比较，首先通过对焦点团体的访谈了解我国教师对探究教学的认识现状，然后对比中美两国教师的探究教学案例，最后分析两国教师实施探究教学的差异，这样的比较研究，有助于我国中小学科学探究教与学的深入开展。

（四）科学探究、创新思维与创新人才

这部分主要阐释本书三大核心概念之间的逻辑关系。按照研究顺序，应该在研究的最后才能水到渠成地得出，而作为书稿出版，需要将本书的核心关系提前与读者交代清楚，并明确全书的逻辑关系体系。因此，在第一章开宗明义地引出创新人才的主题之后，第二章便对全书各部分的关系进行梳理。这一章首先阐明科学探究、创新思维和创新人才及相关概念的内涵，然后探讨创新思维与创新人才培养的关联，最后详细分析科学探究与创新思维之间的联系。第二章如同纽带和桥梁一般，顺利地引出了第三章的创新思维研究，第四章和第五章的中小学科学探究教与学研究，以及第六章拔尖创新人才培养的案例研究。

三、本书的核心概念和理论基础

本书的核心概念主要是科学探究、创新思维和创新人才，第二章对这三大概念及相关概念进行了详细阐述，并对其逻辑关系进行了系统的梳理和分析，本处只是对它们作简要的介绍和说明。

（一）核心概念

1. 对创新人才有狭义和广义两种理解。就狭义方面来说，创新人才指在社会生产和社会发展过程中作出创造性贡献的人，就广义方面来说，创新人才还包括那些具备创新性素质或者潜能，可能为社会作出创造性贡献的人。创新人才的重要特征为具备创造力。本书采取广义的界定，面向全体学生。

2. 创新思维是指以独特、新颖的方法提出问题和解决问题的思维活动。这种思维不仅能揭示客观事物的本质及其内部联系，而且能在此基础上产生新颖、独特、具有社会价值的思维成果（与创造性思维通用），它是创新能力（创造力）的核心和思维的最高形式。

3. 科学探究学习是指学生在教师的指导下，围绕某一科学问题，根据已有的知识、技能和经验，运用科学方法体验研究过程、尝试解决科学问题的学习活动。

（二）理论基础

本书的理论基础主要来自心理学、教育学、经济学和哲学等领域，包括创造心理学、思维心理学、脑科学、人力资本理论和科学哲学理论等。

1. 创造心理学

创造心理学的已有研究表明：创造性人人皆有，它是人的智力发展和创新心理的集中体现。20 世纪 30 年代，陶行知指出："处处是创造之地，天天是创造之时，人人是创造之人。"美国心理学家、创造学家吉尔福特（Guilford）指出：创造性得到充分发挥、发展的只是极少数人，绝大多数人的创造性未得到发挥。

2. 思维心理学

思维心理学主要研究人类思维的本质特点、人类思维的过程和机制、人类思维的特点和偏向、人类思维能力的发展与提升。它的基本理论流派包括：联想主义、构造主义、意动心理学、机能主义、行为主义、格式塔心理学和认知心理学等。它的研究领域包括：知识的表征（概念）、演绎推理、归纳推理、复合推理、问题解决、创新思维和思维训练等。

3. 脑科学

近年来关于全脑模型的研究等为培养学生的创新精神和创新能力提供了科学依据，有利于促进学生个体创造性的发展。20 世纪 60 年代，美国实验生理学家斯佩利（Sperry）、波根（Bogen）、葛萨纳嘉（Gazzanaga）三人进行了著名的分脑手术，发现了左右脑的结构和功能的区别。在此基础上，美国发明家布莱克斯利（Blakeslie）深入考察了人类文明的进步与大脑思维方式的内在联系，于 20 世纪 70 年代初提出了右脑革命理论。到 70 年代中期，美国国家健康学会的麦克连（Mclean）又提出脑部三分模型，按照人类进化历程划分人脑的功能区。虽然此后又有各种新理论出现，但在 70 年代甚至 80 年代，坚持左右脑二分法观点的人一直占多数。

美国学者赫曼（Herrmann）在综合斯佩利等人的左右脑分工说和麦克连的脑部三分模型的基础上，提出了全脑四分构造模型。赫曼认为，人的大脑可分为相互联系和相互依存的四个象限，分别比拟人的大脑皮层的两个半脑（斯佩利理论）和边缘系统的两个半脑（麦克连理论）。根据全脑模型的研究结论，人的大脑的四部分构成了一个有机的整体，左半脑和左半边缘系统具有语言、思维方面的优势，而右半脑和右半边缘系统具有相当高级的自我意识能力，特别是非语言的意识能力（如时空功能、认知功能、记忆功能、想象力、洞察力等）。这四部分构造为心理的知、情、意、行提供了脑的生理基础，也为德、智、体、美的全面发展提供了具体的依据。

4. 人力资本理论

人力资本理论最早起源于经济学研究。美国经济学家舒尔茨（Schults）认为，人力资本是现代经济增长的主要动力和源泉，人的知识、能力和技术水平的提高对经济增长的贡献远比物质资本、劳动力数量的增加重要得多，对人力资本的投资能够产生递增的收益；美国的另一位经济学家卢卡斯（Lucas）的模型表明，人力资本积累具有通过在学校学习积累的“内部效应”和通过“干中学”积累的“外部效应”。总体来说，人力资本理论认为接受教育是一种人力资本投资。

5. 科学哲学理论

科学哲学是从哲学角度考察科学的一门学科，它以科学活动和科学理论为基本研究对象，主要探讨科学的本质、科学知识的获得和检验、科学的逻辑结构等有关科学认识论和科学方法论的基本问题。科学哲学认为，知识的创造也就是新知识的获取，因此，创新过程的本质就是学习。

四、本书的结构

（一）研究方法和设计

本书的研究方法主要有文献分析法、比较研究法、历史分析法、案例研究法和实验研究法等。第一章主要采用文献分析法、比较研究法、历史分析法和案例研究法；第二章主要采用文献分析法、比较研究法和历史分析法；第三章主要采用文献分析法、比较研究法和历史分析法；第四章主要采用文献分析法、比较研究法和历史分析法；第五章主要采用焦点团体访谈法、案例研究法、比较研究法和文本分析法；第六章主要采用历史分析法、课堂观察法、文本分析法、案例研究法、统计分析的量化研究法。具体的内容设计如图 0-1。

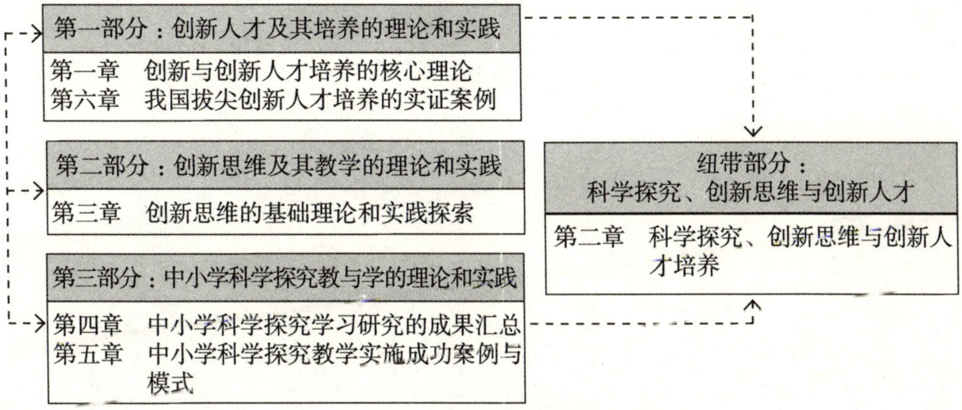

图 0-1　本书的内容设计

（二）本书的框架

根据基本内容及其设计，本书主要分为四大部分，每一部分又包含具体的研究内容，共分为六章，各部分内容之间构成了相互联系和步步深入的关系，具体的框架如图 0-2。

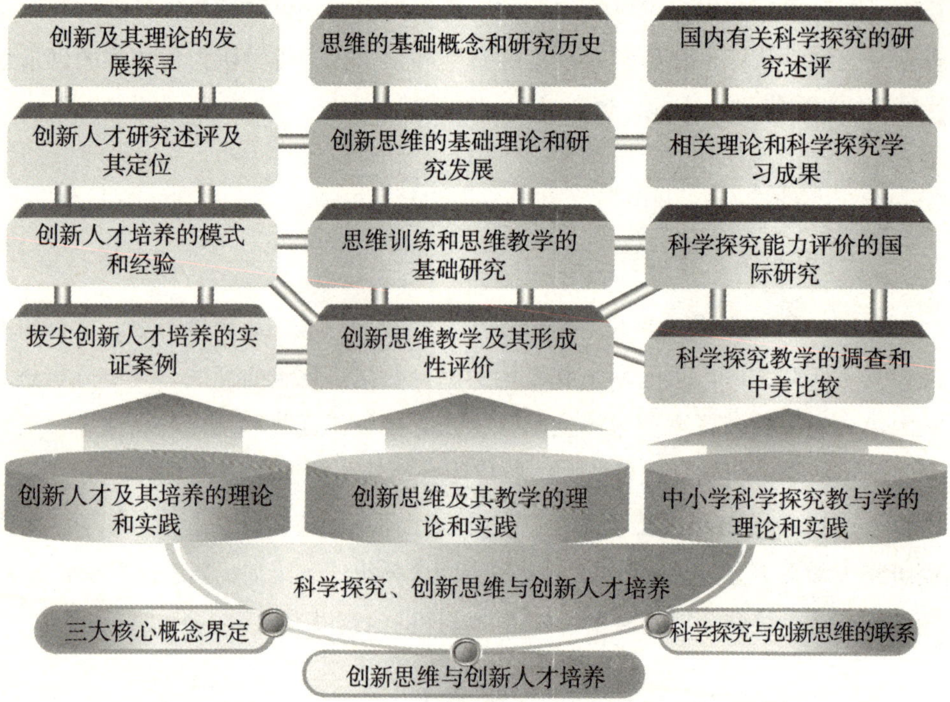
创新及其理论的发展探寻
思维的基础概念和研究历史
国内有关科学探究的研究述评
创新人才研究述评及其定位
创新思维的基础理论和研究发展
相关理论和科学探究学习成果
创新人才培养的模式和经验
思维训练和思维教学的基础研究
科学探究能力评价的国际研究
拔尖创新人才培养的实证案例
创新思维教学及其形成性评价
科学探究教学的调查和中美比较
创新人才及其培养的理论和实践
创新思维及其教学的理论和实践
中小学科学探究教与学的理论和实践
科学探究、创新思维与创新人才培养
三大核心概念界定
科学探究与创新思维的联系
创新思维与创新人才培养

图 0-2　本书的基本框架

第一章

创新与创新人才培养的核心理论

1999年，《中共中央国务院关于深化教育改革全面推进素质教育的决定》指出，要把培养学生创新精神和实践能力作为深化教育改革、全面推进素质教育的重点内容。为此，加快教育改革，转变教育观念，全面实施素质教育，改进人才培养模式，提高教育质量，成为我国建设创新型国家的奠基性工程。本章主要介绍在这一时代背景下，创新与创新人才培养的核心理论、历史发展、国内外相关研究及创新人才的培养模式和经验。

第一节　创新及其理论的发展

创新（Innovation）作为一种理论可追溯到美国哈佛大学教授熊彼特（Schumpeter）1921年出版的《经济发展概论》。如今，创新已经成为社会生活的主旋律，创新理论也成为人们探讨的热门课题。本节分为两部分，一是对创新概念的梳理和定位，二是介绍创新理论的发展和成果。

一、对创新概念的梳理和定位

进入21世纪，各国在制定新的创新战略时对创新的概念进行了重新认识和再定义，在熊彼特定义的基础上特别突出了两点：①特别强调了创新的价值实现；②极大地扩展了创新概念的范畴，从单纯的技术创新扩展到全社会领域的非技术性创新。对于创新概念的研究需要从词源学谈起，本部分对其在全书中的涵义进行了规定。

（一）创新的词源学追溯

从词源学角度考察，英语中的“创新”（Innovation）源于拉丁语的“Innovore”，Innovore是指“更新、创造新的东西”，它具有比较宽泛的外延。后来，熊彼特从经济学角度具体界定了“创新”的概念，奠定了创新理论研究的新基础。

1. 词源学上的创新涵义

在中国，“创新”一词在《辞海》中尚未出现，与其相近的只有“创造”一词，并被解释为“首创前所未有的事物”。后来的《现代汉语词典》中出现了“创新”，被解释为“抛开旧的，创造新的”，几乎与《辞海》中对“创造”的解释相同。虽然“创造”与“创新”具有不同的内涵，但在中国的文化传统中，“创新”就是“创造”。刘仲林教授在《中国创造学概论》中提出，“创造是赋予新而和的存在”；“新”是指新奇，“和”是指相应（《说文》：“和，相应也。”），引申为不同事物在整体上达到的协调一致。

2. 创新与创造

今天人们对创新的理解与拉丁语中对创新的理解类似，即“创造新东西”，但有了更深层次的现实拓展。既然创新与创造关联，那么，创造的本来意义如何呢？

颜师古在注《汉书》时说“创，始造之也”，可见，先人们很早就将“创”和“造”紧紧地联系在一起了。“创”字有疮、伤、损、惩的意思，其共同含义是“破坏”；而“造”字有作、为、始、成的意思，其共同含义是“建设”。“创”和“造”两字结合起来的本来意义就是“破旧立新”。《辞海》中将“创造”一词解释为“首创前所未有的事物”，这成为对创造的最普遍的阐述。创造强调从无到有，侧重产品、成果；创新强调破旧立新，重视变革过程。由此可见，创新包含创造，适用范围更广，原始性创新、原发性创新、破坏性创新就是创造，也可以称为“高级形态的创新”。

（二）创新的学术含义

创新是一个比较宽泛的概念，可以应用于人类社会的各个领域。在经济学中，创新主要指通过技术进步和制度变革来提高生产力、推动经济及社会发展的动态过程。西方经济学界第一个系统地、完整地描述创新理论的是熊彼特，他在1912年出版的《经济发展概论》一书中首次提出“创新理论”，之后在诸多学者的影响之下，创新概念开始了飞速发展。

1. 最初的经济学概念

熊彼特认为，创新就是把生产要素和生产条件的新组合引入生产体系，即“建立一种新的生产函数”，其目的是获取潜在的利润。因此，他所说的创新是一个经济学概念，是指在经济上引入某种“新”的东西，不能等同于技术发明。他认为，只有当新的技术发明被应用于经济活动时，才能称为创新。

2. 创新与企业家的关系

熊彼特指出：“我们把新组合的实现称为‘企业’，把职能是实现新组合的人们称为‘企业家’。”企业家活动的动力源于对垄断利润或超额利润的追逐，其目的或结果是实现“新组合”或创新。可以说，创新的承担者（主体）只能是企业家，企业家的创新活动是经济兴起和发展的主要原因。

3. 技术创新的兴起和发展

到了20世纪60年代,新技术迅猛发展。美国经济学家华尔特·罗斯托(Walt W. Rostow)提出了经济成长阶段论，把创新的概念发展为“技术创新”，并把“技术创新”提高到创新的主导地位。从20世纪七八十年代开始，有关创新的研究进一步深入，开始形成系统的理论。厄特巴克(J. M. Utterback)在1974年发表的《产业创新与技术扩散》一文中认为，创新就是技术的实际采用或首次应用。进入21世纪，信息技术推动下的知识社会的形成及其对技术创新的影响进一步被认识，科学界深化了对创新的认识：技术创新是科技、经济一体化的过程，是技术进步与应用创新“双螺旋结构”共同作用催生的产物，在知识社会中技术创新以需求为导向，以人为本。

(三)本书对创新的定位

创新的理论研究肇始于20世纪初经济学家熊彼特的工作。此后，创新的丰富内涵在众多学科、多重视角下得到了深入阐释；同时，创新实践在各个领域广泛开展，兴起了技术创新、管理创新、制度创新、文化创新、社会创新等现实活动。

1. 创新系统的提出

在分析现实创新模型的基础之上，经历战后技术经济意义下的线性模型、环节互动模型和以厂商为中心的模型之后，进入20世纪80年代后期，出现了从系统的观点来研究创新的新思路。无论是国家层次上，还是区域层次上、产业层次上的创新，都被看作一个由多种要素及其相互关系组成的系统，即创新系统。因此，当从更加一般的意义上考察创新时，就会看到创新都是由内部诸要素按照一定的关系结合而成的，是具有特定结构与功能，并总是发生在一定环境中的系统行为。与任何其他系统一样,创新系统不仅有其特有的结构和功能，而且处于不断的演化之中。以系统论为基本思想，对人类生活中的创新系统的结构、功能、环境以及演化等基本方面进行研究，揭示创新实践的普遍性规律，有助于深化对创新的理解。

2. 本书对创新系统的定位

系统是要素通过特定的关联构成的有机整体。创新系统作为具有特定功能的系统，同样包含各种构成性要素，主要有主体、客体和中介三种。创新系统诸要素之间在相互联系、相互作用中形成比较稳定的结合方式，由此形成创新系统的结构。

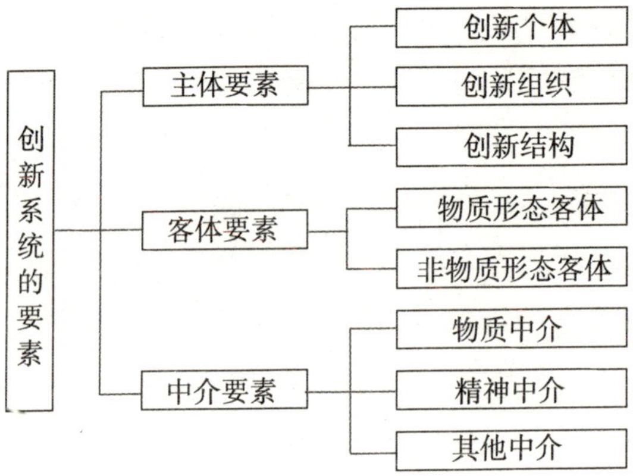

图 1–1　创新系统的要素

创新系统的主体要素指那些在创新系统中具有主观能动性的要素。从事创新活动的人是最基本的主体要素，其创新能力不仅受其思维方式、智力水平等的影响，还受其通过后天培养所获得的知识结构、行为习惯的影响。由个体组成的具有创新能动性的组织，如企业、大学、科研机构和政府机构等，是创新系统更高层次的创新主体。另外，还有一些潜在的创新组织，如科学活动中的无形学院等。创新组织的创新能力不仅依赖于构成该组织的作为个体的创新成员的创新能力，还依赖于该创新组织的内在结构。个体创新成员之间的组合与协调方式、相互关联的性质和强度等因素，最终都会影响组织的创新能力。因此，对于创新组织而言，其内在结构的优化对于创新能力的充分发挥具有关键的作用。无论是何种形态的创新主体，都是“实践活动中唯一能动的方面，承担着驾驭、控制实践的任务，是实践活动的发动者、实践过程的承担者，也是实践结果的享用者”。

美国《创新杂志》对创新的定义为：“创新是运用已有知识想出新办法，建立新工艺，创造新产品。创新者，是指能够孕育出新观念并能将其付诸实施、取得新成果的人。”本书中所说的创新就是利用已存在的自然资源创造新事物的一种手段，其中涉及的创新人才属于创新系统主体因素中的创新个体。

二、创新理论的发展和成果

熊彼特在《经济发展概论》中提出：“创新是指把一种新的生产要素和生产条件的‘新结合’引入生产体系。”熊彼特独具特色的创新理论是他经济思想发展史研究的主要成就，奠定了他在经济思想发展史研究领域的独特地位，基于他的研究和后来众多学者的努力，创新理论有了飞速发展。

（一）不同时期关于创新理论的认识

熊彼特的创新理论主要包括三方面的内容：创新是经济发展的根本现象，企业家的意志和行为是创新活动的灵魂，经济周期是经济阶段发展的必然结果。熊彼特的研究成为创新理论发展的经济学概念阶段和技术创新阶段的主要标志，之后出现了创新理论发展的信息通信技术阶段。

1. 经济学概念阶段

这是创新理论发展的开始阶段。很多学者认为，资本主义经济打破旧的均衡而又实现新的均衡主要靠内部力量，其中最重要的因素就是创新，正是创新引起经济的增长和发展。熊彼特在由创新波动引起繁荣和衰退交替出现的“纯模式”的基础上，提出了“第二次浪潮”的概念，即创新浪潮的后续反应，其特点是需求、物价和投资膨胀，投机行为急剧增加，并导致失误和过度投资，由此说明了纯模式和资本主义实际经济周期的“四阶段模式”（繁荣、衰退、萧条、复苏）之间的内在联系。熊彼特认为，由于经济领域中存在多种创新活动，而不同的创新活动所需的时间长短不一，对经济的影响范围和程度也各不相同，从而出现了多种周期。

2. 技术创新阶段

熊彼特关于创新的基本观点中，最基本的一点是创新是在生产过程中内生的，即经济活动中的创新和发展并非从外部强加而来的，而是从内部自行发生的。20 世纪 60 年代，新技术革命迅猛发展，美国经济学家罗斯托提出了经济成长阶段论，“技术创新”在创新活动中的地位日益重要。随着技术创新的迅猛发展，创新表现出了越来越强的知识依赖性，创新由易变难，逐渐成为高知识群体才能完成的工作，这无形中造成了创新与应用之间壁垒的形成。

3. 信息通信技术阶段

信息通信技术，尤其是网络技术的发展强化了创新扩散理论中所说的扩散环境，加快了扩散速度。但当外部条件突破一定极限后，仅用扩散的视角来看待创新就有了局限性。熊彼特曾根据创新浪潮的起伏，把资本主义经济的发展分为三个长波：① 1787 ～ 1842 年是产业革命发生和发展时代；② 1842 ～ 1897 年为蒸汽和钢铁时代；③ 1898 年以后为电气、化学和汽车工业时代。我们有理由相信，进入 21 世纪，在信息通信技术的推动下，创新进入了第四个长波，创新绝不再是从研究到应用的线性链条，从小众到大众的传播过程。

2007 年，葛霆等人在研究经济合作与发展组织（OECD）相关报告的基础上，总结了国际创新理论的七大进展。他们着重强调了价值实现在创新活动中的本源地位，认为这是衡量创新成败的基本判据。以此为基点，替代线形模式的动态非线性交互创新模式突出了创新的多层次、多环节和多主体参与，而非技术性创新（制度创新）与创新中非技术性要素的作用也成为创新理论发展中的关注要点。创新被进一步放置于科学的视野，被认为是各创新主体、创新要素交互作用下的一种复杂的涌现现象，是创新生态下技术进步与应用创新共同演进的产物，关注价值实现、关注用户参与的以人为本的创新 2.0 模式也成为新世纪对创新重新认识的重要探索。

（二）创新理论的重大进展

创新理论的重大进展包括七个方面：①创新概念的再定义，②动态非线性交互型创新模式，③创新的非技术性要素和非技术性创新，④动态的创新生态系统，⑤创新的科学分类，⑥新的创新测度和创新计量学，⑦创造知识是创新的核心。

对这七个方面的具体分析如下：①各国对创新的概念进行了重新认识和再定义，在熊彼特的基础上特别强调了两点，一是创新的价值实现，它是创新概念的核心要义，二是极大地扩展了创新概念的范畴，从单纯技术创新扩展到全社会领域的非技术性创新。②创新过程中各层次、各环节以及各参与主体之间发生着复杂的交互作用，这是创新过程最重要的特征，它不仅体现为各环节和参与主体之间的相互影响和协同合作，更重要的是其中复杂的多重的反馈机制。

③创新过程的诸要素不仅有技术性要素，更有大量的非技术性要素，非技术性创新概念的形成以及对其重要性的肯定是对创新理论最重大的修正之一，极大地拓展了创新的视野，全面地概括了创新的内涵，准确地反映了创新的本质。④创新系统理论认为，某一国家或地区的创新体系是历史的产物，由于创新强大的动态特征，系统内部的层次、环节以及参与主体之间的关联性随时发生变化，是高度动态的。⑤传统的创新按照规模分为四个层次，即全球级、产业级、国家级和企业级；按程度分为渐进型创新和激变型创新，新近在两者之间补充了坚实型创新；最新的是按照创新过程的环节性质，从理论研究角度和创新计量测度角度进行分类。⑥创新计量测度的研究已经成为国际社会创新战略研究和创新理论研究的重点和热点，催生了创新计量学这一新兴学科。⑦知识的创造是创新活动的核心，它贯穿于全部的创新过程并且是创新的最终归宿，知识的创造也就是新知识的获取，因此，创新过程的本质就是学习。

（三）已有理论研究的局限

上述理论研究在取得丰硕成果的同时，也存在着一定的局限，主要表现在研究对象、研究过程、方法论和实用范围四个方面。

1. 研究对象的局限：创新理论以熊彼特为宗，以后的学者继承他的研究，将之发展成为技术创新和制度创新两支，二者之间相对独立，缺少必要的联系环节，创新理论的研究对象不够全面。

2. 研究过程的局限：根据观察渗透理论，创新理论的研究过程存在本能性缺失的环节。

3. 方法论的局限：从哲学视角看，创新理论作为指导和解释创新过程的理论体系，其结论建立在实践——实践的模式之上，与科学认识的程序不相符。

4. 实用范围的局限：创新理论的研究起源于经济学，目前国内外的研究又沿用科学哲学和政治学的逻辑体系，与教育学之间存在鸿沟，将已有成果应用于教育学研究非常困难。

第二节 创新人才研究述评及其定位

由于社会文化和政治经济等方面的差别，国内外关于创新人才的研究在内涵和外延方面存在一定的差异。本节首先概述国内外创新人才的研究状况，然后具体探讨我国关于创新人才特质的研究，之后比较国内外的创新人才研究，最后界定本书中的创新人才及其培养的内涵。

一、国内外的创新人才研究和比较

本部分主要概述国外典型国家关于创新人才的研究概况，包括美国、新加坡和韩国，并介绍我国有关创新人才研究的各种界定及其核心要素。

（一）国外创新人才的研究状况

国外的英才教育实验重在培养人才的创新能力，而我国更强调培养全体学生的基本能力，因此，我们的创新人才培养可以借鉴国外发达国家英才教育的经验和成果。

1. 美国的研究概况

早在19世纪初，美国就出现了创新教育的雏形，这也是英才教育最初的来源。经过近百年的发展，美国的英才教育体制日渐成熟，已经成为世界上英才教育最普及、研究和从教人员力量最大的国家。美国向来看重英才教育，并通过一套选拔系统遴选英才少年，再集中因材施教。一些学校对英才儿童的选拔从小学一年级下半学期就开始了，主要通过智力测验而不是通过知识考试来进行。选拔出来的优秀儿童会进入各个州、县设立的“英才儿童培训中心”，接受与其智商和天赋更加匹配的教育。此外，美国的少数高校同样从事英才少年的发现和培养工作，其中最著名的是约翰·霍普金斯大学的“优秀青年中心项目”。该中心每年进行一次“搜寻英才”的测验，30年间已经有大约150万名学生通过测验或参加暑期课程，其中年纪最小的才上小学二年级。

2. 新加坡的研究概况

新加坡的教育水平一直位于世界前列。新加坡政府认为，英才学生的比例虽小，但对社会的贡献可能巨大，因此要花大力气培养他们。新加坡在小学阶段就开始选拔智力超群的学生，并推出了“英才教育计划”，从全面发展的理念出发培养他们。新加坡每年要在小学三年级和六年级的学生中挑选 5000 名英才学生。政府为英才学生编制了特殊的教学大纲，并为他们提供特殊的课程。为了挖掘这些学生的思维深度，让他们获得更突出的综合能力，学校在课程中增加了更丰富的活动，对学生也进行了更多的训练。与普通学生接受的教育相比，英才教育更加强调学生的中心地位，给予了学生更多独立探索的机会。比如，在个性化研究课程中，学生可以根据自己的爱好选择感兴趣的课题来研究。在整个过程中，大部分工作由学生独立完成，教师只是给予一定的指导和监督。另外，课程中还有一项重要的内容——道德和情感教育，这主要是为了培养学生的社会责任感和健康的道德价值观，其内容也十分丰富，如道德、伦理教育，社会服务等。此外，新加坡政府也给学生安排了一定量的实践活动，以提高他们的实际操作能力。新加坡在实施英才教育计划时设立了专门的机构——英才教育研究组，进行专门的管理。为了保证英才教育计划的质量，新加坡对教师的要求是非常严格的，他们在思想、教学水平及交际能力方面都要有相当高的水平。

3. 韩国的研究概况

在韩国，对智力优秀儿童的教育被称为“英才教育”，这也是韩国创新人才培养的主要渠道。韩国是非常重视英才教育的国家，政府已经将英才教育列为首要教育方案，并依法予以推进。1998 年，韩国国家教育发展研究院内设英才教育组作为英才教育研究中心。1999 年通过《英才教育振兴法》，2000 年 1 月颁布《英才教育法案》，2002 年又发布《英才教育实施令》。韩国教育科学技术部于 2005 年发布了《针对科学领域中有天赋的低年级学生实施适合其能力的科学教育》的报告，开始正式研究、拟订选拔英才并实施免费教育的方案。该方案的主要内容为选拔小学低年级学生，并由大学教授及相关领域的专家实施一对一的适合其能力发展的科学教育，其他学科的教育仍在就读的学校完成。目前，被选中的英才学生一般是利用放学及周末的时间，在全国 23 所大学附设的英才教育学院上课。据报道，韩国政府在这一项目上的投资约合十几亿元人民币。

在韩国，小学三年级以下的学生是不接受英才教育的。

（二）国内创新人才的研究状况

国内关于创新人才的研究主要散见于心理学界、哲学界和教育界，但是各家的观点不一，没有形成统一的认识。本部分主要介绍国内关于创新人才的各种界定，并综述其对核心要素的研究。

1. 对创新人才的各种界定

国内关于创新人才概念的研究比较多，可以说是仁者见仁，智者见智。具有代表性的界定如下：①创新人才是具有独创能力，能够提出问题、解决问题、开创事业新局面的人才，他们具有创新的人格、很强的思维创造能力以及良好的社会适应性和充沛的精力。（张黎，2001）②创新人才就是具有创新意识、创新精神、创新思维、创新能力并能够取得创新成果的人。（刘宝存，2003）③创新人才是指那些具有优良品质，富有创新意识，具备创新能力和创新精神，在科学研究和社会活动中，通过创新实践取得杰出的创新成果，为人类不断认识和改造世界，为社会、经济和科技的发展、进步作出积极贡献的人。（朱洪波，2004）④创新人才，从社会意义上来讲，是指那些以自己的创造性劳动，在某一领域、某一行业、某一工作上为社会发展和人类进步作出较大贡献的人才；从个体意义上来讲，是指那些以探究的态度不断地实现自我创新和超越的人才。（周瑛，2005）⑤创新人才是新知识的创造者、新技术的发明者、新学科的创始者或者是新路径的引领者。（王树国，2007）

国内有学者提出了创新型人才（创新人才）、创造型人才的概念，但多是从创新、创造的角度出发，强调创新人才必须具有创新积累、创新意识、创新精神、创新能力等素质，注重创新人才在整体上的贡献与绩效，但是缺乏支持其概念的理论基础。

2. 创新人才的要素

林崇德认为，对创新人才有狭义和广义两种理解：狭义的创新人才指在社会生产和社会发展过程中作出创造性贡献的人，广义的创新人才还包括那些具备创新性素质或者潜能，可能为社会作出创造性贡献的人，创新人才最核心的特征是具有丰富的创造性，即创新人才 = 创新思维 + 创造性人格。还有学者认为，创新人才具有创新人格、创新思维和创新能力。

综上所述，对创新人才的内涵可以从三个层面来理解。第一个层面，创新是指创造新事物的活动，它相对于旧事物而言，其结果是一种新概念、新设想、新理论，也可以是一项新技术、新理论、新产品。第二个层面，创新思维是人在创新活动和创造过程中产生新的、前所未有的思维成果的活动，主要由发散思维和集中思维构成，其中前者更主要；创新思维具有流畅性、灵活性、创造性和缜密性四种性质。第三个层面，创新人才是具有很强的创造力和习惯于运用创新思维的人才。

（三）我国关于创新人才特质的研究

在对创新人才特质的研究中，我国学者主要从创新积累、创新意识、创新精神、创新能力等角度入手。

1. 创新积累

创新积累指为了实现或达到创新的目的或成效，在创新过程前和创新过程中进行的知识、技能、经验等方面的积累，它是创新活动的必要前提，内容包括知识积累、技能积累、经验积累等。

创新积累的行为可以描述为创新人才熟练地掌握了本专业的知识、技能与实践，对相关专业有一定的了解，具有知识更新功能和人才的再生功能，进行了刻苦的钻研和艰苦的研究积累。

2. 创新意识

创新意识是指创新人才对创新活动的自觉认识和自主意识，是具有创新性的个性品质。创新意识排除来自外界和自身因素的干扰，决定着主体创新活动的方向和目的，是创新的内核，并最终通过创新精神表现出来，它包括创新动机和创新人格两部分。创新动机是个体在创新过程中心理活动特有的动力特征，包括兴趣、爱好、需要、动机，如强烈的成就动机、创新欲和求知欲等，创新人格则是个体在创新过程中的人格特征，其中价值观、理想和信念是关键。

创新意识的行为可以描述为创新人才具有远大的人生目标，能够按照自然界和社会发展的客观规律提出自己的行动目标，并为了实现目标自强不息，拼搏进取；具有高度的自觉性和自制力，积极主动地使自己的行动服从于奋斗目标，克服和战胜一切干扰和影响，克服和忍耐一切不良的情绪和行为。

3. 创新精神

创新精神是创新人才在创新实践活动中逐渐形成的比较稳定的创新性个性心理，是创新意识的外在表现，其内容包括创新人才的包容性、坚韧性、质疑性、独立性、冒险性、务实性与自信心，如质疑与批判精神、探索与求实精神、拼搏与坚韧精神、冒险与牺牲精神等。

创新精神的行为可以描述为：在复杂和意外的情况下判断迅速，当机立断，坚定果敢；在困难面前表现出顽强的意志，满怀信心地迎战前进道路上的各种困难，持之以恒，顽强坚韧；善于总结经验教训，总是充满积极向上的强烈情感，对未来充满激情，对事业充满热情，具有高尚的道德情感和审美情感；情感丰富而深刻，稳定而持久，并善于调节和控制自己的情感。

4. 创新能力

创新能力是创新人才在创新意识的驱使下，及时准确地收集各种创新信息，抓住创新机遇，为下一步的创新积累材料，并对将来可能出现的各种复杂情况作出积极预测的能力，是创新主体在认识事物和解决问题时所迸发出的前所未有的最高的本质力量。它是创新的决定性因素，其基本内容包括创新人才的观察能力、判断能力、记忆能力、想象能力、模仿和探索能力、思维能力、组织协调能力、自学能力和交流表达能力等。

创新能力的行为可以描述为创新人才能多角度、多方向、多维度地思考问题，突破逻辑推理的限制，利用局外信息去发现解决问题的途径；能够作出异乎寻常的反应，具有创新的能力；观点不落俗套，能及时放弃无用的旧方法，采用有效的新方法，对事物作出新的解释。

（四）国内外研究的比较

国内外创新人才研究的差别主要体现在内涵、外延以及研究方法上，具体情况如下：

1. 国外关于创新人才的研究

国外没有与创新人才相应的提法，更多的是 Creative mind，Creative man，

Critical thinking 等提法，散见于人力资本、技术创新、成功学等相关研究。由于创新可以界定为旧事物基础上的量变或部分质变，创造则是事物发展过程中的质变或飞跃，在这个意义上，创新与创造可以等价、互通。同时，考虑到创造可以为创新提供前提和基础，因而，国外关于创造性或者创造力的相关研究都能够对创新人才的研究有所助益。国外有关基础教育阶段创新人才的研究主要针对英才儿童教育的教学模式和课程设置，以纵向的心理学实验研究为基础，跟踪和追溯英才儿童的教育过程和成长发展规律。

2. 国内关于创新人才的研究

近十多年来，创新人才研究在国内成为热点问题。通过查询中国知网数据库我们发现，近十几年来以“创新人才”为题目的专著与教材有 61 部，其中教育视角的 40 部，科技视角的 4 部，文化视角的 7 部，其他视角的 10 部（心理、军事、妇女等）；学位论文 59 篇，其中高教管理及学科建设方面的 32 篇，国家与地方区域性创新人才方面的 8 篇，企业创新人才方面的 5 篇，科技方面的 6 篇，其他方面的 8 篇。自 1997 年到 2009 年，以“创新”作为篇名的论文有 261183 篇，其中在核心期刊上发表的有 46363 篇；以“创新人才”为篇名的论文有 9247 篇，在核心期刊上发表的有 1506 篇，其中学校教育与学科视角方面的 996 篇(66.1%)，主要研究大学教育与创新人才培养且多数具体到某个专业的创新人才培养问题，科技人才成长与管理方面的 171 篇（11.4%），企业创新人才建设方面的 59 篇（3.9%），创新人才战略、创新人才政策方面的 280 篇（18.6%）。可知，关于创新方法以及创新者个体的研究居多。从时间上来看，研究重点分布在 2006 年和 2007 年，占到样本总量的 33.3%（见表 1–1），这与 2006 年创新型国家战略的提出有直接关系。

通过分析我们发现，在创新人才的研究方面，从内容上看，教育视角的研究占绝大多数，这些研究缺乏系统性，对科技人才、企业创新人才的研究极少，这与建设创新型国家的“企业是创新主体”的战略要求极不匹配；在创新人才的研究方法上，描述性的、定性分析方面的研究较多，人才成长规律的实证性、定量方面的研究较少。

表 1-1　我国创新人才研究论文的年份分布

年　份	1997～1999	2000～2001	2002～2003	2004～2005	2006～2007	2008～2009
论文数	102	272	255	310	501	66
比例（%）	6.8	18.1	16.9	20.6	33.3	4.4

我国学者对创新人才的相关研究可以分为两类：第一类选取创新人才中具有代表性、典型性的群体作为研究对象，例如科技创新人才、科技管理人才等，这一类研究目前比较多见；第二类则将创新人才的整体作为研究对象，这一类研究相对较少。就这两类研究而言，第一类因为选取的是创新人才中具有典型性、代表性的子群体，人员性质相对单一，环境比较类似，因而其内涵界定相对比较清晰，评价维度也比较成熟，但是由于针对特定对象进行研究，因而其结论的适用范围相对较小；第二类虽然存在研究对象范围较广、以往文献较少等不利之处，但其研究结论却可能更有利于下一步研究的开展，具有更大的理论与实践意义。

3. 国内外研究的异同

国外对创新人才的研究一般从心理学角度出发，对创新人才的培养，大都在强调人的个性全面发展的同时突出创新意识、创新能力的培养。国内外都强调创新人才必须具有创造性、创新意识、创新精神、创新能力等素质。国内外的差异主要表现在三个方面：其一，国内有比较明确的界定，而国外只有创新思维、创造型人格等外延较小的概念；其二，国内的理解大多局限于“创新”，对创新人才的知识结构、能力结构、个性品质关注不够，国外则强调在全面发展的基础上培养创新能力等素质，强调个性的自由发展；其三，国内的研究表现出很强的实用性，缺乏系统的理论基础，而国外大多把社会对创新的需要融入全面发展的人才培养理念之中。

二、本书对创新人才及其培养的观点

基于以上对国内外相关研究的述评，本部分主要阐明本书对创新人才的定位，综述国内学者的研究共性，指出创新人才的共同特质，并解释创新人才培养的阶段性特征。

（一）本书对创新人才的定位

“创新人才”是一个新名词，各种版本的解释并不完全一致，但其核心要素有两个，一是创新精神，二是创新能力。创新精神主要是指创新意识和创新品质，包括:对自然、对科学的兴趣和好奇心，事业心和责任感，自强不息的进取精神，百折不挠的意志品质，勤于思考、敢于质疑、勇于创造的思想作风，严谨求实的科学作风，团结奋斗的合作意识。创新能力主要是指发现新问题、提出新方法、建立新理论、发明新技术的能力，包括：基于发散性思维和批判性思维的创新思维能力，敏锐的直觉和洞察力，持久的注意力，丰富的想象力，分析和解决问题的能力，实践能力，表达能力和对知识产权的保护能力等。培养创新能力重在对创新思维和实践能力的培养，实践能力主要体现为基于创新知识的实践技能，而创新能力的培养需要具备相应的创新技能。

综合国内学者的已有研究，创新人才共有的特质主要有六个（见表 1–2），因为创新能力这个提法与另外五个有重叠，因此我们提取创新技能来代表这一维度，这六个维度是：创新知识、创新技能、创新思维、创新人格、创新精神和创新意识（如图 1–2）。创新人才需要具备相应的创新能力，其核心包括创新思维和创新人格。从人才的内涵来看，创新人格体现作为“人”的意义，创新思维体现作为“才”的意义。

表 1–2　各位学者提及的创新人才的特质统计

研究者	创新意识	创新思维	创新精神	创新知识	创新能力	创新人格
黄楠森	√	√			√	
冷余生			√		√	
张　黎		√			√	√
张玉蓉	√				√	√
董喜林			√			
杨名声	√	√		√	√	√
董国强				√	√	√
刘宝存	√	√	√		√	
高宝立		√	√		√	
赵修渝				√	√	
赵鹏大	√	√		√	√	√
王铁臣				√	√	√
朱洪波	√		√		√	
付增光	√	√			√	√

（续表）

研究者	创新意识	创新思维	创新精神	创新知识	创新能力	创新人格
周　瑛		√	√	√	√	√
胡海岩	√	√	√	√		
王树祥	√	√	√	√	√	
郑其绪	√	√		√		√

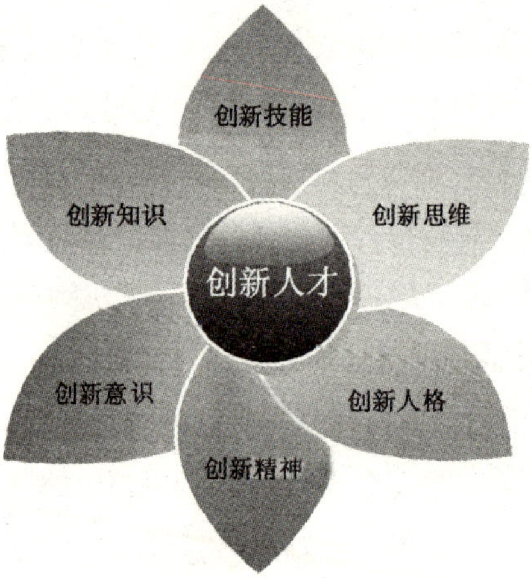

图 1–2　创新人才的共同特质

（二）创新人才培养的特征

创新人才有多种类型，目前，我国已逐渐建立起培养学术型人才、应用型人才、技能型人才的高等教育分类办学体制，对学术型人才的培养已积累了丰富的经验，在政策推动下，对技能型人才的培养也已取得了一定的成果，而在培养应用型人才方面，培养方式、方法还不够明确。应用型创新人才的培养应分层次、分阶段进行，以基础教育阶段为例：对小学生，重在培养创新精神和创新意识，使其形成创新品质；对初中生，重在培养创新知识和创新技能，使其体验创新的过程；对高中生，则重在培养创新思维和创新人格。

第三节　创新人才培养的模式和经验

随着全球经济的一体化，许多国家为了保护本国的政治、经济利益，采取各种方式控制生产要素的跨国界流动，对人才的控制是其重要内容之一。为此，世界各国特别是一些发达国家相继变革了人才资源的开发战略，积极采取切实有效的措施，吸引和争夺人才特别是高技术人才，其中尤其值得关注的是他们的课程设置情况，本节首先要介绍这些内容，最后回顾我国创新人才培养的历程和相关政策及课程标准等。

一、发达国家以探究为核心的人才培养

西方传统文化比较重视创新的全面性，作为西方文化两大源头的希伯来文化和希腊文化，前者强调实用，后者强调求真，追求创新的共同精神使它们能够融为一体，不断推进科学技术的创新。在基础教育阶段，美国、英国、法国等发达国家在创新人才的甄别和培养等方面积累了很多有益经验。

（一）创新人才的甄别方法

发达国家甄别创新人才的方法包括成就测试、潜在创造力评估、任务完成、教师提名以及其他途径（自我提名，家长提名等）。这里主要介绍对学生创造力和智力的测查。

1. 对学生创造力的测查

国外学者从心理学角度出发，进行了一系列针对发散性思维、创造性或者创造力的研究，并开发出一系列相关的测验和量表，目前应用较广的主要是发散性思维测验与创造性人格量表两类。

发散性思维（又称为创新思维）测验多数是开放式测验，其方法主要是被测者开放地列出对某些问题的一切想法。吉尔福特（Guilford）提出了智力结构模型（Structure of Intellect，SOI），认为智力结构中包含聚敛性思维与发散性思维，创造力就是发散性思维的功能，他在此基础上编制了测试发散性思维的《发

散性思维测验》(Tests of Divergent Thinking，TDT)，托伦斯(Torrance)在吉尔福特发散性思维测验的基础之上编制了《托伦斯创新测验》(Torrance Tests of Creative Thinking，TTCT)。

创造性人格量表则是针对创造性人格的个性及背景编制的，主要测试被试的人格是否具有创造性倾向。如瑞姆和戴维斯(Rimm & Davis)为考察学生是否有创造性倾向而编制的《发现才能团体问卷》(Group Inventory for Finding Talent，GIFT)，高夫(Gough)的《形容词检查表》(The Adjective Check List，ACL)，凯特尔(Cattell)的《16PF 测验》(Cattell's 16 Personality Factor，16PF)，科顿(Kirton)的《KAI 量表》(Kirton Adaptation-Innovation Inventory，KAI)，等等。

从运用的方法、对象和信度、效度来看，两类方法在统计上都是有意义的工具。但戴维斯发现，创造性人格量表的计分与测试，要比发散性思维测验易于进行，信度和效度也要稳定得多。

2. 对学生智力的测查

人在完成某项活动时所必需的人格心理特征即能力。由于能力是一种心理特征，不能直接测量，因而学者们倾向于对与之密切联系的行为进行测量，进而了解被试的能力情况。心理学中常用智力测查来甄别具有创新潜质的人才，这也是一些国家甄别创新人才的一种重要途径。

20 世纪初，法国心理学家比奈(Binet)和医生西蒙(Simon)就提出了用系统测验的方法来测量人的智力(心理学中的能力测验多被看作智力测验)。1905 年，比奈在西蒙的帮助下编制了一个包括 30 个项目的正式测验，项目的难度逐渐上升，这就是最早出现的测量智力的量表——《比奈—西蒙量表》(Binet-Simon Scale, BSS)。之后，量表经过了两次修订，成为了现在世界上广泛流传的标准的智力测量量表——《斯坦福—比奈智力量表》(Stantord-Binet Intelligence Scale, SBIS)。该量表的智力测验是按照年龄组编制的：每个年龄组的测验都由 6 个项目组成，内容包括绘画、折叠、给单词下定义、判断词义、回忆故事、进行推理活动等，随着年龄的增长，项目的难度也在逐渐增加。

《瑞文推理测验》(Raven's Progressive Matrices，PRM)由英国心理学家瑞文于 1938 年创制，它是一种非文字智力测验，用以测验一个人的观察力及清晰思维的能力。经过 20 世纪五六十年代的几次修订后，它目前发展成三种形式：《瑞文标准推理测验》（Raven's Standard Progressive Matrices, SPM）、《瑞文彩图推理测验》（Raven's Colored Progressive Matrices, CPM）、《瑞文高级推理测验》（Raven's Advanced Progressive Matrices, APM）。这三种形式的推理测验均由两种题目形式组成：一种是从一个完整的图形中挖掉一块，另一种是在一个图形矩阵中缺少一个图形，要求被试从提供的几个备选答案中选择出一个能够完成图形或符合一定结构规律的图形。瑞文测试由五个单元的渐进矩阵构图组成，每个单元在智慧活动上的要求都不相同，总体来说，结构越来越复杂，要求的思维操作也从直接观察到间接的抽象推理。

智力并不是一种单一的能力，它包含着各种结构成分，每个人的智力组成都不相同，即使在同一个人身上，智力的各种成分也可能有不同的发展水平。为了更真实地反映一个人的智力状况，美国的韦克斯勒（Wechsler）编制了若干套智力量表，每套量表都包括语言量表和操作量表两个分量表，整套测验量表适用于从幼年到老年的各个年龄段。言语分量表包含词汇、常识、理解、回忆、类同和数学推理等，操作分量表包含完成图片、排列图片、事物组合、拼凑、译码等。虽然言语智商和操作智商有很高的相关性，但用这两种量表测试的是不同的能力。

（二）发达国家指向探究的创新人才培养

面对知识经济时代的挑战，发达国家纷纷把科技创新和创新人才培养提升到国家战略层面，出台了一系列政策、措施，试图进一步增强自己的科技创造力，以在日新月异的科技革命中占得先机。在基础科学教育领域，美、英、法等国家均以科学探究为取向，进行教学模式和课程设置等方面的改革，积极培养中小学阶段的创新人才。

1. 美国"基于科学探究"的创新人才培养

美国拥有世界上最庞大的高科技人才队伍，这确保了其经济、科技的领先地位，并使其成为富有创新精神的国家。在近代，当许多发展中国家为寻找和引进资金而竭尽全力的时候，美国却把人才作为最重要的经济资源，积极培养、大量引入，收获了由人才创造的巨大的经济效益。这反映出发展中国家与发达国家对人才问题在理念层次上的认识差异。

近年来，美国出台了多项措施，以提升自己的创造力和科技竞争力。1993年，美国成立了以总统、副总统、总统科技事务助理、各内阁部长、有关部门的领导及其他白宫官员为成员的美国国家科学技术委员会（NSTC），它是协调联邦政府各部门科技政策的主要机构。1994年和1996年，美国先后发布了《科学与国家利益》和《技术与国家利益》两份报告，系统地阐述了美国在新时期的科技政策，分别提出了美国科学发展的五大目标和技术发展的五大目标，以及实现这些目标的政策建议，在国家科技发展战略的层面为美国科技的发展作出了规划。此外，美国还提出了多项具体的科技计划，它们的提出与实施对美国的科技发展产生了很大的影响。美国不仅大力提升科学技术水平，还着力支持技术的商业化。从1995年到2000年，美国政府先后颁布了《国家技术转让与促进法》（1995）、《联邦技术转让商业化法》（1997）、《技术转让商业化法》（2000）等，为技术成果的商业化应用创设了有利的环境。

为了培养出具有创造力的人才，实现国家的科技发展战略，美国高度重视教育和教育改革。1994年，美国通过了《美国2000年教育目标法》，提出了八项教育改革目标，并增加了政府的教育投入。1996年美国国会又通过了《成人教育法》，要求企业对员工进行职业再培训。2002年，布什总统签署了名为《不让一个孩子落后》的教育改革法案，要求美国所有中小学校必须在12年内使所有学生在阅读与数学能力上达标。布什政府还推出了"数学与科学教育伙伴关系计划"，拟在5年内拿出10亿美元，鼓励科技实力较强的大学与中小学结为伙伴关系，以加强中小学的数学和科学教育。除了着力培养国内人才，提高国民教育水平之外，美国还修改移民制度，创造更好的条件，吸引国外的优秀人才去美国工作。

美国的基础科学教育以科学探究为核心，并将它作为创新人才培养的有效途径。美国关于科学探究的研究引领着国际科学教育的方向，从杜威（Dewey，1909）首次提出科学应该作为思维方式和认知态度，应该将科学知识、过程和方法纳入学校课程以来，至今已经有一个世纪了。随着科学史、科学哲学和科学社会学研究的深入，人们对科学本质的认识不断深化，科学探究也有了不同的意义，它不是价值中立或与价值无涉的，相反，不同历史时期的科学教育改革所倡导的科学探究具有不同的价值取向。

美国科学教育改革的历史既展现了美国基础教育阶段创新人才培养的变革路径，又反映了国际科学教育的发展历程。美国科学教育的改革可以分为五个阶段：①科学课程改革（1957 年）之前，这一时期为开始阶段。当代科学教学中广泛运用的“发现法”，斯宾塞在 19 世纪后期就明确提出过；“做中学”则是杜威的教学理论的核心；第一次世界大战时期美国的经济飞速增长，技术也迅速发展；美国中小学首先发展了 8 + 4 学制，后来形成了 6 + 3 + 3 学制，增加了初级中学的过渡阶段。② 1957 年，苏联人造卫星的上天猛烈地刺激了美国，美国拉开了科学教育改革的序幕，这是科学课程改革的第一个浪潮，它的目标是培养科学家，强调探究和发现纯科学的重要性，强调科学中的一些基本理论和原则。新的课程完全打破了传统的知识体系，让学生按照观察——描述——分类——假设——实验等序列进行各种科学技能的训练。这一阶段从 1957 年持续到 1970 年，最显著的特点就是重新确定了中小学的课程内容。③科学课程改革的第二个浪潮是“作为相关知识的科学时期”，它建立在反思第一次改革浪潮的基础之上，倡导综合科学课程。④科学课程改革的第三次浪潮强调科学教育的目的是发展公民的科学素养，让他们理解科学技术对人们生活的影响。20 世纪 90 年代以来，美国已经把理解科学的本质列为科学教学的目标之一，美国科学教育的标准是以科学探究为基础的，它并不是单单强调用动手或用以实验室活动为主的教学来让学生学习科学知识和方法，它的指导思想是科学探究在科学教育中既是课程内容和目标，又是科学学习的方法。

2. 英国“显化探究”的创新人才培养

1994 年以来，英国政府先后公布了多份以创新为主题的白皮书和行动计划，全面阐述了英国在 21 世纪的科学和创新战略，其总目标是使英国在科学上领先世界其他各国，成为全球的知识中心。为了达到这一目标，英国出台了一系列举措：①大力扶持中小企业的技术创新；②大力推动形式多样的政府产学研合作，促进科技成果的产业化；③大力增加科技投入；④高度重视中小学的科学和创新教育；⑤重视研究的效益问题。

英国的科学教育兴起于 19 世纪中期 20 世纪初，国民教育制度的建立使科学教育得到大规模发展，历经了“传统科学课程”（19 世纪中叶～ 20 世纪 50 年代）、“现代化科学课程”（20 世纪 60 年代～ 70 年代末）、“国家科学课程”（20 世纪 80 年代至今）三个主要阶段。

英国基础教育阶段的国家课程又称“全国统一课程”，是《1988 年教育改革法》中的一项重大举措，也是当前英国教育改革中的一项主要内容。英国政府在《选择与多样化——学校的新框架》教育白皮书中指出，国家课程在历史上首次对课程的全部核心科目提出了挑战性的全国性目标，它们是广泛磋商和国家课程委员会指导的结果，已在国家课程的所有科目中得到体现。国家课程规定了基础教育的四个关键学段，以实现“为所有人的科学”的指导思想，并将数学、科学和语言作为三大核心学科，在关注学生差异性的原则之上强调普及性教育，注重课程的综合化，并突出强调科学探究，将其作为科学教育的独立领域。

3. 法国“动手做探究”的创新人才培养

近年来，法国政府根据本国的经济、科技发展现状和特点出台了一系列政策和计划来推进科学技术创新。法国中小学有着规范化的科学教育体系，基于学生的观察和实验，关注科学氛围，引导学生尊重科学事实和证据，让学生通过探究活动来建构科学知识，培养学生的科学探究能力。

从 1902 年起，法国小学一直忽视科学教育。1994 年，受法国国民教育部的派遣，法国科学院院士、1992 年诺贝尔物理学奖获得者乔治·夏尔帕（Georges Charpak）和其他一些法国科学家访问美国，参观了芝加哥和其他一些州实施“动手做”计划的学校。1995 年，法国引入这个项目，开始“动手做探究”的科学教育改革实验，由法兰西科学院付诸实施。当时法国只有 10% 的小学设有科学课。1996 年有 344 个班开始进行实验，1999 年扩大到约 4000 个班。由于大部分现有教师在大学里接受的是文科教育，因此，做好教师培训工作非常重要。由于法兰西科学院在法国的崇高地位，实验得到许多单位的协作支持，目前在教育部的支持下，已在全国形成了一个实验网络。

法国“动手做探究”计划倡导“让儿童按照科学家发现知识的过程进行学习”，强调把科学家从事科学研究的一些基本方法反映到科学教育中来。一般来说，科学教学的过程包括以下几个基本环节或步骤：①确定适宜的主题、内容和任务；②提出相关的问题；③进行猜想和假设；④实验验证；⑤记录与描述；⑥结果与讨论。

综观世界各国在科技领域实施的创新计划，我们能够深切地感受到创新能力对一个国家科技实力和科学技术发展水平所具有的决定性作用。如何提高科技人才的创新意识和创新能力，如何培养具有创新精神的新一代科学技术人才，如何又快又好地作出科学发现，关系到一个国家的整体科技实力和综合竞争力。

综上所述，美、英、法三国在基础教育阶段对创新人才的培养均以科学探究为核心，或是采用“基于科学探究”的方式，或是采用“显化探究”的方式，或是采用“动手做探究”的方式，我国作为发展中国家，学习与借鉴发达国家基础教育阶段创新人才的培养经验，可以更快、更有效地开发和促进创新人才的培养。

二、发达国家创新人才培养的课程模式

各国基础教育界越来越关注课程设置的情况，学校课程越来越成为基础教育阶段创新人才培养方案的核心。培养创新人才的课程模式需要具备实用性和有效性，这样才能够较容易地应用于学校教育的各个学科之中，也必须灵活多变，这样才能适用于创新人才所在的各个年级。它的核心要素要对培养创新人才的各方面能力起作用，因此也必须与多个学习地点和学习环境有关，同时，它还需要基于相应的教材和班级进行教学，最后，它必须能区分学生对课程和教学指导的特殊需求。下面讨论的模型满足这些标准，它们是发达国家基于多年的经验而形成的。

（一）人才搜寻模式

这是以美国教育心理学家斯坦利（Stanley）于 1971 年创立的个别差异理论为指导的教育模式。儿童个体（智力、能力和爱好等）的差异很大，科学的教育要符合他们的需要和潜力，只有这两个方面相适应，个体的智能才能得到最佳的发展。

这一模式首先采用数学推理测验对初一、初二年级（13 岁以下）的学生进行测试，成绩高于或等于 700 分（满分为 800 分）的学生被吸收进快速数学班。然后，通过几种数学成就测验了解这些学生掌握数学概念和计算等的具体水平和存在的问题。为有针对性地安排后续教学，后 50% 的学生需将原测验题重新做一遍，以进一步了解他们的错误所在。再后，不论年龄或年级，把数学实际水

平相同的学生 3 人或 5 人编成一组，由一位导师进行指导，但不采取班级授课的教学形式。导师可以是数学专家或具有数学专长的家长，而不一定是任课的数学老师。导师按照学生掌握数学的实际情况制订教学方案，集中教给学生更深、更新、更具有挑战性的内容，教学进度以学生个人学习的速度为准。教学时间的安排有两种：一是每星期周末两小时，二是暑假三个星期或一个月。最后，再对学生进行测试，测验成绩达到第 85 个百分位数或以上，表明学生掌握了所学知识，才可以开始学新的课题;没有通过的学生要对原课题继续深入学习，直到掌握为止。这种针对性极强的快速班，同样可以应用在物理、化学、生物、计算机等学科。

20 余年的追踪研究表明，这种课程模式对加速学生学习数学、科学、人文学科是有效的。它具有以下特点：①这种模式对具有某方面特长的儿童（如数学或文学等）特别有利，优势科目既能加速发展，其他方面又能保持正常发展；②该模式针对性很强，不仅针对学生的现有水平和问题，在教学过程中还允许学生按照自己的速度、步骤发展，有利于不同特点的儿童充分发展。这项研究已在美国获得普遍赞誉，并在欧亚一些国家有所推广。

人才搜寻模式的总体目标就是为个人的终身发展进行教育（Benbow & Stanley，1983; Benbow，1986; Stanley，1991）。该模式的主要原则包括：①使用可靠并有难度的测试工具来甄别学生；②实施诊断性测试，教授学生时允许在特殊班级里设置合适的挑战，采用规范性教学方法；③在核心学术领域设置加速和快节奏班级，同时促进大量其他形式的加速方式的产生；④关注学校教育中所有课程的灵活性。

（二）全校充实模式

美国教育心理学家兰祖利（J. R. Renzulli）于 20 世纪 70 年代中期创建了“丰富教学三类模式”，之后又建立了“旋转门识别模式”，80 年代中期，在此基础上，进而形成了促进全体学生发展创新行为的“全校充实模式”。这一教学模式的具体步骤如下：①通过智力和成就测验把得分高的 15% ～ 20% 的学生选拔出来，建立候选人才库；②通过创造潜力及个性特征评定，由教师、家长推荐，或学生自己提名作为候选人；③对候选人的兴趣、能力、学习风格进行评定，对所有候选人的常规课程进行压缩、调整，避免重复学习已经掌握的知识，使他们有时间去从事更具有挑战性的活动，让他们参加丰富教学三类模式的活动。在这里，丰富教学三类模式的活动的具体内容如下：①一般探索性活动。让学生在资源教室等场所，接触在常规课堂中接触不到的大量知识，听取名人、专家的报告，参加感兴趣的调查、旅行，探讨有趣的事件等。②集体培训。包括创新思维和解决问题能力的训练，学习技能、交往技能的训练。③个体和小组研究实际问题。在教师的指导下，学生学会在自己感兴趣的研究领域确定选题，拟订研究计划，组织全过程的实行，最后提出创造性的成果（产品或论文），并通过专家评定，确定成果的水平。

这一模式具有以下特点：①鉴别和教育相结合，对儿童的鉴别不单靠测验或学习成绩，而还通过学习、活动和研究过程进行实际的、动态的考察、鉴别，这样，多种类型的天才儿童就不至于被遗漏或扼杀。②通过教室——活动——研究室的教育，使各类儿童的创新潜力和优势得到充分展示、促进和培养，避免片面的"出生论"的负面作用，让学校真正成为发展学生创新行为的教育机构。

（三）自主学习模式

美国的基础教育学者早在20世纪60年代就开始研究和提倡自主学习模式，这一模式建立在贝特斯（Betts）等人的理论之上。贝特斯等人认为，人生的成功和幸福关键在于人的认知能力、情感和社会性的统一发展。具有创新潜质的儿童求知欲强，学习兴趣萌发早，他们在认知、自我意识、社会交往等方面有着不同的需求，尽早指导他们发展自主学习能力，有利于他们成长为独立学习者和自我实现者。

这一模式比较重视选拔过程：通过智力和成就测验，结合教师、家长等人的推荐，选出各类有创新潜力的学生（包括有创造性和主动性行为但成绩不高者）。选拔程序的特色是：①公开有创新潜质的儿童的标准，让学生、教师、家长都了解；②在学校、班级的活动中考察大约一学年；③教师、家长推荐，进行各种测验及必要的面谈；④对所有材料进行综合评定，选出有创新潜质的儿童；⑤未被选上的学生如自认为够条件，可以自我申请，再作进一步审查、评定，避免漏选。

选定有创新潜质的儿童后，就进入自主学习模式：①向儿童、教师及其他指导者提供有关创新人才及创新教育的资料，使学习者了解创新人才的追求和品质，明确参加自主学习模式的意义、目的和要求，正确认识自己的责任。②为实现自主学习的目标，儿童首先应该在教师的指导下形成正确的人生态度和追求；学会必要的学习技能，如高层次的思维能力，创造性地解决问题的能力，计划、组织学习和研究的能力，应用计算机的能力等;发展积极的自我概念，正确地自我判断、自我调控;发展良好的人际关系，学会与人交往、沟通和合作等。这些都是成为自主学习者的必要基础。③为儿童提供学校规定课程以外的丰富的学习活动。学生以个人或小组的形式，对感兴趣的或自认为有意义的课题进行初步的调查研究和探索，最后，进行小组交流，分享经验，讨论问题或进行改进。在这个阶段中，学生逐渐转化为活动的主体。④当具有创新潜质的儿童成为独立的学习者时，就以 3 ～ 5 人为一组，选择共同感兴趣或重要的问题作为主题，学习和运用高深的知识、理论，进行专题讨论、座谈，并允许他们对研究结果作出自己的独立评价。⑤儿童个人或小组（2 ～ 3 人）根据兴趣和已有研究，提出深入研究的课题，拟订出研究计划、具体时间表，并独立执行计划，计划完成后，提出研究成果，由参加者及感兴趣的人进行评价。

这一课程模式的特点是：①重视个体的个别差异，根据每个学生的需求、特点、水平，设计合适的个别化学习方案；②从儿童的整体发展出发，既培养儿童的高水平的认知能力，同时重视儿童的自我意识、社会交往、终身发展等，伴随他们成长过程中出现的新需要，不断促进其发展。③该模式实施的效果良好，参加的学生不仅学习期间是自主的学习者，离开学校之后，在继续学习和创造性的工作中也是独立自主的学习者。

（四）创造性解决问题模式

这一模式是由帕尼斯（Pannis）提出的，其基本原理是：①每个人都具有不同程度的创造力，人的创造能力可以通过训练、培养得到提高，某些儿童比一般儿童具有更高的创造潜能。②通过循序渐进的问题解决过程，能够将创造性解决问题的技巧有效地教给不同年龄的学生。

这一模式首先引导儿童发现问题，从现实中找到真实的或隐蔽的问题，在着手解决问题时要求儿童考虑得广泛一些，重新解释问题，找出更容易处理、解决的子问题。然后，引导他们查找有助于解决问题的所有事实，从不同方面列出必要的信息，找出特点以及可能的影响因素，分析主要事实方面的作用。接着，引导儿童发现观念，采用头脑风暴法让他们产生尽可能多的观念和主意，以及解决问题的办法或替代性解决方法。再后，引导他们从许多替代性方法中选出最有可能解决问题的方法。最后，让儿童验证答案，解决方法如合适，问题将迎刃而解，如果不合适则回到第三步。

这一模式在实施过程中要注意以下 3 点：①按照顺序进行训练。创造性解决问题模式分为五个步骤，训练要按照顺序进行，前一步做好后，再向下一步进行，这样才能收到良好的效果。②发挥发散性和集中性思维的交互作用。在整个创造性解决问题的过程中，要反复发挥发散性和集中性思维的作用，一般是先发散，在发散的基础上集中，因而每一步都强调先想出多种替代性方案，以便能够有足够的选择。③运用头脑风暴法及其他策略。在解决问题的过程中，提倡用头脑风暴法及帕尼斯提出的一些策略，如解除心理约束，延迟作判断，用隐喻、类比触发新的联结和组合，激发活跃的想象、幻想，丰富知识等。采用这一模式，即使是一般儿童的创造性解决问题的能力也能得到训练，并有良好的发展。

（五）多元智力模式

作为一种课程方法，多元智力是建立在多维智力概念基础之上的（Gardner，1983）。对智力的七个领域的划分是加德纳（Gardner）在 1983 年提出的，1995 年加德纳又添加了第八个智力领域。它们是：①言语—语言智力，②音乐—节奏智力，③逻辑—数理智力，④视觉—空间智力，⑤身体—动觉智力，⑥自知—自省智力，⑦交往—交流智力，⑧自然观察智力。基于多元智力并已经付诸实践的实证研究有很多（Rosnow，Skleder，Jaeger & Rind，1994; Strahan Summey & Banks，1996; Latham，1997），大部分研究由于缺乏控制组，因此很难去概括推论模式，一些研究一直在把其他形式的课程模式吸收到多元智力中来（Maker，Nielson &Rogers，1994）。多元智力模式在新学校中已得到使用，用以确定课程计划和发展中的个体的差异，并以此来评估教学策略（Gardner & Hatch，1990;

Fasko，1992）。基于多元智力的课程资料对教育家有着广泛的吸引力，因为它适用于任何学习者、学科领域。该模式并不容易实施，并且需要师资培训，还需要大量的经济资源和时间。该模式保留着智力的主要概念，并被广泛地应用于学校的课程设置中，已经成为促进所有学习者全面发展的一种方式。

（六）普度三阶段充实模式

该模式主要是用一个有序的充实模式使学生从简单的思考体验转变为复杂的独立运动,具体可以分为三个阶段。第一阶段重点发展发散和收敛性思维能力，第二阶段发展创造性解决问题的能力，第三阶段发展学生的独立研究能力。很多研究表明，普度三阶段充实模式对于提高学生的创新思维有明显的效果，而且对学生自我概念的提升也具有积极的作用（Kolloff & Feldhusen，1984）。无论在小学还是中学，该模式的应用和实施目前都还没有定论，对其效果的研究将会继续下去。各国正在把该模式广泛应用于课程设置的所有领域，以及所有类型和阶段的学生能力的发展中。

（七）卡普兰框架模式

研发该框架模式的目的在于帮助课程开发者顺利地完成任务，其核心是根据任务的内容设置分型化课程以及构建课程的主旨。该模式围绕相关的主题把课程开发过程、内容和成果要素组织起来。开发过程注重培养学生的创新思维、基本技能和研究技能，课程内容强调生态、社会、个人与环境的结合，关注个人、团体和社会的利益与需求之间的联系，成果的组成部分把学习视为一种交流的模式。对这种模式在培养特定学习群体方面的有效性目前还没有定论，但是该模式的课程开发成果的质量在稳步提升，很多国家和地区已经广泛应用它来开展创新人才的培养工作。

（八）梅克矩阵

这一模型在于揭示课程内容、学习进程、学习环境和学习重难点的分类，进而给学生提供适宜的课程，它提出了一系列描述性标准，这些标准同时被用于发展适于在教室学习的课程（Maker, 1982; Maker & Nielson, 1996）。这一模型的最新研究成果关注问题解决的组成部分（Maker, 1993）；它认为问题解决过程针对五个问题类型，适用于全体学生。类型一和类型二的问题侧重于使学生具备趋同思维；类型三的问题具有结构性，有多种解答方法，并且答案在一定范围内也是成立的；类型四的问题比较明确，学习者选择某种解答方法并建立相应的评估标准；类型五的问题结构混乱，学习者需要解释这一问题，研发多种解决方法并建立制订解决方案的标准（Maker, Nielson & Rogers, 1994）。该矩阵被教师应用在制订课程计划和评估学生解决问题能力的工作中。美国目前进行的研究涉及在12种学习环境下在不同班级应用该矩阵的学习效果，这些实验研究表明，使用该矩阵可以增进学生解决问题的进程（Maker, Rogers, Nielson & Bauerle, 1996），关于评估过程是否长期有效的研究还在进行中。美国的一些地区已经将该矩阵作为组织和开发室内课程的实践构架。

（九）智力模型结构

创新教育的智力模型结构（SOI）是基于智力结构（SI）的人类智慧原理研发的，这一原理是吉尔福特于1967年提出的。SI人类智慧模型描述了90种认知能力，可以归纳为内容、运算和生产能力三个方面。SOI系统将吉尔福特的原理应用在了评估和培训上，可以将这一模型看作一个有机系统，它被广泛地应用在各种发展阶段的所有类型的学生中，但使用该模型的国家和地区并不多（Meeker, 1985）。这些地方用它来评价学生或者培训教师，观察和度量学生的智力。研究中，学者主要关注辨别学生智力的标准，或者是发现获得有关学生智力信息的方法，以及智力程序设计的方法。在一些中小学，SOI已经被成功地应用于鉴别不同文化背景的孩子（Hengen, 1983），以及在幼儿园阶段筛选多种族的潜质学生。（Bonne, 1985）通过学生对自己智力、能力的描述的剖面图，SOI可以提供一种了解学生的方法，在教师教育中它包含师资训练部分，用来一次性地训练个体的SOI能力，训练材料包括组织教学的小型教案和对挑选出来的学生的特殊指导，侧重学生智力的自由发挥。（Meeker, 1969）

（十）无限才能模式

无限才能模式（Schlichter, 1986）也是基于吉尔福特对于智力性质的研究成果，由泰勒和他的同事们（Taylor, Ghiselin, Wolfer, Loy & Bourne,1964）发展的，它强调多重才能原理，该原理可以帮助教师辨别学生的多重才能并促进其发展。

无限才能模式主要突出了四点内容：①除了学术能力外，特殊技能或天赋还包括富有成效的想法、交流能力、预测力、决策能力和计划能力；②教学材料模板要注重多元化；③教师的在职训练项目具备时效性；④学生思考能力发展的评估具备可操作性。无限才能模式针对 K-6 阶段的学生设计，7 ~ 12 年级是另外一个模块。（Crump, Schlichter & Palk, 1988; Schlichter, Hobbs & Crump, 1988）另外，有证据表明，这种模型的使用提高了学生在标准成就测验中学术能力的发展（McLean & Chisson, 1980），并且教师培训构成了该模式的重要部分（Schlichter, 1986; Schlichter et al,1997）。教师可以选择参加无限才能模式的培训，但是培训需要大量的时间和经费支持，因此它适合在发达国家使用。此模式作为教学方法使用非常有效（Schlichter, 1988），与其他模式相比，它在实践中并不关注对具有创新潜质的儿童进行区分和甄别。

三、我国创新人才培养的历程和政策

我国教育领域与社会公认的人才观经历了一个发展的过程，这个过程与改革开放所引起的社会人才需求的变化直接相关。改革开放之初，我国教育领域所公认的人才观经历了由“专才”到“通才”的转变，随后才树立起着力培养创新型人才的素质教育观。21 世纪初，我国基础教育领域进行了第八次课程改革，以科学探究学习为核心，重视学生科学素养以及创造性的提升。

（一）我国创新人才培养的历程

20 世纪 80 年代，随着改革开放的深入，我国出现了巨大的人才需求，在就业市场上，具有专门知识、技能的专业人才备受青睐，这种状况催生了教育上的专才人才观及其培养模式。随着社会的发展，专才在知识结构上的局限性逐渐暴露了出来，他们在某一知识领域有所专长的同时，视野也比较小，使得他们开拓创新的能力有所不足，主要表现为适应能力比较差，就业面比较窄。因此，与专才的人才观相对的通才的人才观逐渐得到广泛的承认和接受。“通”首先强调人才的知识面宽，具有综合能力，适应岗位的能力强，它并不是对“专”的简单否定，也并不是专业性不强，而是强调知识的“专”与“博”相互结合。应该看到，通才的人才观的流行源于社会对人才的职业适应性的需求，因此通才的内涵中包含了“人的社会适应性”这一社会标准。

但在实践过程中，通才教育越来越暴露出一些问题。首先，我国的通才教育培养出的学生虽然知识面较宽，但能力却有所不足；对理论有所了解，但对具体的操作和应用却缺乏了解。其次，我国教育资源的地区分布、发展不平衡，不同地区的教育资源差距比较明显，教育力量对比悬殊，同样是通才教育，不同地区培养出的人才质量悬殊，这进一步弱化了通才教育本应具有的优势。

鉴于通才人才观指导下的受教育者能力的缺失，“素质教育”的观念开始被接受。素质教育具有强调能力素质、反对“高分低能”的内涵。如果说从专才到通才是知识本位范围内的提升，而素质教育则跨出了知识本位的范畴，实现了由知识人才观向能力人才观的转变。杨叔子院士强调：“创新人才的培养要求就是科学与人文相融，才能构成正确的追求目标；科学与人文相融，才能构成优良的思维品质。”当“素质”的内涵将道德素质也囊括其中时，人才的内涵又丰富了一层，因为传授知识和提高能力都属于智育范畴，而涵盖了道德素质的素质教育则突破了智育的范畴，实现了德育与智育的统一。

从“人才”的内涵来看，我国的人才观随着时代的发展不断进步，但从更高的视角来看，它却始终没有突破一个传统，这个传统就是“一元”结构。从专才到通才，从通才到素质，可以说人才的内涵不断扩大，但一元化的人才观始终未被突破。素质教育的人才观已经将人才的内涵由智力因素拓展到非智力因素。一元化的人才观要如何突破呢？关键在于树立多元化的人才培养理念。这里的多元化不是强调以某一方面的才能为主，而是关注多种因素，这些因素具有特殊性，使得人才观进入了新的层次，其中最主要的因素就是“创新”。

创新型人才观是对传统人才观的扬弃，它既强调了人才的多方面素质，又突出了创新型人才素质的特殊性，使泛化的素质具有了灵魂。从强调专才的正，到强调通才的反，再到既强调人才的全面素养，又明确创新这一主要灵魂，可以说创新型人才观真正实现了人才观的飞跃发展，实现了人才观的突变。创新型人才观是基于全体人才的，是多元化的，这与当今社会多元化的趋势是相吻合的。

（二）我国创新人才培养的政策

随着知识经济时代的到来，世界各主要国家都将科技创新作为发展的基本战略，着力提升各自的创造力。在这样的背景下，大力提升我国的科技创新能力成为必需。2006年，我国发布《国家中长期科学和技术发展规划纲要（2006—2020）》。《纲要》立足国情，面向世界，对我国未来15年的科学和技术的发展作出了全面规划和部署。当前学术界比较一致地认为，创新型国家至少要具备四个特点：①创新投入高，国家的研究开发投入占GDP的比例一般在2%以上；②自主创新能力强，国家的对外技术依存度指标通常在30%以下；③科技进步贡献率要在70%以上；④创新产出高。按照这四条标准来衡量，中国很显然还不是创新型国家，而且还存在很大的差距，尤其是在科技创新力上。

21世纪以来，我国中小学教育的核心和主旋律就是深化基础教育课程改革，培养创新型人才。我国的第八次基础教育课程改革旨在全面提高全体学生的科学素养，开发学生的潜能，使学生得到全面的、充分的、和谐的发展。本次课程改革主要体现在教学方式和理念的变革上，核心是通过科学探究学习培养学生的创新能力和科学素养。我国高中科学学科的课程标准勾画了培养学生科学素养的大致轮廓，为了使总目标能够落实到科学课程的教学组织、教材编写、教师培训及课程资源配置之中，标准从科学探究、情感态度价值观和科学知识三个领域对总目标进行分解，提出了分目标，但这并不意味着在教学过程中各分目标的达成是单独进行的，实践中，各分目标必须作为一个完整的体系加以把握。2001年，我国教育部颁布的《基础教育课程改革纲要（试行）》提出了学科教学的三维课程目标，它既关注学生知识与技能的发展，又关注具有方法论意义的学生学习过程和学习方法，还关注学生的情感态度价值观的发展。

任何学科总是包含了知识、方法、价值这三个层面的要素：学科的基础知识和基本概念的体系；学科的基础知识和基本概念体系背后的思考方式与行为方式；思考方式与行为方式背后的情感态度价值观。因此，新课程倡导的学科教育的三维目标，即知识与技能、过程与方法、情感态度价值观是一个整体，不可分割。三维目标是一个教学目标的三个方面，它们是统一的整体，相互联系，互为基础，如同正方体的长、宽、高一样不可分割。一个体积一定的立方体，长宽高之间是互相联系的，长度如果变了，宽和高也会随之变化，如果在学科教学中片面强调其中一个目标，另外两个目标的实现就会受到影响。（图 1-3）

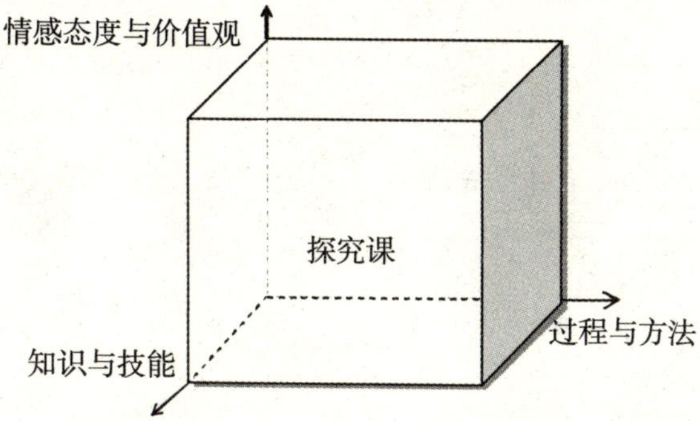

图 1-3　三维课程目标的立体整合论

第二章

科学探究、创新思维与创新人才培养

科学探究与提升国民的科学素养和国家的科技竞争力密不可分，它已经被国际基础科学教育领域公认为培养创新人才的有效途径；另一方面，创新人才的重要特征为具备创造力或创新能力，而创新思维是人类独有的思维品质，是人类创造力的核心，因此，创新人才的培养离不开创新思维的培养。创新思维和科学探究在内涵和外延等方面存在着一致性，因此科学探究、创新思维与创新人才培养之间存在着千丝万缕的联系。本章首先对这三大核心概念及相关概念进行界定，然后探讨创新思维与创新人才培养的问题，最后进一步分析科学探究与创新思维之间的内部联系，为后续各章的展开奠定逻辑基础。

第一节 三大核心概念的界定

“以科学探究为核心”已经成为国际基础科学教育领域的共识，各国科学教育改革一直提倡探究教学，其目的在于通过探究让学生得到科学知识和技能，认识科学的本质，从而获得必要的科学素养。作为创新人才培养的核心，创新思维与科学探究的微观过程存在一致性，因此科学探究、创新思维与创新人才培养三者之间存在着相辅相成的逻辑关系，本节主要探讨这三大核心概念及相关概念的内涵和外延。

一、科学探究及相关概念

国际上没有哪个概念像“科学探究”或“探究教学”这样受到基础科学教育领域的广泛关注，如果非要用一个词语来描述一个世纪以来科学教育工作者的努力方向，那么它一定是“探究”。科学探究是本书的核心概念，与其相关的概念有科学探究学习、探究教学、科学探究能力和科学的本质，本部分主要介绍这些基本概念，并综述各类相关的界定。

（一）科学探究

对科学探究的界定大体分为两大类：一是把科学探究描述为科学家所做的工作，二是把它看作教与学的过程。美国科学教师协会（NSTA）和美国国家研究院（NRC）基本认可了这两种观点，它们在《国家科学教育标准》（*National Science Education Standards*）中指出：科学探究既指科学家们用以研究自然界并基于此种研究获得证据、提出种种解释的多种不同途径，同时也指学生们用以获得知识，领悟科学思想观念，领悟科学家们研究自然界所用的方法而进行的各种活动。科学探究是一种复杂的活动，它涉及观察现象，提出问题，查阅书刊及其他信息资源以便了解已有的知识，设计调查和研究方案，根据实验证据来核查已有的结论，运用各种手段来搜集、分析和解释数据，得出结果，把结果告之于人等。科学探究需要明确假设，运用批判性思维和逻辑思维，考虑各种可能的解释。

（二）科学探究学习

在中小学生学习科学的时候，把科学探究与学习过程化为一体，这种学习即是“科学探究学习”。科学探究学习是以问题为导向、以学生的自主与合作探究为特征、以过程体验为情境的科学学习活动，不同于在我国传统科学教育中一直占据主导地位的授受式教学。科学探究学习的宗旨是让学生在亲身参与科技实践活动的过程中探索科学技术的奥秘，了解科学探究的过程，领悟科学本质，体验科学精神，形成热爱科学、敢于并善于质疑和探究的科学态度，提升科学素养，进而养成以科学的眼光审视生活的习惯，成为现代文明社会的合格公民。综上所述，科学探究学习是指学生在教师的指导下，围绕某一科学问题，根据已有的知识、技能和经验，运用科学方法体验研究过程，尝试解决科学问题的学习活动。

（三）探究教学

探究教学本身具有两重含义：以探究为方法的教学和以探究为内容的教学。前者是指以科学探究为主要模式的教学方法，也就是我们通常所说的探究式教学（Teaching as inquiry），它将科学探究作为一种教学方式来进行教学，其教学目标是科学知识或者科学知识和科学探究（Schwab，1962），类似于基于探究的教学（Inquiry-based teaching）。后者以科学探究的技能、过程以及本质作为教学内容和目标，并采用探究的方式来教授，可以说是以探究作为内容的教学（Teaching of inquiry）。

（四）科学探究能力

在心理学上，能力是指人们顺利完成某种活动所必需具备的个性心理特征，通常分为一般能力和特殊能力。显然，科学探究能力属于特殊能力，它是从事科学探究活动所必需的能力。由于科学探究的复杂性，人们对于科学探究能力的看法各有不同。一部分研究者认为科学探究能力是探究活动中需要的一系列要素能力，这些要素现在多被称为过程性技能。20 世纪 60 年代，美国科学促进会（American Association for the Advancement of Science, AAAS）从科学家进行科学研究工作的过程及行为中解析出了 13 种技能：观察、分类、运用时空关系、预测、运用数字、测量、控制变因、推断、形成假说、下操作型定义、解释资料、沟通、进行实验。另外一部分学者则认为科学探究是一个多元化的过程，它与研究者的灵感、直觉等主体特征有密切的关系，他们强调科学探究活动本身的复杂性及综合性，因而，科学探究能力也应当是一种复杂的综合能力，很难诉诸文字，被描述成“工匠技能”或者“缄默知识”，这让科学探究能力变得模糊，人们难以把握其明确的特征和过程。我们倾向于认为，科学探究能力是指人们顺利完成科学探究活动所必需具备的个性心理特征。

（五）科学的本质

科学的本质关注的是科学家在从事科学活动时科学知识的发展历程，科学观察、理论和定律等的本质、意义以及其相关关系，是科学素养的核心命题。科学的本质是科学认识论，它还指科学家进行科学探究的过程中产生的科学知识的特征。

美国科学促进会在《科学素养的基准》的报告中指出，学生正确地认识科学的本质是具备科学素养的要件之一，并将科学的本质列为该报告书的第一章。科学的本质问题不仅在科学理论界享有至高的地位，它对科学的发展以及现实生活也有重要的影响。迈克玛斯等人（McComas et al.，1998）认为认识科学的本质的作用主要体现在：促进对科学内容的学习；帮助理解科学；增强对科学的兴趣；提高科学决策能力；有助于科学知识的传授。科学的本质是判断科学性的准则，是人们判定科学的发展是否合理、可信的依据，是区分科学与伪科学的标尺，它直接影响人们的科学观念，指导人们的科学活动和日常行为，因而，对科学本质的掌握被列为科学教育的重要目标和内容。

二、创新思维及相关概念

创新思维是创造力的核心和关键要素，也是创新人才的重要特质，大量心理学研究表明，创新思维不仅是能力开发的问题，也是个人特征培养的问题，因此，我们有必要了解创新思维及相关概念的内涵和外延。

（一）创新思维

本书中的创新思维是指以独特、新颖的方法提出问题和解决问题的思维活动，通过这种思维不仅能揭示客观事物的本质及其内部联系，而且能在此基础上产生新颖、独特、具有社会价值的思维成果（与创造性思维通用），它是创新能力（创造力）的核心和思维的最高形式。

当代学界对创新思维的研究，突破了仅仅从心理学角度去探讨的传统做法，开始把基于心理学的研究和基于脑神经科学的研究结合起来，并且越来越重视基于脑神经科学的研究。

（二）创造性思维

关于“创新思维”与“创造性思维”的含义及其相互关系，目前国内学界有不同的理解，教育领域的多数学者将二者混用。创造强调从无到有，侧重产品、成果；创新强调破旧立新，重视变革过程，创新包含创造，适用范围更广。狭义的创造性思维强调创造原来没有的新东西，既不是他人传授的，也没有现成的规律、规则可循；广义的创造性思维与创新思维没有本质差异，除了包含如何改造和更新旧事物的思维过程之外，也包括创造原来没有的新事物的思维过程，后者是创新思维的高级形态。

哲学界的学者认为，创新强调从旧到新，在旧有东西的基础上产生出新的东西来，是量变或部分质变；创造强调从无到有，是事物发展过程中的质变或飞跃。原始性创新、原发性创新也是事物发展过程中的质变或飞跃，在这个意义上，创新与创造可以等价、互通；而且，量变和部分质变达到一定阶段，符合一定条件，就可以转化为质变或飞跃，达到创造的层次。卢明森等学者认为，创造性思维除了强调创造原来没有的新东西之外，还强调一个重要的特点，即不是他人传授的，也没有现成的规律、规则可循；创新思维除包含如何改造旧的事物之外，也包括创造性思维，它是创新思维的高级形态。这样看来，创新思维比创造性思维宽泛一些，但是没有根本差异。

本书依据国内大多数学者的共识，认为创新思维与广义的创造性思维没有本质差异，具有等同的含义，二者可以互换使用。

（三）科学思维

心理学领域认为，所谓科学思维，就是具有意识的人脑对自然界事物（包括对象、过程、现象、事实等）的本质属性、内在规律及事物间的联系的间接的、概括的和能动的反映。科学思维从属于一般思维，除具有一般思维的特点外，还有精确性和近似性的统一、抽象性和形象性的统一两个显著的特点。青少年的科学思维能力，是指青少年在学习科学知识以及研究和解决科学问题的过程中顺利地进行思维时所应有的个性心理特征，它由多种元素构成，各种元素之间具有一定的相互联系，从而形成一定的结构。

科学哲学领域认为，科学思维是探究事物的本质及其相互之间的联系、事物变化和发展的规律时，人们的头脑对有关信息进行加工和处理的过程，以及思考问题的方式方法。科学思维的指向或目标一般是：事物的性质、结构和功能是什么？回答这个问题需要对事物进行观察和思考，然后进行客观的描述。事物为什么变化和发展？回答这个问题需要找到事物之间的内在联系，分析和总结其形成的原因。事物的变化和发展具有什么规律？回答这个问题，需要在前面若干问题的基础上作出必要的判断，从而得出结论。

科学思维的方法是指人们在研究和解决科学问题以及学习科学知识的过程中所应用的思维方法，主要有分析综合、比较分类、抽象与概括、科学推理等。科学思维品质是指人们在学习科学知识以及研究和解决科学问题的过程中逐渐形成和发展，并在这个过程中表现出来、直接影响工作效率的个体智力特征，包括深刻性、灵活性、批判性、敏捷性和独创性。掌握一定的科学思维方法，具有一定的科学思维品质，是青少年在学习科学知识和解决科学问题的过程中顺利进行思维活动的必要条件。

三、创新人才及相关概念

创造力问题一直是心理学、教育学研究的热点，美国心理学家吉尔福特曾经说过：“没有哪一种现象或一门学科像创造问题那样，被如此长久地忽视，又如此地复苏。”在我国，“创造力”目前成为了热点词汇，又因为著名的“钱学森之问”，青少年的创造力培养成为了社会的热点话题之一，培养创新人才已经成为了全社会的共识。

（一）创新人才

在对创新人才的理解上，有以下几个方面的共识：

1. 创新人才是与常规人才相对应的一种人才类型。创新人才就是具有创新知识、创新技能、创新思维、创新人格、创新意识和创新精神并能够取得创新成果的人。常规人才则是指常规思维占主导地位，创新知识、创新技能、创新思维、创新人格、创新意识和创新精神表现一般，习惯于按照常规的方法处理问题的人。

2. 培养创新人才的基础是人的全面发展。创新知识、创新技能、创新思维、创新人格、创新意识和创新精神并不是凭空产生的，也不是完全独立发展的，它们与人的其他素质有着密切的联系。从这个意义上讲，创新人才首先是全面发展的人，是在全面发展的基础上有创新知识、创新技能、创新思维、创新人格、创新意识和创新精神的人。

3. 个性的自由发展是创新人才成长与发展的前提。虽然不能说个性自由发展了人就有创造性，就能成为创新人才，但没有个性的自由发展，创新人才就不可能产生。从这个意义上讲，创新人才就是个性自由、独立发展的人。

4. 无论是创新还是创新人才都是历史的概念，在不同的历史时期，人们对创新和创新人才的理解都会有一些差异。当代社会的创新人才，是立足于现实而又面向未来的创新人才，应该具备以下素质：博、专结合的充分的创新知识准备；以创新思维为特征的高度发达的智力和精熟的创新技能；以创新精神和创新意识为中心的自由发展的个性；积极的创新人格和强健的体魄。

（二）创造力

对创造力的研究始于西方，高尔顿（Galton）1869 年出版的《遗传的天才》一书标志着使用科学方法研究创造力的开始，该书也是国际上有关创造力的心理学研究的最早的科学文献。吉尔福特（Guilford，1950）从人格和认知思维过程的角度来界定创造力，他认为，从狭义上讲，创造力是指最能代表创造性人物特征的各种能力，从广义上讲，创造力指创造性人格。托伦斯（Torrance，1962）则将创造力视为“这样一个过程，即对问题、不足、知识上的缺陷、基本元素的丢失、不协调、不一致等现象变得敏感，并找出困难，寻求解决途径，作出猜测或形成假设，对假设进行检验和再检验，也许是修改和再检验，达到最终结果”。格鲁伯和沃拉斯（Gruber & Wallace，1999）认为：“创造力是新颖和价值的统一体。具有创造性的产品应该是新颖的，而且从某种外部标准上看是有价值的。”创造力心理学家阿曼贝尔（Amabile，1987）从知识、创新思维和动机三个方面来研究创造力，提出了创造力的三结构说。知识，即拥有精深的专业知识和对某一领域的长期关注，这是创造力发挥的前提。创新思维的主要维度是：不满足于现状，试图找到新的方法；整合一些完全相异的领域的知识，遇到难题或在瓶颈期时有坚持能力，能从一种胶着的状态中走出来，达到一种新的境界。动机包括好奇心、内在的兴趣、在困境中的执着精神。阿曼贝尔认为，人们在有内在动机（兴趣、自我满足感、工作本身的挑战）驱动时会比只有外在动机时更有创造性。

斯滕伯格（Sternberg）于1988年提出了关于创造力的三维模型理论，第一维是指与创造力有关的智力维，第二维是指与创造力有关的方式维，第三维是指与创造力有关的人格特质。第一维所涉及的智力又分“内部关联型智力”“经验关联型智力”和“外部关联型智力”三种。内部关联型智力是指与个体内部心理过程相联系的智力，由三个部分组成：①元成分——在创造性地解决问题的过程中，起计划、监控和评价作用，具有发现和辨认问题，界定问题，形成问题解决策略，监控、反馈与评价问题解决的过程等功能；②执行成分——执行由元成分所设定的问题解决过程，包括编码、推论、应用、比较、判断、反应等步骤；③获得成分——这是创新思维中顿悟能力的主要组成部分，它又包含选择性编码、选择性结合和选择性匹配等三个要素。经验关联型智力是指与已有知识经验相联系的智力。外部关联型智力是指与外部环境相联系的智力（包括适应、改造和选择环境的能力）。

我国学者林崇德把创造力定义为：“根据一定目的，运用一切已知信息，产生出某种新颖、独特、有社会意义或个人价值的产品的智力品质。”彭聃龄认为：“创造或创造活动是提供新颖的、首创的、具有社会意义的产物的活动。”黄希庭则认为：“创造活动是一种提供独特的、具有社会价值产物的活动。”施建农综合我国学者的研究，认为创造力应该是“智力活动的一种表现，是人通过一定的智力活动，在现有知识和经验的基础上，通过重新组合和独特加工，在头脑中形成新产品的形象，并通过一定的行动使之成为新产品的能力。它受到个体所在环境的影响，并在很大程度上依赖于一个人的个性，在本质上由创造性态度、创造性行为和创造性产品，以及其他影响因素组成，其核心是创造性行为，包括创新思维、创造性习惯和创造性活动”。

第二节　创新思维与创新人才培养

本节主要探讨创新思维、创造力与创新人才培养的基本内涵和主要特征。

一、创新思维及其过程

创新思维是人类独有的思维品质，是人类创造力的核心，创新思维的培养也是创新人才培养的核心。创新思维的内涵和过程体现了创新人才培养的途径和特点。

（一）创新思维的内涵

本书所说的创新思维，是指以独特、新颖的方法提出问题和解决问题的思维活动，通过这种思维不仅能揭示客观事物的本质及其内部联系，而且能在此基础上产生新颖、独特、具有社会价值的思维成果（与创造性思维通用），它是创新能力（创造力）的核心和思维的最高形式。

1. 创新思维的基本形式：直觉思维，灵感思维，联想思维，想象思维，发散思维。

2. 创新思维的基本特征：独特性，联动性，多向性，跨越性和综合性。

3. 创新思维教学的有效途径：发散思维与集中思维相结合，求同思维与求异思维相结合，正向思维与逆向思维相结合。

（二）创新思维的过程

沃勒斯（Wallas）最早提出创新思维的过程，即准备、沉思、启迪、求证四个阶段，也有人称作准备、孕育、明朗、验证，还有人称作发现问题、运筹决策、顿悟突破、检验完善。也有人提出不同的意见，罗斯门（Rossman）在1931年根据对710位发明家的调查提出，创新思维应分为下列七个步骤：①察觉某种要求或困难，②分析这种要求，③研究所有可用信息，④将所有客观性的解决方案条理化和系统化，⑤批判地分析这些方案的优缺点，⑥新思想的诞生，⑦找出最佳答案并通过前面某几个步骤或所有步骤使之具体和完善。奥斯波恩（Osborn）在1953年将创新思维分为七个步骤，包括：①定向，指出问题所在；②准备、收集有关资料；③分析、分解相关材料；④规划；⑤整理所有决策；⑥沉思，静待启迪出现；⑦综合所有结论，评价各种结果。

本书认为创新思维的过程包括四个阶段：准备阶段（提出问题）、酝酿阶段（提出解决方案）、豁朗阶段（形成新的解决问题的方法）、检验阶段（对新方案的验证和评价）。创新思维是一种特殊的科学思维，在强调理性思维和逻辑思维的同时，应注重思维的新颖性、独特性和价值性。

二、创造力与创新思维

创新人才的重要特征为具有创造力或创新能力。创新思维是人类独有的思维品质，是人类创造力的核心，对创造力的形成起着至关重要的作用，因此，创新思维的培养是创新人才培养过程的关键环节。

（一）创新思维是创造力的核心

斯滕伯格在其创造力三维模型理论中所论述的智力维实际上与创新思维密切相关，因为它既涉及创新思维的心理过程（执行成分）、创新思维的核心组成要素（获得成分），又涉及创造性解决问题过程中的计划、监控与评价（元成分）。由此也可以看出，人的创造力的核心是创新思维。

创造力的两大主要成分是想象和思维，这里的想象主要是创造性想象，而思维也主要是创新思维。想象具体分为再造性想象和创造性想象，前者是根据语言或者非语言的描绘在头脑中形成相应的新形象的心理过程；而创造性想象不靠现成的描述，而是根据一定的目的和任务，在头脑中独立地创造出新形象的心理过程，它是创造性活动的一个必不可少的重要组成部分，也是衡量创造力发展的一个重要指标。创造性思维，即创新思维是创造性活动过程中所具有的思维方式，是一种新颖独特、高度灵活的思维方式。它的特点是在强烈的创造动机和外在因素的驱动下，充分利用意识和潜意识活动，借助包括直觉和灵感在内的具体思维方式，以渐进性或者突发性的形式，对已有的经验进行不同程度、不同方向的重新组合和创造，由此获得新颖独特的创造性成果，包括新观念、新知识、新方法和新产品等。

（二）创造力的要素与创新思维的品质吻合

美国心理学家吉尔福特认为，创造力可以分解为如下六个要素：敏感性、流畅性、灵活性、独创性、实践性和洞察性。现代信息加工学派的代表人物西蒙认为，创造力的动态结构一般应该包括如下五个主要成分：发现问题的能力，明确问题的能力，阐述问题的能力，组织问题的能力以及输出问题解决方案的能力。

创新思维具有深刻性、灵活性、独创性、批判性和敏锐性这五种品质。深刻性是基础，由它引出灵活性和独创性，而灵活性与独创性又有十分密切的关系。灵活性是指思维活动根据客观物理现象的具体变化而变化，从不同角度、侧面、方向去思考问题，用不同的方法解决问题；独创性是指独立思考并创造出有价值的概念与产品，是智力运行的高级状态。灵活性与独创性也是智力中的创造力的要素，由此可见，创造力与创新思维之间有着密不可分的联系，也再一次表明创新思维是创造力的核心。

三、创新思维与创新人才培养

创新是一个民族进步的灵魂，是一个国家兴旺发达的不竭动力。能否培养一批批高素质的创新人才，事关民族的创新能力和国家的发展后劲。创新思维的培养是创新人才培养的核心内容，只有把握创新思维的内在机制和活动过程，才有利于进一步理解和明确创新人才培养的微观途径。

（一）创新思维的培养是创新人才培养的核心

正如爱因斯坦所说，“人是靠大脑解决一切问题的”，创新思维活动是人的创新实践活动的“骨髓”和“基石”。没有思考中的创新，就没有实践中的创新。因此，培养中小学生的创新思维，成为了我国基础教育创新人才培养的最高标准。基础教育阶段的创新人才培养是分层次、分步骤的：在小学阶段，需要注重创新品质，培养小学生的创新精神和创新意识；在初中阶段，需要注重体验创新的过程，培养初中生的创新知识和创新技能；在高中阶段，需要注重高水平的创新思维品质，培养高中生的创新思维和创新人格。小学、初中和高中阶段，都要通过解决科学问题来让学生掌握创新技能，培养他们的创新精神和创新人格，而创新思维贯穿在创新人才培养的整个过程之中。

（二）创新思维的内在机制及其过程

当代脑神经科学把前额叶皮层中的不同部位与对不同问题的解决联系起来，使我们明确了人类的高级思维（创新思维）不仅建立在心理学的基础之上，而且与大脑内部的神经生理机制相关。

创新思维是人脑的活动，可以看作创新思维的各个构成要素相互作用、相互协同的系统化的思维过程，这一过程便是创新思维的本质和系统功能的实现方式。心理学将创新思维看作一个整体过程，并将其分为提问、求解、顿悟和检验四个阶段。问题的提出是创新思维的起点，也是创新思维活动发展的内在动力，推动着人们去寻找新的思路和办法，由此展开创新活动；求解的阶段是逻辑思维与非逻辑思维相互协同、收敛思维与发散思维交替运用、求同思维与求异思维相互补充、常识思维与批判思维相互配合来解决问题，有这样的积累过程，才能够厚积薄发；在思维的活动过程中，经过长时间的思考酝酿，会有突发性的顿悟和灵感出现，这时候就会豁然开朗，透过现象看到事物的本质，思维产生实质性的飞跃；最后，要不断地修正、加工、比较和完善，将整个思维活动过程进行科学的验证，如果出现偏差，就要重新进行探究。

第三节　科学探究与创新思维的联系

科学探究学习与创新人才培养之间存在密切的联系，本节主要从科学探究与创新思维的特征谈起，进一步分析二者之间的微观联系。

一、科学探究与创新思维的特征

早在 1909 年，杜威（Dewey）就提出了在学校科学教育中采用探究的方法。他认为科学教育不仅是让学生学习大量的知识，更重要的是让学生掌握科学探究的方法，“做中学”正是最好的途径。他提出了反省思维的过程，即经历疑难的情境、确定疑难所在、提出解决疑难的各种假设、对这些假设进行推断、验证或修改假设这五个阶段，并坚信科学不仅是一种操作工具，更是一种新的精神和态度，一种瓦解旧意识、树立新观念的信念，因而，他将怀疑和假设作为科学方法的核心。在杜威提出科学探究教学的思想之后，教育学家和部分心理学家开始对科学探究进行深入研究。其中，施瓦布（Schwab）的探究式科学教学模式、布鲁纳（Bruner）的发现学习教学模式、萨奇曼（Suchman）的探究训练模式以及加涅（Gagné）的学习层级理论对探究教学的发展作出了较大的贡献。科学探究教学的模式与创新思维的过程虽各有其特征，但也有很多相通之处。

（一）科学探究教学的模式

以科学探究为主的教学不仅要安排探究活动，并且要协助学生主动探索知识及寻求对科学知识的理解，以满足学生的好奇心。它的种类有很多，有的强调学生动手做的学习活动及实验，有的重视在教学活动中帮助学生发展与科学方法相关的过程技能。根据不同的标准可以将其分为多种类型，例如实验探究与非实验探究、完整探究与部分探究、定向探究与自由探究、发现式探究与接受式探究、归纳式探究与演绎式探究、课内探究与课外探究、独立探究与合作探究等。

1. 萨奇曼探究教学模式（Suchman Inquiry Model）

萨奇曼探究教学模式包括六个步骤。①选择问题和进行实验：问题一定要有趣并有意义，贴近学生的生活。②介绍过程和展示问题：教师让学生对他们所观察的现象提出用“是”或“否”回答的问题。③收集数据：对学生的问题作出反应以便收集和验证数据，引导学生更清晰地提出问题。④发展理论或证实：当学生得到一个理论时，停止询问，让他们写下理论并展示给其他同学，由同学们决定接受还是拒绝这一理论。⑤解释理论并陈述与其相关的规律：当理论被学生证实以后，引导他们对理论进行解释和应用。⑥分析过程：和学生们一起讨论探究的过程，并让他们评价自己的参与过程，思考如何得出理论。

2. 有结构的探究（Structured Inquiry）

有结构的探究是在进行科学探究活动时，给学生提供将要调查研究的问题、解决问题所要使用的方法和材料，但不提供预期结果。学生需要根据自己收集到的数据进行概括，发现某种联系，找到问题的答案。如果用海伦量表来测查，此种探究为一级水平的探究活动。有结构的探究和相应的活动，又被人们习惯地称作“食谱式”（cookbook）活动。

3. 指导性探究（Guided Inquiry）

指导性探究活动中，教师只给学生提供要调查研究的问题，有时也提供材料，学生必须自己对收集到的数据进行概括，弄清楚如何解决探究问题。用海伦量表来看，这一探究活动的过程和结果都是开放的，属于二级水平的探究活动。

4. 学习环（The Learning Cycle）

学习环的教学方法是基于瑞士发展心理学家皮亚杰（Piaget）的研究而来的。学习环是探究教学中一种很有效的教学模式，它有多种操作形式，一般的程序包括探索、概念引入和概念应用三个环节。①开始是探索阶段：让学生从事各种探索活动，以便从经验中产生新观念；②接着是引入概念阶段：让学生为前面发现的观点或产生的想法命名；③最后是概念的运用阶段：让学生有机会把新观点运用到不同的情境中。

5. 自由探究（Free Inquiry）

自由探究也叫开放式探究，要求学生在整个探究过程中独立地解决问题，完成所有的探究任务，包括得到要调查研究的问题，收集材料、设计研究方案和过程，进行具体的探究活动，分析数据，得出结论等。

（二）创新思维的基本过程

前文我们已经谈到，创新思维是以独特、新颖的方法提出问题和解决问题的思维活动，它不仅能揭示客观事物的本质及其内部联系，而且能在此基础上产生新颖、独特、具有社会价值的思维成果（与创造性思维通用），它是创新能力（创造力）的核心和思维的最高形式。它的基本形式有五种，包括直觉思维、灵感思维、联想思维、想象思维和发散思维;它的基本特征有五种，包括独特性、联动性、多向性、跨越性和综合性；它的过程包括四个阶段，即准备阶段（提出问题）、酝酿阶段（提出解决方案）、豁朗阶段（形成新的解决问题的方法）、检验阶段（对新方案的验证和评价）。（如表 2-1）创新思维教学的有效途径有三种，包括发散思维与集中思维相结合、求同思维与求异思维相结合、正向思维与逆向思维相结合。

表 2-1 创新思维的过程模式

过程阶段	期望的形式	思考运作	人格特质
准备	纯粹、良好的组织	认知、记忆	好学、用功维持注意力
酝酿	多元性结构	个人的思考	智力的自由
豁朗	经常混淆，不协调	发散性思维	冒险、容忍失败及想象
检验	纯粹、良好的组织以及清楚的陈述	聚合思维、评价性思考	直觉的训练引导逻辑的结果

二、科学探究与创新思维的微观联系

从微观上看，科学探究与创新思维在诸多方面存在密切的联系。首先，科学探究学习与创新思维的过程存在高度的一致性，其次，探究教学与创新思维的阶段也是可以一一对应的，最后，科学探究的水平和模式也与创造性存在相同的结构。因此，科学探究学习的过程即是学生创新思维养成的过程，也即学生创造力培养的过程，从基础科学教育领域的研究来看，科学探究学习是培养学生的创新思维的有效途径，也是创新人才培养的有效方式。

（一）科学探究学习与创新思维过程的联系

洪振方（2004）指出科学探究学习的过程有发现问题、形成假设、评估及测试假设、修正及重新检验、交流结果五个要素。《中小学科学探究学习实施指南》中指出，中小学科学探究学习的基本要素包括提出问题、猜想假设、制订计划、收集证据、分析论证、反思评估和表达交流。这些对科学探究学习过程的划分，均与创新思维的基本过程，即准备阶段（提出问题）、酝酿阶段（提出解决方案）、豁朗阶段（形成新的解决问题的方法）、检验阶段（对新方案的验证和评价）相吻合。

（二）探究教学与创新思维阶段的联系

5E 学习环（5E Learning Cycle）是卡普路斯和戴尔（Karplus & Their，1967）首先提出的，分为投入（Engagement）、探索（Exploration）、解释（Explanation）、精致化（Elaboration）和评价（Evaluation）五个阶段。①投入：这一阶段的教学目的是引发学生的好奇心和兴趣，通过活动使学生将过去和现在的学习经验联系起来，了解学生的想法，并且关注学生在活动中收获学习成果的思考历程。

②探索:在这个教学过程中,教师不直接说明答案,扮演聆听者、观察者的角色,鼓励学生操作,必要时给予学生更深入的引导。③解释:鼓励学生用自己的话说出对实验的想法,要求学生根据事实澄清概念;教师应该以学生先前的经验为基础来解释概念,并适时对概念进行定义和解释。④精致化:教师要了解学生的概念,并予以质疑及延伸,给学生提供进行验证实验或思考的机会,鼓励学生将概念应用到新的情境中,以获得更多信息和发展更高层次的技能。⑤评价:观察学生如何应用新的概念和技能来解决生活中的问题,提出开放性的问题来评价学生,并鼓励学生进行自我评价。

《美国国家科学教育标准》提出了探究教学模式的共同构成,如表 2–2 所示,这五个方面正好与 5E 学习环的教学模式相吻合。

表 2–2　探究教学模式的共同构成

1. 学生参与围绕科学问题、事件或现象展开的探究活动,探究要与学生已有的认识相联系,教师要设法造成他们的思想冲突,并且 / 或者鼓励他们学到更多知识。
2. 学生通过动手做实验探究问题,形成假设并验证假设,解决问题,并为观察结果提供解释。
3. 学生分析、解释数据,并将他们的观点进行综合,构造模型,利用教师提供的和从其他来源得到的科学知识阐述概念及解释。
4. 学生拓宽新的理解,发展新的能力,并运用所学知识于新的情境。
5. 学生和教师共同回顾并评价所学内容和学习方法。

心理学认为创新思维的过程一般包括四个阶段:准备阶段、酝酿阶段、豁朗阶段、检验阶段。很多教育学者将其扩展为六个阶段,包括信息选择、建立关联、组合要素、评估组合、选择保留和交流沟通(洪振方,2004)。

图 2–1 是创新思维的基本过程、探究教学的要素与《美国国家科学教育标准》提出的 K–12 学生的五大能力的对应图,可知探究教学与创新思维的阶段也是一一对应的。

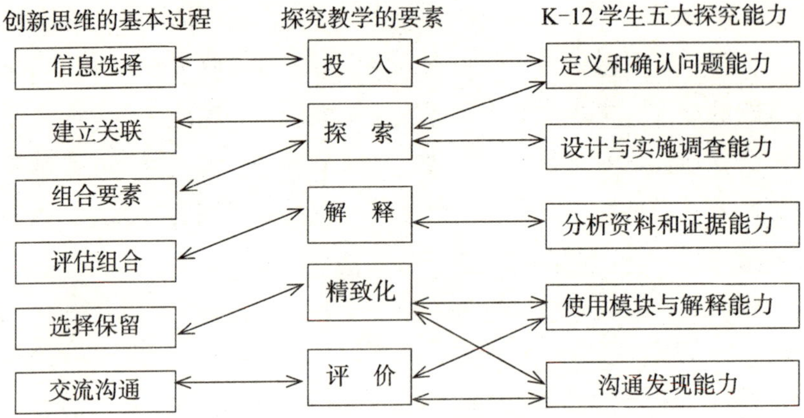

图 2-1　创新思维的过程、探究教学的要素及探究能力间的对应关系图

（三）科学探究的水平与创造性的联系

科学探究水平与创造性的高低密切相关，从科学探究实验的两种类型来看，可以看到假设的重要性，这也是创造性高低的一个衡量因素；海伦量表和佩拉的自由度等级评定水平也与创造性相对应，从教师提供到学生产生，从内容封闭到自由开放，最终体现在探究模式与创造性的紧密联系上。

1. 科学探究实验的类型

探究实验一般可以分为两种不同的模式，模式 A 的问题一般比较明确，不需要进一步抽象为假设，但是在收集到大量实验事实后需要进行科学抽象；模式 B 中，先要将科学问题进行概括，提出科学假设，然后通过实验验证假设，得出结论，虽然这一过程也是一次科学抽象，但它并非建立在实验数据的基础之上，而是建立在假设的基础之上。（见图 2-2）

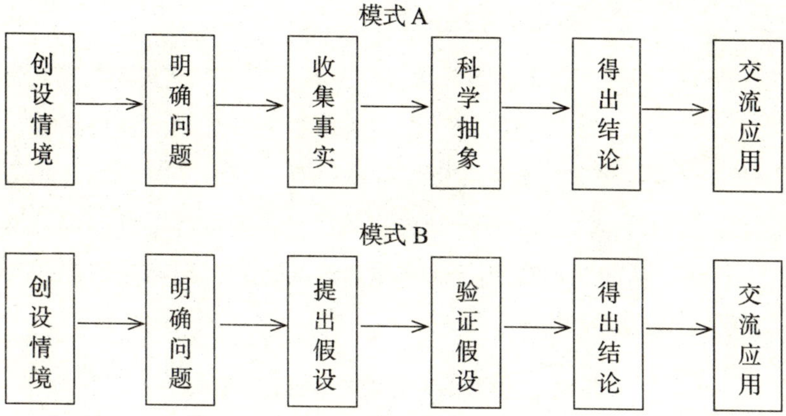

图 2-2　两种常用的实验探究模式

2. 海伦量表

施瓦布当初为了考察教学的探究性而提出了等级评定，后来海伦（Herron，1971）在《科学探究的本质》（*The Nature of Scientific Enquiry*）一书中大量叙述了杜威和施瓦布的工作，并继承和发展了施瓦布的评定机制，后人称之为海伦量表。海伦认为评价实验活动的开放性可以从三个方面入手：问题（给定的还是开放的）、过程和方法（给定的还是开放的）、答案（给定的还是开放的）。根据这三个因素，实验的探究性可以划分为四个等级：0 级、1 级、2 级、3 级。0 级的活动中，问题、方法与答案均提供给学生；1 级的探究活动中，教师将问题与方法提供给学生，但是学生需要自行找出答案；2 级的活动中，教师只提供问题，学生必须自己去设计研究步骤和寻求解答；3 级的活动中，教师不提供问题以及解决问题的方法、答案，学生仅被安排在一个合适的探究环境中，自行决定所要探求的概念或理论。（见表 2-3）

表 2-3　海伦量表

内容 层次	问题	过程和方法	答案
第 0 级	提供	提供	提供
第 1 级	提供	提供	开放
第 2 级	提供	开放	开放
第 3 级	开放	开放	开放

3. 佩拉的实验教学自由度等级评定

佩拉（Pella，1967）从课程体现的“自由度”出发，把实验的探究性分成五个等级。自由度是指学生陈述问题、提出假设、制订计划、进行实验、收集数据和得出结论的自主程度。学生的自主程度越高，自由度的级别就越高，实验的探究性就越强。（见表 2–4）海伦量表和佩拉的自由度等级评定都是从科学探究的基本过程——从问题的提出、过程和方法的运用，到结论的生成——这几个方面来分析实验的探究性的。

表 2–4 佩拉的实验教学自由度评定表

自由度	1 级	2 级	3 级	4 级	5 级
步 骤	任务执行者				
1. 陈述问题	教师	教师	教师	教师	教师
2. 提出假设	教师	教师	教师	学生	学生
3. 制订计划	教师	教师	学生	学生	学生
4. 进行试验	学生	学生	学生	学生	学生
5. 收集数据	学生	学生	学生	学生	学生
6. 得出结论	教师	学生	学生	学生	学生

4. 探究模式与创造性的关联

国外学者（Germann，Haskins & Auls，1996）根据学生提出问题和回答问题的独立程度，将课堂探究分为四种不同水平的类型，从低到高依次为强化型探究、结构型探究、指导型探究和自由型探究。也有学者（Wenning，2005）根据教学方式的不同，将其分为结构探究、实验探究和理论探究，其中结构探究包括一般课堂教学中的演示性和互动性探究，实验探究主要是实验活动中的指导性、半开放性和自由探究，理论探究指思维探究；其探究的创造性和控制点也依次升高。（见表 2–5）

表 2–5 探究的创造性及控制点

结构探究		实验探究			理论探究
演示性探究	互动性探究	指导性探究	半开放探究	自由探究	思维探究
低 ←——创造性的程度——→ 高					
教师 ←——控制点——→ 学生					

三、科学探究与创新人才培养的学科实践

本书关于科学探究与创新人才培养的基本理念与美国科学教师协会（NSTA）的教师教育标准相符，注重探讨教师如何有效地促进学生进行探究，如何通过科学探究来发展学生的探究能力和创新思维、提升全体学生的科学素养，以培养基础教育阶段的创新人才。课堂中的科学探究过程是非常复杂的，不能将其简单地理解成一系列所谓科学方法的步骤，也不能将其简化成遵守惯例的一系列规则性操作，具体的探究过程的确需要学生理解，但是探究的意义远远超出发展孤立的技能。在探究教学中，教师要将有关探究的内容知识转换为教学知识，将其融入学科课程，设计进行相应的探究教学的方式，而探究教学同时受到教学知识和内容知识的共同影响和驱动，通过探究教学达到对科学探究的认识并模型化为对科学本质的认识。教师的专业实践也是为了探究教学的顺利展开，学科教学的社会情境和评价都影响到实际的探究教学。探究教学的整体实施都是基于所有学生科学素养的提升，在于实现面向全体学生的创新人才培养的目标。（见图 2–3）

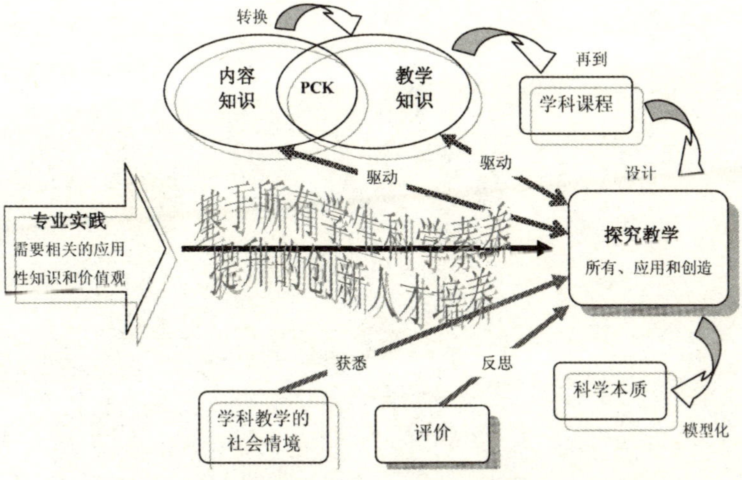

图 2–3　科学探究与创新人才培养的基本理念示意图

第三章

创新思维的基础理论和实践探索

创新思维作为创新人才特质的核心要素，对于创新人才的培养有着重要的基础作用。本章主要介绍创新思维与科学思维的发展历史和基础理论，以使读者进一步了解创新思维并熟悉思维训练的基本方法和途径，同时进一步了解创新思维教学及其评价的一般方法和途径。

第一节　思维的基础概念和研究历史

思维是思维主体处理信息及意识的活动，思维主体是可以对信息进行能动操作（如采集、传递、存储、提取、删除、对比、筛选、判别、排列、分类、变相、转形、整合、表达等活动）的物质。本节首先介绍思维的哲学和心理学概念，然后明确思维的界定，最后回顾思维研究的历史发展，并对国内有关思维的研究展开述评。

一、思维的概念梳理

对思维的理解有广义的和狭义的两种，广义的思维是指人脑对客观现实概括的和间接的反映，它反映的是事物的本质和事物间规律性的联系，包括逻辑思维和形象思维。狭义的思维即通常心理学意义上的思维，专指逻辑思维。本部分主要介绍哲学、心理学对思维的界定，并说明本书中思维的基本概念。

（一）哲学范畴的思维

思维原属于哲学研究的范畴，后来又成为逻辑学、心理学、美学和生理学等多门学科研究的内容。20 世纪 80 年代以来钱学森教授倡导的思维科学，则专门把人的思维问题作为研究对象。由于各学科研究的角度、方法和侧重点不同，人们往往从不同的意义来理解和使用思维的概念。

（二）心理学范畴的思维

心理学领域认为，思维是人脑对客观现实概括的和间接的反映，它反映的是事物的本质和事物间规律性的联系。感知觉所反映的是事物的个别属性、个别事物及其外部的特征和联系，属于感性认识；而思维所反映的是一类事物共同的、本质的属性和事物间内在的、必然的联系，属于理性认识。思维是高级的心理活动形式，人脑对信息的处理包括分析、抽象、综合、概括、对比等，这些是思维最基本的过程。

（三）本书的界定

伯恩（Berne）等人（1971）综合各家学说，对思维作了一个比较完整的描述：思维是一个复杂的、多侧面的过程；思维主要是一个内在的（而且可能是非行为性的）过程，它是运用不直接存在的事物或物体的符号表征而进行的，但又是由个别事物所激起的；思维的作用是产生和控制外显行为。本书认为，思维是人脑对客观事物的一般特性和规律性的一种概括的、间接的反映过程。

二、思维研究的发展历史

思维理论的研究历史大致可以分为五个阶段：①以联想和心理的功能为主要内容的科学心理学；②冯特（Wundt）、艾宾浩斯（Ebbinghaus）的思维实验心理学；③意动心理学和早期的英国心理学；④美国的思维心理学，即机能主义、新机能主义、行为主义和格式塔心理学；⑤行为主义在概念、问题解决和推理方面的进一步研究；⑥ 1960 年的转折，强调认知概念、信息加工、语言能力，计算机此时对研究产生了深远影响。

（一）思维研究的历史

从大的方面来看，思维研究基本可以分为两大流派，一是联想主义心理学和机能心理学，二是思维实验心理学，二者的主要区别在于研究对象和方法的差异上。

1. 联想主义心理学和机能心理学

联想主义心理学（Associationism Psychology）的先驱是霍布斯（Hobbes），他对联想的本质和种类作了论述，但是他并没有明确提出“联想”这个名词。联想主义心理学的创始人是哈特莱（Hartley）。联想主义心理学家把一切心理活动都看成各种感觉或观念的集合，所谓联想，即各种观念之间的联系或联结。联想的形成遵守三条原则：相似律（相似的观念易形成联结）、时空接近律（在时间和空间上接近易形成联结）和对比律（能够相互比较的观念易形成联结）。

培因（Bain）是联想主义心理学最重要的代表，他主张联想律应包括接近律和类似律两项。他认为两种动作或感觉如果以前同时发生，以后也可同时发生，就可以互相结合，结果若有一个在意识中出现，另一个也会成为观念而出现，这是接近律的表现。他认为类似律比接近联想更为重要，因为创造发明都是由类似律所引起的。由于他用联想原则解释各种心理现象，对联想的规律、种类和动力学等一系列问题都作了阐述，从而形成了一个完整的联想主义心理学体系，把联想主义推向了最高峰。

培因之后的联想主义心理学是沿着斯宾塞（Spencer）的研究方向前进的。斯宾塞认为情感和关系都可以造成联合。联合的基本原则就是类似律。因为联合是在经验内建筑起来的，所以他不能完全放弃接近律。他也以明了性和重复性为联合的条件，也就是说连续的重复有增强的效力。斯宾塞的联想主义是以进化说为理论基础的，他认为联合的频因律可累代呈现其活动，联合屡经重复之后，就产生一种遗传的趋势，而这种趋势可以随时代而累积。这个进化的联想主义对感觉主义、动物心理学、美国的机能心理学以及心理学的先天说都有间接的影响。

机能心理学（Functional Psychology）是19世纪末20世纪初出现于美国的心理学派，它代表那时美国心理学的主流。这个学派受达尔文进化论的影响和詹姆斯实用主义思想的推动，主张心理学的研究对象是具有适应性的心理活动，强调意识活动在人类的需要与环境之间起重要的中介作用。机能心理学是在反对构造心理学的过程中产生的，它反对把意识分析为感觉、感情等元素，主张意识是一个连续的整体；反对把心理看作一种不起作用的副情况，强调心理的适应功能；反对把心理学只看作一门纯科学，重视心理学的实际应用；反对把心理学局限于正常人的一般心理规律，主张把心理学的研究范围扩大到动物心理、儿童心理、教育心理、变态心理、差异心理等领域。

2. 实验心理学

实验心理学（Experimental Psychology）是在实验室条件下进行研究工作的心理学。不过实验心理学往往不包括社会心理学、变态心理学和儿童心理学的实验。近年来，实验心理学的发展表明，它与专门研究某一方面的心理学如学习心理学等略有不同，它更多地是研究心理学的一种方法学。虽然实验心理学开始于德国的冯特，但德国的心理实验并不都是按冯特的方式进行的。在冯特指出高级心理过程不能用实验加以研究以后，艾宾浩斯首先用实验法研究了学习和记忆问题。他创造了无意义音节，以无意义音节为实验材料，自己做被试，用节省法检查了识记以后间隔不同时间的记忆保存量。这不仅扩大了实验心理学的研究范围，还改变了冯特分析意识内容的传统心理实验方法。另外，冯特的学生屈尔佩（Külpe）从艾宾浩斯用实验方法研究记忆得到启发，认为思维过程也可以用实验方法加以研究，但他并没有摆脱内省的方法，不过他的内省法与冯特的不尽相同。通过实验，他发现并不是一切经验都是由感觉意象组成的，思维可以在没有任何感觉或意象内容的条件下发生，由此开创了研究无意象思维的符兹堡学派。

（二）思维研究的方法

思维研究的基本方法分为实验法和定性研究方法，实验法包括反应时法、任务分析法、错误分析法、计算机模拟法，定性研究方法包括口语报告法、传记作品分析法等。

心理学是一门实证性很强的学科，被试心理的特点和规律，只能从收集到的实际材料中分析、综合得出，研究者不能想当然地发挥。心理学的各种研究方法是收集感性材料的直接手段，每一个学习心理学的人都要学会正确地使用研究方法，要根据研究对象、研究条件、研究目的来确定，有时要综合好几种方法才能收集到多方面的资料。

（三）思维与脑科学

一般来说，人具有形象（直感）思维、抽象（逻辑）思维和灵感（顿悟）思维三种思维方式。它们从不同侧面反映事物的本质，既有区别又有联系，而且可以相互转化。人的每一个思维活动都不会是单纯的一种思维在起作用，而往往是两种甚至是三种思维先后交错地在起作用。思维既是一种意识活动形式，也是脑神经的物质运动形式，培养人的思维能力也就是加强大脑功能活动的训练，有利于促进智力发展，有利于灵感的产生或使脑子迸发出智能的火花。

位于大脑最前端的前额叶对人的智力发展十分重要。前额叶皮质占人脑新皮质的三分之一，在种族进化中是最后发展起来的神经结构，在个体发育中又是最后成熟的脑区之一。婴儿出生时，虽然大脑的一些脑区（如感觉区、运动区）已有相当程度的发育，但前额叶却很不成熟，直到 7 ～ 8 岁以后才逐渐接近成年人的水平。前额叶是最高水平的脑区，它与顶叶、枕叶、颞叶、丘脑、脑干等有非常广泛的神经联系，身体的各种信息最后都汇集到前额叶。而且，进入前额叶的是经过加工处理或整合（分析、归纳、概括、抽象等）的信息，因此，前额叶是对信息进行最后处理的地方。目前已知的前额叶的功能有四个方面：①对注意力的控制，②具有短时记忆功能，③对情绪和动机有调控作用，④具有预见性和组织规划方面的功能。前额叶是人体有目的、有计划的行为活动的发动者与组织者。从大脑前额叶的功能可以看出，它对人的思维活动与行为表现有十分突出的作用，显然是与智力密切相关的重要脑区。大脑前额叶是创新思维的关键部位或称为“创造性的器官”。

三、国内有关思维的研究领域

对思维的研究是国外心理学的热点话题，我国对思维的研究也有着较长期和丰富的历史，本部分通过对中国期刊网学术期刊的研究综述，探讨我国思维研究的领域和议题，并反思已有的经验和存在的问题。

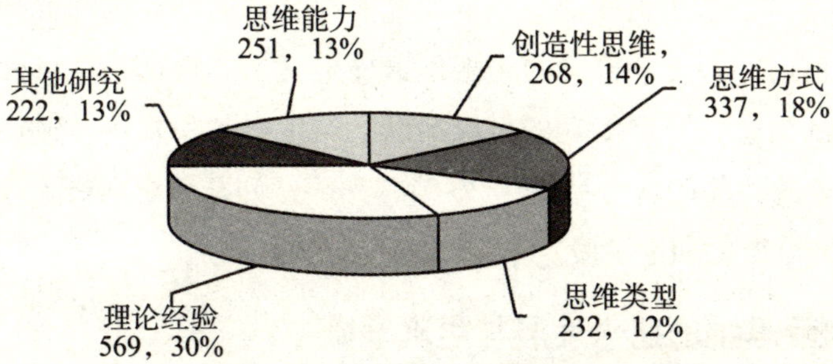

图 3-1　我国思维领域各研究主题的论文数量统计

（一）期刊论文的统计

从 2005 年起至今，中国期刊网的核心期刊上共有 1879 篇关于思维研究的论文，对其研究主题进行统计分析，我们发现，各个主题所占比重存在很大的差异。（见图 3-1）我国关于思维领域的研究可以分为以下几个方面：创新思维的理论和实践研究（周晓阳，2010；王静，2009；段盛桃，2007），思维方式的理论研究（张卫星，2010；张菁，2009；周丽蕊，2008；郝德永，2006），具体思维类型与教学的研究（魏巍，2010；胡卫平，2010；王婧，2009），思维的理论经验研究（邓铸，2010；韩玺吾，2009；黄裕生，2009；周云，2008），学生思维能力培养的研究（王淑花，2010；闻彩芬，2009；郭怀立，2008）等。

（二）反思已有的研究

综上所述，我国关于思维的研究较为丰富，理论性研究的比重最大，多侧重于综述性分析和理论介绍，并未关注其应用价值；思维方式的研究比重也较大，以理论和总结性研究为主；对创新思维和思维能力培养的研究次之，多兼顾理论与实践的研究；思维类型的研究与教学的实践性研究最少。国外有关思维的研究关注理论的整体性和过渡性，强调规范和科学的研究方法。国内外的研究存在一个共同的难点，即理论与实践未能很好结合，于是，如何将思维心理学的研究与教育实践相结合也成为本书所要探讨的关键问题之一。

第二节　创新思维的基础理论和研究发展

创新思维是创造力的核心，不同研究者对“创造性”的理解和使用存在很大的差异。目前，心理学家倾向于把创造性定义为“根据一定目的和任务，运用一切已知的信息，开展能动的思维活动，产生出某种新颖、独特、有社会意义或个人价值的产品的智力品质”。本节首先探讨创新思维的概念基础，然后进一步介绍创新思维的理论发展。

一、创新思维的概念发展与生理基础

创新思维有五个特征：新颖、独特且有意义的思维活动；思维加想象是创新思维的两个重要成分；在创新思维的过程中，新形象和新假设的产生有突然性，常被称为“灵感”；分析思维和直觉思维的统一；复合思维和发散思维的统一。这几个特征与其概念发展和生理基础密不可分，本部分主要探讨创新思维的概念发展及其生理基础。

（一）创新思维的概念发展

创新思维虽然已被广泛使用，但到目前为止，对于它的界定一直都未达成一致意见。据统计，仅国内学者对创新思维定义的意见就至少有 30 种，不同研究者在其论著中所提出的创新思维的特点也有 180 多个。综合各种界定，我们

发现，目前对创新思维主要从三个方面来定义，即将创新思维看成一个过程、一种状态和一种结果。比较有代表性的界定有：一是认为创新思维就是大脑皮层区域不断地恢复联系和形成联系的过程，它是以感知、记忆、思考、联想、理解等能力为基础，以综合性、探索性和求新性为特点的心智活动；二是认为创新思维指人们在最佳的心理构成和心理合力作用下的种种思维状态，如直觉、灵感及创造想象等；三是认为创新思维是指能产生新颖性思维结果的思维。

对创新思维的理解，关键在于对创造本身的理解，无论把创造作为一个过程还是作为一种结果来看，都可以将其分为发现、发明、发展三种，即发现尚未被认识的事物、创造出不存在的新事物和对已有成果进行创新。目前，达成一致的定义仍是很困难的，综合生理学研究的成果和各种界定，多数学者认为，所谓创新思维，就是大脑皮层区域不断地恢复联系和形成联系的过程，它是以感知、记忆、思考、联想、理解等能力为基础，以综合性、探索性和求新性为特点的心智活动。

创新思维的概念可以从广义和狭义两个方面理解。广义上看，创新思维是思维活动的高级过程，是在已有经验的基础上，通过多角度地思维，产生出新颖独特的、有社会价值的产品的思维过程；从狭义上看，创新思维是指对某一具体的思维主体而言，任何具有新颖、独特意义的思维。

（二）创新思维的生理基础

人的大脑分为左右两个半球，彼此通过由两亿条神经纤维组成的胼胝体连接沟通。科学家的众多研究表明，左右半球的结构存在着不对称性，65% 的人左侧颞平面较大，24% 的人左右大致相等，11% 的人右侧颞平面较大。在细胞水平上，人们也发现了左右两半球的不对称性，在功能上，左右半球的差距更明显。裂脑人实验研究证实，左右两半球有高度专门化的功能。左半球主要是处理语言信息、进行逻辑思维的神经中枢，它主管语言、分析、抽象、逻辑等信息的加工和连续性运算以及人体右半部分的控制；右半球主要是处理非语言信息、进行非逻辑思维的神经中枢，负责知觉、表象记忆、模式识别、本体感受、情绪反应、直觉领悟并控制人体的左半部分。脑科学研究表明，神经元是人脑和整个神经系统的基本解剖单元，是一种高度特化的细胞，它既有一般细胞的基本结构，又有自己特殊的形态和机能。据统计，人脑约有 150 亿个神经元，其中多是中间神经元，人脑的高级机能主要就是通过中间神经元的活动实现的。研究表明，人脑的神经生理活动同时也是思维信息加工处理的复杂过程。

脑科学对创新思维深层次本质即生理机制和功能定位的研究并不能代替人们对创新思维直接本质的理论探索。作为一种具有独特意义的、建立在人脑生理活动基础之上的思维活动，创新思维离不开人脑的生理活动，但又不是人脑生理活动功能的简单相加，而是人脑活动的最佳功能状态的表现。

二、创新思维的理论发展

创新思维研究领域所取得的成果基本上可以分为两大类：一类是建立在传统心理学基础上的理论或模型（运用心理学理论来研究创新思维的心理过程），属于这一类的有沃勒斯（Wallas）、韦特海默（Wertheimer）、吉尔福特（Guilford）和斯滕伯格（Sternberg）等人的理论或模型；另一类是建立在脑神经科学基础上的理论或模型（不仅运用心理学，还运用脑神经科学乃至其他现代科学的成就来研究创新思维的心理过程），属于这一类的研究有若宾（Robin）等人的理论及模型。

（一）创新思维的研究历史

创新思维是创造力的核心要素，对它的理论研究已经历了一个长期的过程。1869 年，高尔顿出版《遗传与天才》一书，这是国际上最早对创造性进行研究的系统资料，是对创新思维研究的第一部文献。以后又陆续有一些理论文章发表，但都没有实验研究。后来，以弗洛伊德（Freud）等人为代表，心理学家开始对创造性进行个性心理的分析，他们多采用传记、哲学思辨的方法来研究文艺创作中的创造性，并把这种创造性作为人格或个性的表现。之后，哲学家和心理学家们开始研究创造性的认知结构和思维方法。20 世纪 60 年代之后，创新思维的研究成果首先应用于美国的工商界，力图通过对创新思维的学习和训练，增加工程师和精英人员的创造能力，迎合了工商界对于创新人才的需求。20 世纪 70 年代以后，对创新思维的研究越来越受到各国心理学家的重视，研究方法也越来越多，心理测验作为研究工具开始被系统地编制和应用。

纵观对创造性的研究过程，可以看出相关研究主要有三种取向，即个性特质研究、社会心理学研究及认知心理学研究。从最早研究创新思维的格式塔学派的研究到现在的认知心理学、创造学及人工智能和计算机的相关研究，关于创新思维已积累了丰富的研究成果。国外关于创新思维的研究，有的注重过程，有的关注结果。我国对创新思维的研究起步相对较晚，20世纪80年代起逐步加强了对培养学生创造性的研究，但主要集中于理论探讨，而且多采用问卷进行调查研究，缺乏科学的实证研究。

（二）创新思维的理论发展

真正将研究创新思维作为一门科学，是从20世纪40年代开始的，如今已形成了几种重要的创新思维理论。

1. 高尔顿的“天才论”

一般认为，英国心理学家高尔顿于1869年发表的《遗传与天才》一书是最早的研究创造力的科学文献。高尔顿接受了达尔文的进化论思想，并用来研究人类的进化。他开创了用数理统计和案例分析的方法研究心理学的先河，创建了个体差异心理学，对后来的创新思维的研究产生了一定影响。

2. 沃勒斯的“四阶段模型”

真正运用科学方法对创新思维进行系统研究的是英国心理学家沃勒斯，其代表作是1926年发表的《思考的艺术》一书。沃勒斯开拓了创新思维研究的新思路，把创造性的人格研究路线与认知研究路线结合起来，将创新思维所涉及的心理活动过程分为四个阶段：准备期——明确问题状态，酝酿或潜伏期——初步进行研究，明确期——问题得到解决，验证期——检验所得的结论。四阶段之间并非绝对隔离，顺序也不是一成不变的，重点是对这四个阶段有意识地进行控制。

3. 韦特海默的“结构说”

德国格式塔心理学创始人韦特海默于1920年出版了德文版的《创新思维》一书，明确提出了“创新思维”这一概念。他运用丰富的材料研究了从儿童解决简单的几何问题到爱因斯坦创建相对论的思维过程，根据格式塔心理学理论论述了创新思维的原则、结构、过程与方法；强调创新思维的基本原则是把握问题的整体，注重整体中的相互联系；强调对问题情境的领会或顿悟，指出创新思维不是一种纯智力的操作，态度、情绪与情感也起重要作用。

4. 吉尔福特的“智力结构模型”

美国心理学家吉尔福特在1967年提出了“智力结构模型”，认为人类的智力由三个维度组成：第一维度是智力的内容，包括图形、符号、语义和行为等；第二维度是智力的操作，包括认知、记忆、发散思维、聚合思维和评价等；第三维度是智力的产物，包括单元、类别、关系、系统、转化和蕴含等。其中，创新思维的核心就是处于第二维度的“发散思维”。他对发散思维作了较深入的分析，认为发散思维有四个主要特征：流畅性（在短时间内能连续地表达出的观念和设想的数量）、灵活性（能从不同角度、不同方向灵活地思考问题）、独创性（具有与众不同的想法和独出心裁的解决问题的思路）与精致性（能想象与描述事物或事件的具体细节）。

5. 斯滕伯格的“创造力三维模型理论”

1988年，美国耶鲁大学教授斯滕伯格提出了“创造力三维模型理论”。该模型的第一维度是智力，第二维度是认知方式，第三维度是人格特质。第一维度的智力与创新思维密切相关，不仅涉及创新思维的心理过程、顿悟的组成要素，还涉及创造性解决问题过程中的计划、监控与评价，可以看作是一种创新思维模型。

6. 若宾等人的思维模型及与脑神经的联系

1995年，美国加州大学心理学系的若宾等人发表了一篇题为“前额叶皮层的功能和关系复杂性”的论文。该论文从“前额叶皮层”是控制人类最高级思维形式的神经生理基础出发，试图探索人类最高级思维形式与脑神经机制之间的联系。他们认为，人类思维对于事物的本质属性和事物之间内在联系的规律性所作的反映，实际上可以看成对事物之间存在的各种关系所作出的反映。他们根据当代脑神经科学对前额叶皮层结构与机能的新认识，把对不同复杂性的问题的处理和前额叶皮层中不同部位的控制机能联系起来，从而使我们对人类高级思维过程的认识不仅建立在心理学的基础之上，而且深入到大脑内部的神经生理机制，因而有更为科学、更为坚实的基础。他们所说的“最高级思维”其本意应当是指“创新思维”。

第三节　思维训练和思维教学的基础研究

思维训练作为心理学和教育学的重要方法，是创新思维培养的有效途径。思维训练的内容，是由各有关学科提供的。思维训练涉及的学科主要有：物理学、技术科学、数学、语言学和文学、脑科学、心理学等。思维训练虽然涉及许多学科，但是它的理论基础却是思维科学。本节首先介绍思维训练的内涵和方法，然后阐释思维科学在一般领域和学科领域的应用，最后探讨创新思维及其教学的领域和最新评价方法。

一、思维训练的内涵和相关研究

心理学家认为，人的思维水平可以通过专门的训练得到提高。思维训练可以分为一般领域的思维训练和学科领域的思维训练，思维训练的有效方法包括知识的概念化、条件化、意识化和自动化。

（一）思维训练的内涵

思维训练是 20 世纪中期诞生的一种智能开发和训练技术，其核心理念是“人脑可以像肌肉一样通过后天的训练得到强化”。经过长期的探索实践，今天人们不仅掌握了开发头脑智能的有效方法，而且形成了诸多思维训练流派，其中，以“思维工具”（即思维方法）的传授和训练为主要形式的思维训练技术在实践中取得了显著的效果。目前，这一领域的代表人物和工具有：爱德华·德·波诺（Edward de Bono）和他的“六顶思考帽”工具，托尼·布赞（Tony Buzan）和他的“思维导图”工具。

做好思维训练，必须自觉应用思维科学、思维规律，这是因为思维训练主要（直接）的理论基础即思维科学。首先，不管什么样的思维训练，其基本目的都是使受训练者获得解决特定领域问题的智慧，而智慧的发生及其实质，智慧的功能、价值，智慧的源泉和作用形式，则属于思维科学的研究对象；其次，思维训练必须依据客观的思维规律，训练的规则、方法、程序、模式都要立足于思维科学的基本理论；再次，训练内容是由各学科提供的，但对这些内容的编组则完全依据思维规律来进行。思维训练主要根据思维的两个规律进行：一是思维能力与大脑在适度范围内做功的量次、量级成正比；二是反映同一律。

朱长超和林明崖认为思维训练是通过一定的训练手段提高受训者的思维品质和思维能力的方法，它是思维科学的重要应用，是提高思维能力的一种有效途径。郭丽萍认为思维训练是指以思维的特点和思维的分类为依据，引导思维主体进行一系列的思维活动，使其思维更丰富、敏捷、活跃的各种活动和手段。田运认为思维训练又可以称为思维教学，指有计划、有目的地为增强思维能力、提高思维品质所进行的训练教学活动。

（二）思维训练的国内外研究

思维训练从 19 世纪 60 年代以来迅速发展，在西方受到了广泛的重视。英国思维科学家爱德华•德•波诺的思维训练在 70 多个国家有 2500 万学生在接受，受训者不仅有学生，也有政府官员、企业家、科学家、艺术家、建筑师等。美国已经设立了专门的机构，有了比较系统的教材以及各种测试训练效果的方法。事实证明，思维训练对于学习知识、掌握技能、创造发明、发展科学及促进心理发展均有极重要的作用。国外关于思维训练的经验是丰富的、多方面的，仅从宏观指导来看，主要有以下几个方面：

1. 结合各学科的内容来进行思维训练

思维训练方法是影响思维教学的重要的外部因素。国外对思维训练方法有两种对立的观点和方案。一种意见是，思维训练主要不是教学生学会新的知识，而是教会他们怎样思维，因此，教材中应尽量不与一定的知识相联系，解决问题时也用不到新的特殊的知识。也就是说，教材应尽量地超越知识，不让知识的多少制约问题的解决。另一种意见认为，思维能力的高低很大程度上决定于所积累的知识和经验的多少，尤其决定于所形成的知识结构的特点。离开了坚实的知识基础和良好的认知结构，也就阻断了获取信息、完成学习课题的源泉。为此，他们提出，思维训练应该通过教材内容迂回教学。

求索的步履是艰难的，但经过长期系统的研究后的结论是明确的：思维方法的训练与对学科内容的学习相结合，训练效果会更好。单一地训练思维之所以也会取得成效，正是因为训练材料由具体的内容和个别的解决问题的技能相结合。这个经验告诉我们，要发挥思维训练的作用，应当以科学的程序呈现教材内容，清晰地展示形成各种概念、命题、理论框架的推导过程和有效的分析方法，引导学生采取有效的程序和方法开展学习，并有意识地内化这些程序和方法。

2. 以实验奠定思维训练的基础

思维的复杂性和人们认识的局限性，决定了人们认识思维训练的艰巨性和曲折性。为了避免盲动，国外十分注重在科学实验中取得正确的认识。国外研究人类思维的一个特点是使用心理学实验。实验的方式是向被试提出平面几何问题、字谜游戏、字的联想测验问题、技术难关或者经营生意中的疑难问题等，让被试在努力解答的时候，把解答的想法大声说出来。实验者密切地观察被试，并记下他的反应，然后要被试回忆一下他的企图，并告诉实验者发生了什么，他是怎样找到解决问题的方法的，以及在解决问题的关键阶段，他的思维又出现了什么变化。

心理学实验能帮助我们了解人们在解决问题时做了些什么和做的方式，从而找到控制思维的条件。总之，运用心理学实验研究思维，已使人们得到了关于思维的许多知识。

科学实验的一个特点是将思维训练和思维能力的测量结合起来。思维训练的效果如何，要进行科学的测量。国外测量思维能力的方式有很多种，有综合性测试，也有对分析能力、推理能力等的分门别类的测试。在思维训练中加强科学测试，不仅可以检查思维训练的科学性，还能为选择思维训练的方法提供咨询和建议。

3. 思维训练重视发展创新思维能力

思维训练研究者都十分重视创新思维的训练，并认为这是非常宝贵的思维能力，因此，他们对创新思维能力的培养都给予了足够的重视。

4. 思维训练手段的多样化

思维训练的手段是思维发展的外在条件，因此，思维训练研究者还比较注意采用让受训者感兴趣的训练手段，如委内瑞拉心理学家通过棋戏来提高儿童、工人、职工的思维能力，日本通过铃木教学法训练儿童的特殊才能。日本还创立了“星期日发明学校”“少男少女俱乐部”等，为青少年提供理想的思维训练场所。引人注目的是，随着电脑的日益普及，用电脑进行思维训练成为人们最喜闻乐见的形式。这是因为，用电脑进行思维训练有许多明显的优点：在电脑的指导下，受训者能一步一步地进入问题，找到解决问题的途径，由此增强自信和兴趣；电脑能对训练者的每一步行动进行反应和评价，它是一位十分细致的指导者，能使受训者保持思维的积极性；它创造出一种具体的问题情境，使训练者把问题具体化；它能使训练者根据不同的水平进行不同的训练，使思维训练更有适用性。总之，电脑正在成为思维训练的良好工具和手段。

5. 由各方面的力量形成支持思维训练的合力

据统计，占人类10%的创造型优秀人才为人类所作的贡献占总量的50%。一个国家、一个民族的创造力可以影响它在国际竞争中的地位。正因如此，思维训练在许多国家受到社会各方的高度重视。委内瑞拉成立了智力开发部，由国务部长负责。美国于20世纪50年代成立了“创造研究中心”，到了80年代，美国已有几百所高等学校开设了创造性课程，许多企业都开办了专门的开发创造力的培训班。日本于20世纪70年代已提出“立足国内，开发创造力，创造新技术，发展新产业，确保竞争优势”的方针，80年代又提出“创造力开发是日本通向21世纪的保证”，而且对训练思维、开发创造力的投入已被作为一种投资行为来对待。国外的经验证明，没有教师的全力支持，思维训练是难以成功的。因此，他们首先注重建立一支精通思维训练的师资队伍。委内瑞拉在培训师资队伍方面的成功经验是：由专家带几个协调员，每个协调员训练一组骨干教师，每个骨干教师再把思维技巧传授给一批同行。

我国这些年在中小学学生中开展了思维训练，比较有代表性的有以下几个：辽宁省编写出版了比较系统的从幼儿到高中的思维训练教材，并在许多学校开展了思维训练，已取得明显效果；上海思维科学研究分所开办了智力开发实验学校，进行了右脑开发实验，该研究所出版的《思维训练》一书收集了多种思维训练的方法。

二、思维训练的领域和方法

人们普遍认为，思维能力是可以培养的，但对如何培养却有着不同的观点，概括起来主要有两种类型：一是通过课外活动训练思维技能，二是将思维能力的培养贯穿在课堂教学中。无论是在课外活动中训练还是在课堂教学中培养，都有三个不容忽视的问题，即培养科学思维能力要以智力差异为前提，从科学思维品质入手培养科学思维能力，从非智力因素入手培养科学思维能力。总体来看，思维训练的领域可以分为一般领域和学科领域，它们各自又有相应的训练方法。

（一）一般领域的训练

一般领域的思维训练教程有儿童哲学教程、CORT 教程、工具丰富化教程和以智力为基础的思维训练教程，具体的训练方法可以分为以下 14 种。

1. 头脑风暴：这是最为人熟知的策略，该方法是由奥斯波恩（Osborn）于 1937 年倡导的，它强调集体思考的方法，着重互相激发思考，鼓励参加者于指定时间内构想出大量的意念，并从中引发新颖的构思。头脑风暴法虽然主要以团体方式进行，但也可用于个人思考问题和探索解决方法的时候。它的基本原理是：只专心提出构想而不加以评价；不局限思考的空间，鼓励想出越多主意越好。此后的改良式头脑风暴法是指运用头脑风暴法的精神或原则，在团体中激发参加者的创意。

2. 三三两两讨论法：每两人或三人自由成组，在 3 分钟时限内，就讨论的主题互相交流意见。3 分钟后，再回到团体中作汇报。

3. 六六讨论法：它是以头脑风暴法为基础的团体式讨论法。该方法是将大团体分为 6 人一组，只进行 6 分钟的小组讨论，每人 1 分钟，然后回到大团体中分享意见及作最终的评估。

4. 心智图法：一种刺激思维及帮助整合思想与信息的思考方法，也可以说是观念图像化的一种思考策略。它主要采用图志式的概念，以线条、图形、符号、颜色、文字、数字等各种方式，将思想和信息快速地摘要下来，形成一幅心智图。在结构上，它具备开放性及系统性的特点，能激发使用者自由地进行扩散性思维，发挥联想力，又能有层次地将各类想法组织起来，以刺激大脑作出各方面的反应，从而发挥全脑思考的多元化功能。

5. 曼陀罗法：一种有助于扩散思维的思考策略，利用一幅九宫格图，将主题写在中央，然后把由主题所引发的各种想法或联想写在其余的 8 个格子内。

6. 逆向思考法：这是一种可以获得创造性构想的思考方法，该种技法可以分为 7 类，如能充分加以运用，创造性就可以加倍提高。

7. 分合法：戈登（Gordon）于 1961 年在《分合法：创造能力的发展》（*Synectics: The Development of Creatie Capacity*）一书中提出的一套团体问题解决方法，它主要是将原不相同亦无关联的元素加以整合，产生新的意念。分合法利用模拟与隐喻协助思考者分析问题，以产生各种不同的观点。

8. 属性列举法：它是由克劳福德（Crawford）于 1954 年提出的一种著名的创意思维策略。它强调使用者在创造的过程中观察、分析事物或问题的特性或属性，然后针对每项特性提出改良或改变的构想。

9. 希望点列举法：这是一种不断提出"希望"和"怎样才能更好"等的理想和愿望，进而探求解决问题和改善对策的方法。

10. 优缺点列举法：优点列举法是一种逐一列出事物优点的方法，进而解决问题和改善对策。缺点列举法是一种针对某一事物，不断检讨此事物的各种缺点及缺漏，进而探求解决问题和改善对策的方法。

11. 检核表法：在考虑某个问题时，先制成一览表，对每个检核方向逐一进行检查，以避免有所遗漏。它可以用来训练员工思维的缜密性，以及帮助他们构想出新的意念。

12. 七何分析法：即 5W2H 分析法，这是"六何分析法"的延伸：所谓 5W，是指：为何（Why）、何事（What）、何人（Who）、何时（When）、何地（Where）；2H 指：如何（How）、何价（How much）。

13. 目录法：比较正统的名称是"强制关联法"，意指在考虑解决某一个问题时，一边翻阅资料性的目录，一边强迫性地把在眼前出现的信息和正在思考的主题联系起来，从而得到构想。

14. 创意解难法：它是由美国学者帕内斯（Parnes）1967 年提出的，来自奥斯波恩所倡导的头脑风暴法及其他思考策略，其重点在于在解决问题的过程中，问题解决者应以有系统有步骤的方法找出解决问题的方案。

（二）学科领域的训练

学科领域的思维训练主要包括解决学科问题的通用思维训练，数学、物理和化学领域的思维训练。通用思维训练包括分析问题、解答问题和反思地思维，学科领域的训练均有各自学科的特点，具体训练方法如下：

1. 语言学科

语言学科中，阅读是锻炼思维的极为有效的方法，国外在用阅读训练思维方面进行了大量的尝试。用说和写的形式把我们的思想表达出来比单纯地思维要有用得多。我们的思想一经以口头或书面的形式表达之后，我们自己和他人就能对这种思想进行分析和评价，即对思维进行反思。对思维的反思能发展我们的思维，使之更加敏锐和完善。因此，国外非常注重对学生的说话训练和写作训练。

2. 科学学科

科学学科的思维训练包括工具性思维训练、问题解决和理解法。工具性思维训练由以色列心理学家符尔斯坦（Feuerstein）创立。他认为，大脑的思维能力依靠一定的思维工具来发挥，如定向、比较等，发展思维能力就是要建立和发展这种思维工具。他的整套训练由 14 种工具组成，大约包括 300 多道习题。他通过让儿童进行图形的勾画、物品的分类、概念的推理来进行训练。问题解决和理解法是一种分析推理的短期课程，由惠姆贝和洛克黑德（Whimbey & Lochhead）提出。这一课程力求发展学生的问题解决技能，它强调出声思考和合作解决问题。这种方法由两名学生搭档，轮流作为问题解决者和聆听者，一人在分析和解决问题的过程中边思考边将所想内容说出来，另一人帮助他反馈所采用的技能。

3. 人文学科

人文学科的思维训练包括哲学思维训练和直觉思维训练两种方法。这两种方法都是由美国学者利伯曼（Liebermann）提出的，主要是通过阅读专门的小说或文章来进行。这些材料详细地描述了问题情况和主人公遇到问题时的思维过程。阅读时教师在有意无意之间就向学生讲授了思维的方法，使学生领会了思维技巧。

三、思维教学的研究领域

我国中小学思维教学研究在近30年取得了长足的发展，主要表现为本土化的研究追求与普遍认同的思维教学价值，突出批判性思维和创新思维教学研究，以及多学科、多角度的思维教学研究图景的形成，不过在思维课程的开发与实施、思维教学的制度和政策保障、思维教学的评价机制等方面还存在研究的缺失。

（一）思维教学研究的起源

思维教学的研究起源于美国，至今已经形成了比较成熟的思维教学模式和相应的实施策略。在国外思维教学成果的影响和启迪下，我国学者也对思维教学进行了日益深入的研究和探索。从理论研究方面来看，研究者在吸收和借鉴国外研究成果的基础上，对思维的本质、过程及其发展机制等基础理论进行了探讨和融合，并结合我国学生的思维特点着力夯实本土化的思维教学理论基础，为思维教学实践的开展提供了科学的理论依据。从实践探索方面来看，研究者通过具体的实验研究，对思维教学的实践策略和模式进行了卓有成效的研究，期望建立一种适合中国学生思维特点的教学模式，培养具有独立思考能力的创造者。

（二）思维教学的本土研究

通过理论研究和实践探索的积累，国外曾经一度十分尖锐的关于“思维是否可教”的争议在国内得到了大多数研究者肯定性的答复。朱智贤等人通过专门的实验研究来揭示教育在思维发展中的作用，并认为教学的着重点就是通过适当的练习促使学生的思维或智力不断得到质的发展。他提出：“合理的教育措施，在儿童青少年原有的心理水平和思维结构上提出了新的要求，传授了新的知识，促进他们领会和掌握这些知识，就增长了思维发展的新因素，这些因素从量的积累，就必然发展到质的变化，并逐步形成儿童青少年的稳定的思维特征。”汪安圣也认为：“思维发展具有阶段性，并存在一定的‘最近发展区’，通过有目的的训练可以加速思维的发展。”越来越多的研究者认同专门的思维培养是一种高效的和有价值的智育形式。

四、思维教学的研究成果

近年来，思维教学已经逐渐成为基础教育领域广泛关注的话题。目前，思维教学领域的两大热点问题是批判性思维和创新思维教学，各国学者也关注多学科多角度的思维教学研究，强调学科融合与思维的多元化发展。

（一）批判性思维和创新思维教学

在有关思维教学的较为丰富的国内外研究文献中，有关批判性思维和创新思维教学的研究显得尤为引人注目，成为相对比较热门的研究话题，也因此取得了较为深入的认识和结论。

关于批判性思维教学的研究。由于批判性思维强调打破常规、挑战权威、敢于标新立异，与倡导培养创新精神和创造能力的素质教育不谋而合，因此，关于批判性思维教学的研究受到国内不少研究者的重视和青睐。

关于创新思维教学的研究。台湾学者陈龙安提出了一个比较系统的关于创新思维教学的体系和架构——“爱的”（ATDE）创新思维教学模式。该模式具有以下三个特征，①推陈出新：在学生原有知识背景之上实施问、想、做、评的活动；②有容忍性：强调爱的教育，暂缓批判，能容忍不同或相反意见，以及提供和谐的教学气氛；③弹性变化：问、想、做、评的程序可依实际情况灵活调整，灵活运用。他还归纳了创新思维教学的各种策略，使对创新思维教学的研究达到了一个新的高度。岳晓东等人认为，“在我国教育中，对创新思维的认识和培养突出存在着三个误区：混淆智力与创造力的关系，聚合思维和发散思维发展极不平衡，忽视对学生创造潜能的开发”，他们指出，“当今开发学生的创造力，要着重从培养学生的发散性思维能力、辩证批判思维能力、隐喻联想思维能力和有助于创造思维的人格因素入手”。

（二）多学科多角度的思维教学研究

思维教学是一个涉及多学科的概念，对其的研究已经不再是某些学科研究者的专利，而是呈现出心理学、哲学和教育学等多学科多角度齐头并进的研究态势，这对思维教学的研究起到了巨大的推动作用。

从已有的研究来看，心理学关于思维教学的研究多侧重于思维的特性、过程和机制，并在此基础上探究思维教学的规律与策略。从格式塔心理学派的顿悟说，到结构主义心理学家所倡导的发现学习，都是在细致分析人的思维过程的基础上提出并建构相应的教学理论的。国内的心理学学者也基本遵循了相似的研究理路。如林崇德提出思维的“五品质说”，即“深刻性、灵活性、独创性、批判性和敏捷性是完整的思维品质的五大组成因素”，在此基础上他形成了自己关于思维教学和思维训练的主张。即使是直接探讨思维型课堂教学，心理学研究者也将其建立在思维结构的智力理论的基础之上，首先建立“三棱”思维结构模型，进而提出“认知冲突”“自主建构”“自我监控”和“应用迁移”等思维型课堂教学的基本原理。在哲学领域，有关思维教学的研究往往从对思维进行概念辨析和对思维的类别进行细致梳理与澄清切入，同时，关注思维与逻辑之间的关系进而考虑其培养机制，也是哲学学者进行思维教学研究的重要视角。教育学者更偏重于从课程、教学改革的实践和教师的思维等视角对思维教学进行研究，提供了不少更为具体、微观、操作性强的策略和思路。总之，不同学科的研究者基于不同视角所开展的研究，极大地拓展和深化了我国的思维教学研究。

第四节　创新思维教学及其形成性评价

创新思维教学的领域分为一般领域和学科领域，在创新思维教学的评价方面，目前国际上比较流行的是形成性评价方法，本节主要介绍这些内容。

一、创新思维教学在学科领域的应用

（一）物理、化学和生物的科学方法教育

授生以“鱼”，不如授生以“渔”，科学方法就是“渔”，是有利于学生可持续发展之“渔”。现行教材是按知识体系编排的，科学方法大多蕴含在知识的发展过程中，教师需要挖掘教材中隐含的科学方法教育因素，在教学中有意识地以科学方法为线索组织教材和教学过程。对一些重要的概念和规律，教师需要指导学生模拟科学家的研究过程，让他们主动地获取和建构。这样的教学才符

合学生的认识规律，才能使学生对知识的获得过程有切身的体验，从而对知识有扎实的理解，同时又掌握科学方法。当学生掌握了科学方法，获得了独立获取知识和建构知识的能力时，就得到了开启科学知识宝库的“金钥匙”。

1. 实施科学方法教育的基本策略

《普通高中生物课程标准》在课程定位中指出:“让学生学习质疑、预测、设计、反思、验证，以及科学概括、推理、类比、归纳和演绎等科学方法。”在课程实施中指出：“科学方法的教学通常不是单独进行的，需要选择适宜的知识、课题和实践活动作载体，即要结合某些认知和实践活动的过程来进行，力求具有典型性。”当然，跟以前的课程计划相比，新课程中生物的教学时间有所减少，而过程性教学却又需要较多的时间，因此，中学阶段进行科学方法教育要从学生的实际情况出发，选择最基本、最必要的科学方法。

科学研究的过程是从问题开始的，“不同问题的研究过程可能有所不同，但其基本过程有相似之处。问题、假设、验证、结论是科学过程的基本阶段，在不同的阶段要使用不同的科学方法”。在传统教学中，我们比较偏重学科的特殊方法，对于哲学层次的方法也有一定的关注，但是，对科学探究的一般方法却没有给予应有的重视。

2. 科学方法教育的案例

科学方法教育有“隐性”和“显性”两种方式。隐性方式是“用反映科学认识基本过程的科学方法的一般程式去组织对科学知识的概念、规律、原理的教学过程，使学生的认识过程模拟科学探究过程。但教学过程中并不明确地去揭示所采用的科学方法一般程式的原理、各阶段具体方法的名称和有关知识”；显性方式则是在“进行科学方法教育时，明确指出这种科学方法的名称，传授有关该方法的知识，揭示该方法的形式、操作过程，说明原理。教师明确进行科学方法的教育，学生处于有意识的接受科学方法知识的状态”。

以物理学科为例，物理知识结构中，物理实验事实是基础，物理学的理论系统（概念、规律、方法）是主干，数学则是表述形式。物理实验事实（含物理现象）、物理概念、物理规律之间的逻辑联系，是通过科学方法得到的。科学方法是各知识之间的纽带和桥梁，是知识体系中的逻辑语言和逻辑符号。同时，能力又与方法一一对应，明确了建立知识和应用知识所用的科学方法，也就明确了该内容应培养学生的能力因素。因此，在分析物理教学时，应该将其中的物理事实、核心理论、科学方法、数学方法以及新知识的延伸与应用这五方面的内容进行分析，分析的结果可以用“知识——方法——能力综合功能结构图”表示。这种结构图由上（实验事实）、中（核心理论）、左（科学方法）、右（数学方法）、下（延伸与应用）五个区间构成，分别用方框图表示。方框图之间的逻辑顺序用箭头表示。“科学方法”方框内，填写本部分内容应用的主要科学方法，并分别冠以序号。在由“实验事实”到“核心理论”再到“延伸与应用”的箭号旁边，分别标注该过程所应用的科学方法的序号。

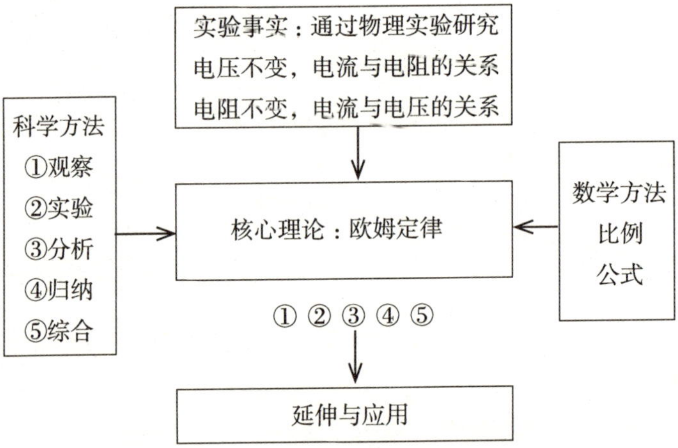

图 3-2 “欧姆定律”的课程结构

以初中物理“欧姆定律”一课为例，这节课的“知识——方法——能力综合功能结构图”如图 3-2，可以看出，图中非常清晰地表明了该部分内容从哪些实验事实出发，运用哪些科学方法，建立什么样的核心理论，涉及哪些数学方法，应该培养学生的哪些能力。由此，在这节课的教学设计、实施过程中，教师可以有目的地做到：

（1）在教学设计中，“过程与方法”目标确定后，可以把观察、实验、分析、归纳、综合等方法的学习与运用作为主要内容。初中物理科学方法的教学目标可以分成三类：A 级——感受，学生能意识到使用这种方法的好处，但不一定要记住这种方法的名称及相关知识；B 级——了解，学生知道采用什么方法，并了解研究过程，理解为什么要用这种方法；C级——掌握，学生初步掌握怎样运用这种方法，能在教师的指导下，在新情境中运用这一方法研究、解决有关问题。

（2）在教学实施中，一种情况是引导学生正确地运用科学方法，按照科学方法的步骤与程序作用于物理研究对象，通过观察与实验、比较与类比、分析与综合、归纳与演绎等方法形成物理认识，并从中领略科学方法的真谛，实现科学方法的隐性教育，这是科学方法教育最基本、最常用的形式。另一种情况则是针对一些主要的基本的科学方法，明确地向学生介绍它们的内容、应用原则以及在本课程知识体系中的具体运用，结合物理知识的学习，实现科学方法的显性教育。

（二）数学学科的逻辑思维能力教学

学生学习数学时运用的主要是逻辑思维能力。逻辑思维是一种有条件、有步骤、有根据、渐进式的思维方式，是借助于概念、判断、推理等思维形式所进行的思考活动。

1. 逻辑思维的多向性

（1）顺向性思维：这种思维是以问题的某一条件与某一答案的联系为基础来进行的，它只针对一个方向，对问题只寻求一种正确答案，也就是思维时直接利用已有条件，通过概括和推理得出正确结论。

（2）逆向性思维：与顺向性思维相反，逆向性思维是从问题出发，寻求与问题相关联的条件，将只从一个方面起作用的单向联想，变为从两个方面起作用的双向联想。

（3）横向性思维：这种思维是以所给的知识为中心，从局部或侧面进行探索，把问题变换成另一种情况，唤起学生对已有知识的回忆，沟通知识的内在联系，从而开阔思路。

（4）散向性思维：这种思维就是发散性思维。它与集中思维相反，是从不同的角度、方向和侧面进行思考，因而产生多种新颖的设想和答案。

2. 思维过程的组织

要培养学生的逻辑思维能力，就必须把学生引入对所学数学内容的分析和综合、比较和对照、抽象和概括、判断和推理等思维过程中来。

（1）提供感性材料，组织从感性到理性的抽象概括。从具体的感性表象向抽象的理性思考转变，是小学生逻辑思维的显著特征，随着学生对具体材料感知数量的增多、程度的增强，逻辑思维也渐次开始。因此，教学中教师必须为学生提供充分的感性材料，并组织好他们对感性材料从感知到抽象的活动过程，帮助他们建立新的概念。例如，教授循环小数时，可以先演算小数除法试题，使学生初步感知除不尽，然后引导学生观察商和余数部分，他们会发现商的小数部分从某一位起，一个数字或几个数字依次不断地重复出现，与此同时使之领会省略号所表示的意义，这样，他们就能在有效数字后面想象出若干正确的数字来。这种抽象概括过程的展开，完全依赖于对“观察——思考”过程的精密组织。

（2）指导积极迁移，推进旧知向新知转化。数学教学的过程，是学生在教师的指导下系统地学习前人间接知识的过程，而指导学生积极迁移知识，推进旧知向新知转化，正是学生继承前人经验的一条捷径。小学数学教材的各部分内容之间都潜含着共同的因素，这些因素使它们之间有机地联系着。教师有必要挖掘这种因素，沟通其联系，指导学生将已知迁移到未知，将新知同化到旧知，让学生用已获得的判断进行推理，再获得新的判断，从而扩展他们的认知结构。为此，一方面在教授新知时，要注意唤起已学过的有关旧知，如教学除数是小数的除法时，要唤起“商不变性质”“小数点位置移动引起小数大小变化的规律”等有关旧知，另一方面要为类比新知及早进行铺垫，如帮助学生认识一个数乘以分数的意义，要在教授整数、小数时就帮助学生理解一个数乘以整数、乘以小数的意义，使学生在此前学习中所掌握的知识，成为“建立新的联系的内部刺激物和推动力”。

（3）强化练习指导，促进从一般到个别的运用。学生学习数学时，了解概念，认识原理，掌握方法，不仅要经历从个别到一般的发展过程，而且要从一般回到个别，即把一般的规律运用于解决个别的问题，这就是伴随思维过程而发生的知识具体化的过程。因此，一要加强基本练习，注重对基本原理的理解；二要加强变式练习，使学生在不同的数学意境中实现知识的具体化，进而获得更一般、更概括的理解；三要重视练习中的比较，使学生获得更为具体更为精确的认识；四要加强实践操作练习，促进学生的“动作思维”。

（4）指导分类、整理，促进思维的系统化。教学中指导学生把所学的知识按照一定的标准或特点进行梳理、分类、整合，可以使学生的认识组成某种序列，形成一定的结构，结成一个整体，从而促进思维的系统化。例如出示各种类型的循环小数，让学生自定标准进行分类，使之在学生头脑中有个“泛化——集中”的过程，以达到思维的系统化，获得结构性的认识。

二、形成性评价的发展过程和理论框架

形成性评价（Formative Assessment）是指在教与学的过程中，针对学生的学习行为与能力发展所进行的过程性评价。伴随着课程改革的推进，新课程体系在课程结构、内容、实施和评价等方面都较原来的课程有了较大的创新与突破。将形成性评价用于创新思维教学，有利于促进学生创新思维的发展、教师创新教学水平的提高和改进创新思维的教学实践。

（一）形成性评价的发展

形成性评价是美国哈佛大学的斯克里芬（Scriven）于1967年提出来的，后来布卢姆（Bloom）将其引入教学领域，认为形成性评价是“在教学过程中为了获得有关教学的反馈信息，改进教学，使学生对所学知识达到掌握程度所进行的系统性评价，即为了促进学生掌握尚未掌握的内容所进行的评价”。在斯克里芬提出形成性评价以前，教育评价一直热衷于排名次、争高低，属于鉴定性质的评价。到了20世纪七八十年代，随着学者对总结性评价的效度进行的批判，特别是对评估采取终极测验和考试形式的局限性的批判，出现了早期的形成性评价，它区别于教师以考试以及终极测验的方式进行的评估，因此也叫作“不断总结性评价”。到了20世纪90年代，随着人们对评估的认识逐渐加深，同时意识到了评估的多用途性，形成性评价得到了大大的发展。此时学者们把形成性评价作为提高教学的课堂评估。当时对形成性评价的一些认识有：形成性评价是教师和学生用于提高学生的学习效率的过程（Black，1995）；形成性评价被定义为表扬、判断或评估学生学习情况的过程，通过它来树立和提高学生的竞争力（Gipps，1994）；在学习过程中，教师和学生为了提高学习效率，获取和反馈学生学习情况的评价过程（Bell &，Cowie 1996）。21世纪以来，随着人们对

教学概念的不断深化和理解，对形成性评价的理解也在不断改变。

（二）形成性评价的过程

我们可以用图 3–3 来表示教育活动的状态。在不同的教育活动阶段，可以定义不同的评价形式。在教育活动开始之前，为使活动计划更加稳妥而进行的必要评价，可以称作诊断性评价（Diagnostic Assessment）；在教育活动过程中，为修正活动本身的方向和内容，使活动取得更佳效果而进行的必要评估，可以称作形成性评价（Formative Assessment）；在教育活动告一段落时，为了把握这段活动的效果而进行的必要评价，可以称作总结性评价（Summative Assessment）。不同的评价方式，其评价目的也不相同，诊断性评价和总结性评价的直接目的是鉴定评估对象是否合格，主要发挥鉴定的功能；形成性评价的直接目的是根据评价的结果调控教育活动的过程，主要发挥估价成就、改进工作的功能。

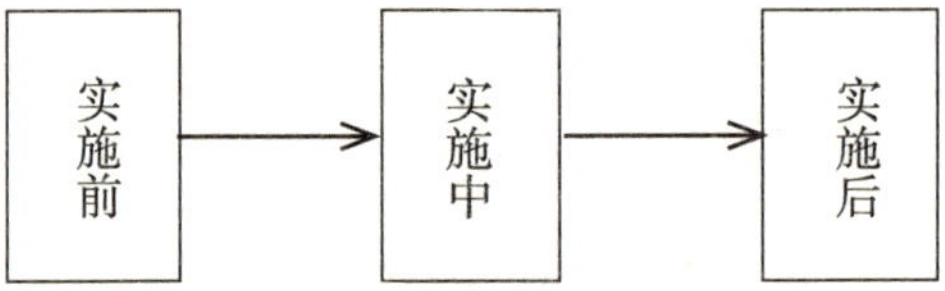

图 3–3　教育活动流程框图

形成性评价的进行主要依靠教师和学生的互动活动，包括：收集资料的过程、分析资料的过程以及利用资料的过程。在收集资料的过程中，主要强调收集各种各样的信息来解决学生怎样学和学什么等问题（Willis，1994）。采用的方法主要是将收集到的学生的学习成果与瞬时信息相结合，对于不同的学生，应该采用不同的方法收集所需的信息（Crooks，1988；Stiggins，1991）。为了收集有价值的信息，可以采用提出开放式问题、探究式问题以及增加学生的思考时间等方法（Rowe，1987）。国际上最近的相关研究都集中在发展新策略来收集评估信息，大部分的新策略都在于培养学生参与形成性评价的积极性，目的就是激励学生养成良好的与教师沟通的习惯（Black，1993）。这些策略包括概念图、档案、评优等（Sutton，1995；White & Gunstone，1992; Fairbrother，Black & Gill，1995）。收集资料的方法还包括学生的自我检测，也就是学生自己进行评估（Parkin & Richards，1995），强调学生思维方式和元认知的学生自我检测也可以指导教学（Bell & Gilbert，1996）。如果在评估的过程中没有涉及学生的话，就意味着教师所构建的模型不适用于所有情况和所有学生。另外，教师也要注意从学生的自我评估中寻求有用信息。

分析资料的过程主要包括判断所收集的信息以及为所收集的信息制订参考的标准。许多研究者强调，如果形成性评价能为教师提供提高教学方面的信息，那么它应该有标准参考和学生参考（Black，1995；Harlen，1995）。在形成性评价中，制订标准参考是将学生的理解和事先定好的标准进行比较，从而描述学生达到的学习成果和学习水平。在标准中要明确写出学生应该知道的、理解的知识以及要达到的学习成果。标准参考增强了教学和评估之间的联系（Black，1993）。为了更好地反映学生的学习情况，学生标准也是必不可少的（Harlen & James，1996），以将学生的学习情况和学习优势相比较。在进行评价的过程中，我们不能只运用标准参考，因为我们事先制订好的标准参考并不是和评估紧密相连的。而且，在制订标准参考时，我们假定学生是知道已经学习过的知识的，这可能与实际情况并不相符。我们也不能单独利用学生标准来反馈学生的学习情况和指导教学。因此，我们应该将两种方法结合使用。

美国著名教育心理学家布卢姆指出："评价作为一种反馈——矫正系统，用于在教学过程中的每一步骤上判断该过程是否有效，如果无效，必须采取什么变革，以确保过程的有效性。"因此，我们应该利用收集到的资料为教师教学和学生学习制订有效的策略。教师只有将反馈信息有效地传递给学生，才能促进学生学习效果的提高。采取有效的策略并不是一件容易的事，即使教师已经知道学生的差异性，也不一定能提供出不同的学习方法，当形成性评价显示出学生个人理解的差异性时，教师也很难采取有效的行动。因此，教师的行动必须是事先有准备的。教师也可以利用和学生互动时有关形成性评价的信息而作出行动，此时，教师采取的行动是自然而然发生的，是一种现场反应式的反馈形式。通过这种方式，教师可以在不同的时候采取相应的行动。他们可以立即采取行动，也可以稍后采取行动。在形成性评价中举例说明、引入下一个话题和再解释是通常的采取行动的手段。

（三）形成性评价的理论框架

从评价的组织和教学形式来看，国际基础科学教育领域对形成性评价的研究主要可以分为两个流派，这两个流派具有不同的理论研究框架和研究成果。

1. 贝尔和科伊的研究

新西兰教育部于 1995 ～ 1996 年提出了一项有关 7 ～ 10 年级学生（11 ～ 14 岁）的科学教育教学评估情况的调查，贝尔和科伊（Bell & Cowie）进行了相关调查。他们通过大量的实例研究，在 1996 年提出了形成性评价的概念，即形成性评价是指在学习过程中，教师和学生为了提高学习效果，获取和反馈学生学习情况而进行的评价。通过理论研究和实践探索，他们把形成性评价分为预设式和交互式两类。

（1）预设式形成性评价

预设式形成性评价通常的步骤为收集信息、解释信息、采取措施，描述这一过程的理论模型如图 3-4 所示。特别要强调的是，在这里，形成性评价的目的是了解学生对所学具体课程的掌握情况，针对学生的掌握程度，教师要事先计划好课堂中的具体教学活动。教师通过事先准备，可以有效地控制课堂进度，关注学生动态，使教学目的更加明确和有效。

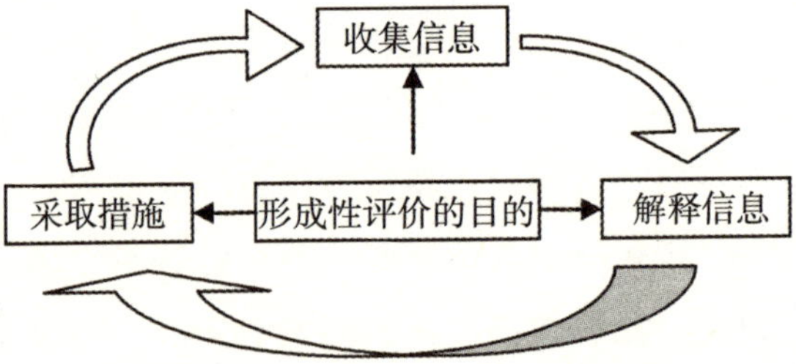

图 3-4　预设式形成性评价的理论模型

（2）交互式形成性评价

交互式形成性评价通常发生在教师和学生的交往过程中，这种交往往往是没有准备的一种活动。这种形成性评价的步骤包括教师注意、教师认识、教师响应，描述这一过程的理论模型如图 3-5 所示。在这里，形成性评价的目的是反映学生的科学知识、社会能力、个人能力的情况。根据学生的这些情况，教师采取不同的交互式形成性评价，从而提高教学质量，确保课堂教学的有效性。

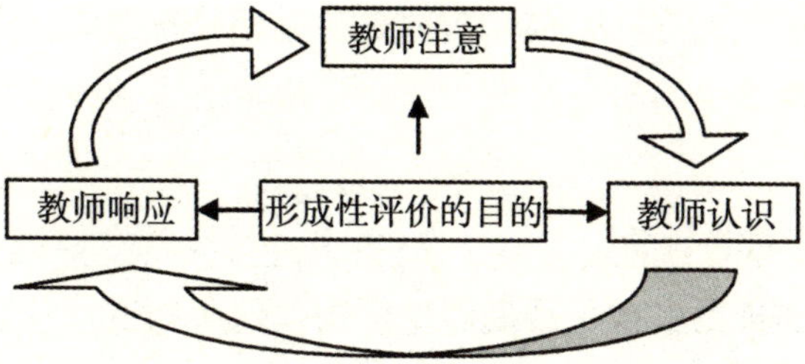

图 3-5 交互式形成性评价的理论模型

（3）二者的联系

预设式形成性评价与交互式形成性评价作为形成性评价的两种不同形式，其联系主要在于评价目的，如图 3-6 所示。当教师利用预设式形成性评价发现问题时，他们很可能会改变教学计划，为了更好地了解学生的状况，及时掌握学生的学习动态,他们可能会采取交互式形成性评价来反馈学生的学习效果。因此，通过形成性评价目的的转换，二者便可以联系起来。

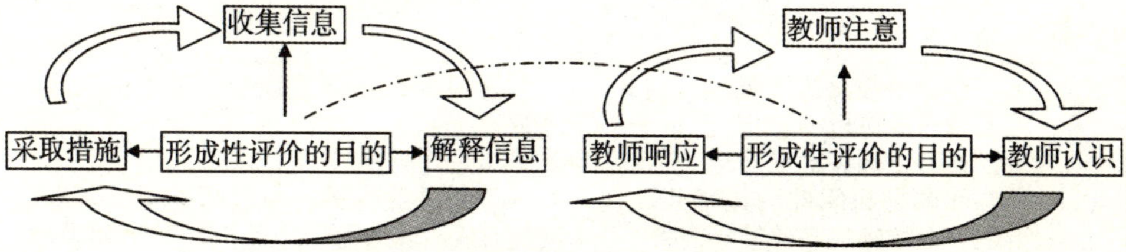

图 3-6 预设式形成性评价与交互式形成性评价的关系

2. 普莱尔和克劳苏阿尔的研究

普莱尔和克劳苏阿尔（Pryor & Crossouard）通过在教育机构的 11 年的实验观察，建构了有关形成性评价的理论基础，他们认为形成性评价是一种发生在师生之间的反馈活动，比如：反映学生的学习情况，判断学生对哪方面的知识掌握得较好等。他们根据研究和实践，把形成性评价分为集中式形成性评价与开放式形成性评价两类。

（1）集中式形成性评价

集中式形成性评价源于教师试图判断学生是否已经知道、理解或预习过相应的知识。通常情况下，教师采用封闭式或半开放式的问题来检测学生的学习情况，在进行形成性评价的时候，教师是知道正确答案的，之后才能根据学生的作答情况来反馈学生的学习情况。因此，这类形成性评价适用于个人、小组和全班。

（2）开放式形成性评价

这类形成性评价更多地是帮助学生建构他们所知道、理解或可以操作的知识。在这类形成性评价中，教师所提的问题大多是开放性的，是一种“辅助性”的问题，而不是“测试性”的问题，对问题的回答和反馈也是探索性的、提倡性的。这种形成性评价更关心学生的想法以及思维过程，同时，它并非仅由教师独自实施，学生也可以操作，比如学生的自我评估以及同龄人之间的评估。

（3）二者的区别

表 3-1　集中式形成性评价与开放式形成性评价的区别

分类 特征	集中式形成性评价	开放式形成性评价
目的	发现学生是否知道、理解或提前预习了知识	发现学生知道什么，理解什么，可以做什么
特点	1. 教师要精确地准备、计划好，有目的地执行 2. 通过正确答案来检验 3. 问题是封闭性的或半开放性的，由教师提问或进行测验 4. 主要是将学生的答案和正确答案进行对比，从而反映出学生的学习情况 5. 是一种认可性质的、判断性质的评价或对问题的反馈 6. 反馈强调学生的表现和完成情况 7. 有些形成性评价的标准和总结性评价的标准是相同的 8. 学生是形成性评价的参与者 9. 从课程的角度去分析学生和课程之间的互动 10. 既符合行为主义又符合建构主义教学理论 11. 设计教学的方式是线性的 12. 通常是由教师完成的	1. 教师灵活或精确地计划，学生可以共同完成 2. 答案是开放性的 3. 问题是开放性的，由教师提问，学生把问题看成“辅助性”的而不是“测试性”的 4. 主要是通过观察学生的作答情况来获知学生的理解能力和思维情况 5. 是一种探索性的、提倡性的评价，有助于学生对新知识的学习 6. 强调学生利用知识去解决问题、发展能力 7. 评价的目的是让学生理解并应用知识 8. 学生既是形成性评价的参与者，也是实施者 9. 既从课程角度又从学生角度分析学生与课程的互动 10. 符合社会文化教学观点，意识到了评估的重要性 11. 设计教学的方式是多维的 12. 由教师和学生共同完成

从表 3-1 不难发现这两种形成性评价之间的主要区别是：集中式形成性评价是一种重视结果的评价，在此基础上，教师所进行的准备是精确的、有计划的，同时，反馈是通过封闭性问题或半开放性问题实现的，这些问题都有固定的正确答案，它是一种认可性、判断性的评价过程；开放式形成性评价是一种重视过程的评价，在此基础上，教师所进行的准备可以是精确的，也可以是灵活的，同时，反馈的形式是采取开放性问题来实现，问题没有固定答案，它是一种探索性、启发性的评价过程。

三、创新思维教学的形成性评价模式

形成性评价模式是指形成性评价的思路和策略，它是否科学和可行直接影响评价活动的成败，因此，创新思维教学需要选择合适的形成性评价模式。

（一）创新思维教学评价的三种类型

根据其特征，研究者将评价分成了诊断性评价、形成性评价以及总结性评价三类，这也是创新思维教学评价的三大类型。诊断性评价又称准备性评价，是指在教学活动开始前，对学生的知识、技能以及情感等状况进行预测，了解学生的知识基础和准备状况，以判断他们是否具备达到当前教学目标所需要的条件。诊断性评价的重点在于把握学生的认知能力、情感及技能、生理因素、心理因素和环境因素，多采用摸底用的形成性和综合性测验。形成性评价是通过诊断教育方案或计划、教育过程与活动中存在的问题，为正在进行的教育活动提供反馈信息，进而提高其质量的评价。如今，形成性评价已经发展得比较成熟了。形成性评价非常重视评价者自身的发展，十分关注评价者能力发生的变化，确立了以被评价者为主体的评价指导思想。总结性评价又称事后评价、终结性评价，是在某项活动结束后，为了解其成果而进行的评价。总结性评价的时间多为每单元、每学期以及每学年结束时，一般侧重于认知能力，有的学科也很强调技能和情感能力。

（二）形成性评价的过程和模式

国际上对形成性评价的案例研究近几年趋向于在社会文化理论环境下展开。普莱尔和克劳苏阿尔在研究中提出了一套优秀的形成性评价的理论体系以及形成性评价的模式图。图 3–7 为教师进行一次形成性评价的过程图。通过观察，我们发现教师在进行形成性评价之前首先要确立明确的目标，之后通过提问、观察、反馈和判断来完成任务以及确定明确的标准。值得注意的是，教师在这里提问的多为“辅助性”问题和“测试性”问题，目的就是让学生更好地参与进来，突出以学生为主体的教学理念。同时，不同教师的观察及反馈和判断的情况不尽相同，因为这与教师自身的经验水平和技能直接相关。

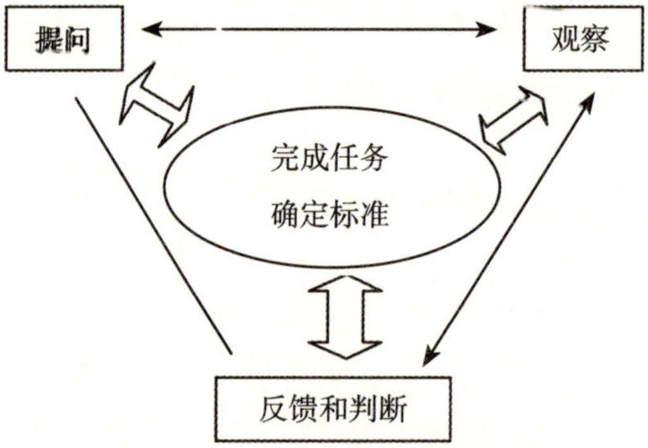

图 3–7　形成性评价的过程

在一节课中，教师可能会进行多次形成性评价，或者对不同的团体（比如个人、小组或全班）采取不同形式的形成性评价。在理想情况下，研究者提出了形成性评价的模式图，如图 3–8 所示。通过观察，我们发现这种形成性评价的模式对个人、小组乃至全班都适用，并且它是持续不断的实践研究过程，其中包括了集中式形成性评价和开放式形成性评价两种方式。在这个模式图中，处于中心地位的是“讨论对任务的理解以及评价标准”，它是观察、提问以及反馈和判断的根本目的，在观察、提问、反馈和判断的过程中，让学生经历合作、叙述和证实之后，通过反馈反映出来。值得注意的是，箭头与箭头都是有关联的，是互相影响的。这就意味着学生必须将每个过程都完成得很好，才可以完整和较好地经历整个形成性评价的流程，并且有所收获和反思。虽然这个过程是紧密相连的，但是这并不意味着它是一个线性的过程。

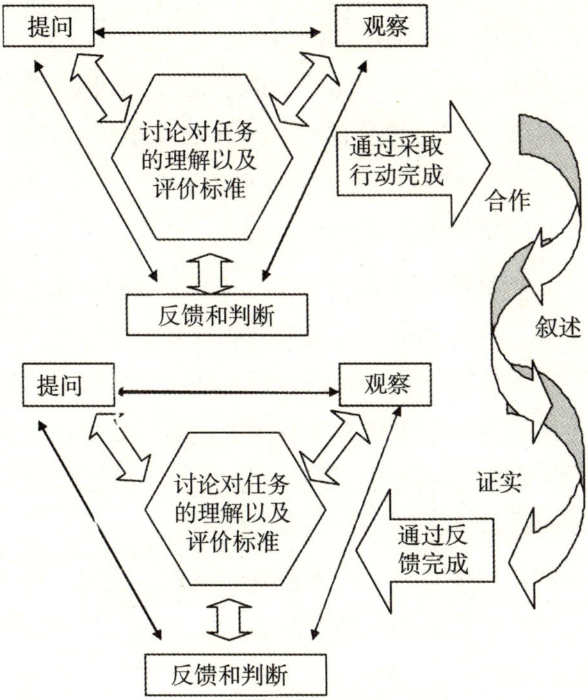

图 3-8　形成性评价的模式

（三）创新思维教学的形成性评价案例

纵观国际基础科学教育领域有关创新思维教学的形成性评价研究，不难发现很多优秀案例，对这些案例进行深入研究，有助于我们开展创新思维形成性评价的实践教学。

1. 创新思维教学的形成性评价优秀案例的要素

学者们对课堂评价的研究作了很多评论，这些评论引发了许多结论，为有效的课堂评价拓宽了视野。纵观学者们对课堂教学中创新思维形成性评价的研究，我们总结出的优秀案例具有以下要素：

（1）课堂评价的反馈应该清晰地描述学生在学习方面的进步

从教学层面分析，课堂评价是一种涉及学生进步的反馈，但是在日常教学中，并不是任何反馈都是有效的，所以我们寻求的优秀案例中的反馈是可以清晰地反映学生的创新思维培养情况，为提高学生的学习成效和创造性作出努力的。

（2）课堂评价的反馈应该鼓励学生进步

在日常教学活动中，教师对学生的反馈会起到正面或负面作用。教师在创新思维教学课堂中实施形成性评价的时候应该尽量避免对学生产生负面作用，而要尽可能为学生提供正面作用，使学生取得进步。

（3）课堂评价在本质上应该是形成性的

在课堂教学中，评价的方法有很多种，总的来说主要是形成性评价和总结性评价。我们强调课堂评价本质上应该是形成性的，是因为形成性评价和总结性评价的本质不同，形成性评价是一种过程性评价，而且是即时发生的，总结性评价是一种结果性评价，在创新思维教学中，形成性评价有助于学生在不断的学习与实践中获取阶段性的收获和反思。

（4）形成性的课堂评价应该是经常性的

评价的频率与学生的学业成就有着紧密的联系，在创新思维教学中，经常性的形成性评价可以不断检验学生的学业成就和思维的创造性，即时鼓励学生进步，从而提高教学成效。

2. 优秀形成性评价案例片段

这是贝尔和科伊在研究中观察到的一个创新思维教学的具体案例，主要是观察和记录某一教师和她的学生的课堂表现的全过程，时间是在 1995 年。新西兰北岛中部的活火山——鲁阿佩胡山爆发后，这位教师和 8 年级学生展开了“我们富有的地球”这一单元的学习。课程计划是讲解地球的组成、地壳的结构、火山爆发的起因、土壤的构成、岩石的种类以及岩石是怎么形成的等相关问题。以下列举两个教学片段来分析她在创新思维教学中所采取的形成性评价。

（1）片段一：这个片段发生在学习“我们富有的地球”这一单元的第一课时。具体教学过程是：教师在墙上贴满了各种各样的新闻简报，这些简报的内容都是关于火山、地震、土壤等问题的一些最新热点话题，由于当时火山刚刚爆发，学生的兴趣也因此被激发了起来。在这个时机上这节课，恰到好处地为学生提供了充足的学习素材和研究问题，同时也为教师提供了良好的学习情境。这位教师的具体做法是：组织学生一起参观鲁阿佩胡山，引导学生观察火山爆发后的周围的环境、土壤的情况以及火山云的状况；启发学生思考火山爆发的原因是什么，它是如何爆发的，爆发后周围的环境有何种变化，针对这些问题和大家一起讨论交流，产生思维碰撞；引导学生大胆思考，鼓励他们勇于自己探索以及积极参与讨论，提出具有创造性的想法和意见。

（2）片段二：这个片段发生在这一单元学习的第二课时。在第一课时学生感性认识的基础上，这一节课在教室中完成全班讨论和小组展示。这一节课教师的具体做法是：课前，教师鼓励学生自己查阅相关资料并积极思考我们的地球有什么资源，之后，鼓励学生收集有关这一单元的学习素材，并把它们带到班级中和大家共同分享。课堂上，教师鼓励学生开动创新思维，把所带来的学习素材分类摆放在讲台上；师生共同观察和分析这些素材，如学生从家中带来的与本课有关的书籍、图片、人工制品等；教师利用这些素材和学生一起进行全班讨论，主要围绕着“我们丰富的地球”展开；同时把学生分成小组，展示和说明他们所收集的素材以及在收集过程中是如何准备、分工、收集的，并进行小组讨论。

3. 优秀案例对我们的启示

在片段一中，教师所用的是交互式形成性评价，打破了传统课堂教学仅仅是在教室里进行的模式，为学生创设了具体的、和教学密切相关的现实情境，让学生身临其境，从自身的角度感受和理解所学知识，充分调动了学生的感官和认知，培养了学生的创新思维。采用这种方式，不仅可以激发学生的学习兴趣，而且可以培养学生理论联系实际，将所学知识应用到实际生活中、解决实际问题的能力，以及进行自主学习和探究学习的创造力。

在片段二中，教师所用的是开放式形成性评价，教师通过观察学生带来的素材，了解学生的兴趣所在、学生对该课程感兴趣的程度以及他们的思维情况。同时，教师让学生把素材放在讲台上，有助于她关注每一个学生的表情、动作和言语，从而了解他们的兴趣所在，及其投入程度和思维参与度。学生交流讨论的过程，特别是教师鼓励学生将自己收集到的资料与其他同学进行分享的过程，是学生自身思维和能力发展的关键环节，培养了学生合作交流的意识、分享的意识以及创新思维的技能。

第四章

中小学科学探究学习研究的成果汇总

科学探究已经成为国际科学教育领域的核心议题，也是各国科学教育改革的主导方向，国外关于科学探究的教学和研究已经有百年的历史。从对中国期刊网的文献调研来看，我国的研究是在20世纪90年代后期起步的，1999年才出现了有关科学探究的第一篇核心期刊文章，背景与第八次课程改革提出科学探究这一教育目标直接相关。

虽然我国的研究起步较晚，问题往往多于答案，但是在近年的实践中也积累了很多经验，取得了一些成果。本章首先综述国内有关科学探究的研究现状，然后探讨国际科学教育领域关于科学探究能力评价的相关研究，接着介绍与科学探究密切相关的科学素养和科学本质的基础研究，最后呈现《中小学科学探究学习实施指南》关于科学探究学习的观点。

第一节 国内有关科学探究的研究述评

本节主要对从1980年至2011年在中国期刊网收录的所有核心期刊上发表的关于科学探究的文章（共171篇）进行统计,探讨我国对科学探究的研究现状,并进一步探讨各研究主题的情况及其随年代的变化规律，以期对我国在科学探究方面的研究情况有一个整体的认识。

一、期刊网文献调研情况统计

通过检索，我们发现，有关科学探究的研究主要围绕学科教学、国际视角、教师培训、网络利用、理论研究、农村实际、幼儿指导和应用评价八个主题展开,统计结果见表4–1。可知在过去的几十年中，有关科学探究的研究主要聚焦在理论研究、学科教学、国际视角及应用评价4个主题上，其中，理论方面的研究最为突出，即对科学探究的本质、内涵以及实施方法、策略进行的研究，其次为科学探究在具体学科教学中的应用，再次是基于国际视角研究科学探究及其评价。同时，还有一些关于应用评价、教师培训、网络利用、农村实际以及幼儿指导方面的研究文章，但这些文章所占的比重都较小。

表4–1 核心期刊有关科学探究的文献统计

主要方面	篇数	百分比
学科教学	52	30.41%
国际视角	22	12.87%
教师培训	6	3.51%
网络利用	8	4.68%
理论研究	56	32.75%
农村实际	3	1.75%
幼儿指导	8	4.68%
应用评价	16	9.36%

如图4–1所示，对于科学探究的研究情况，不同年代的侧重点有所不同。从1980年至1999年，学者对科学探究的研究非常少，仅有1篇论文，而且是1999年发表的，这也表明在1999年之前我国对科学探究的研究还非常少，应该是新课程改革后我们才逐渐认识到它的重要性,关注其价值的。可以清晰地看出，随着时间的推进，学者逐步重视起对科学探究的学术研究，在2006～2007年、2010～2011年，国内学者的研究成果最多。

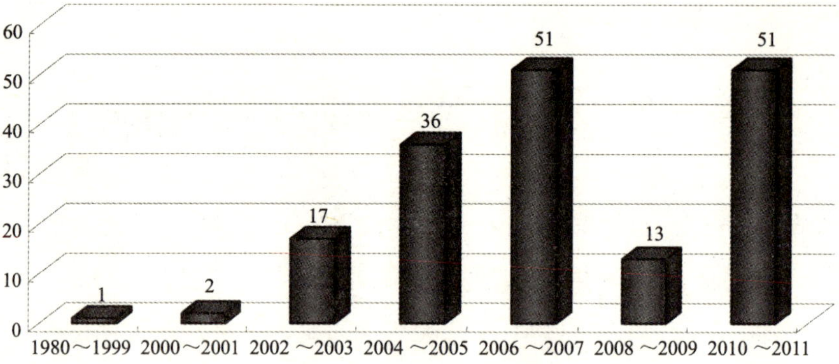

图 4-1　关于科学探究的研究文章随时间的分布图

二、国内关于科学探究的文献的主题分析

通过文献检索，我们发现国内有关科学探究的研究文献的四个主要议题分别是理论研究、学科教学、国际视角及应用评价，我们以这四大主题为例，具体分析过去几十年我国学者在科学探究方面的研究情况。

（一）理论研究主题

1980 年至 2011 年，在中国期刊网收录的核心期刊中，有关科学探究的理论研究文章共 56 篇，主要围绕概念实质、策略方法、理论模型、问题研究以及能力培养五个方面展开，统计结果见表 4-2。可知最多的是问题研究，次之是对理论模型的探究和建构，之后是对策略方法以及能力培养的研究，最后是对概念实质的探求。图 4-2 展示的是有关科学探究理论研究的文献随年代的变化情况，2006 ～ 2007 年的研究成果最多（共 19 篇），是学术高产期。

表 4-2　科学探究理论研究文献的统计

主要方面	篇数	百分比
概念实质	7	12.5%
策略方法	10	17.9%
理论模型	11	19.6%
问题研究	19	33.9%
能力培养	9	16.1%

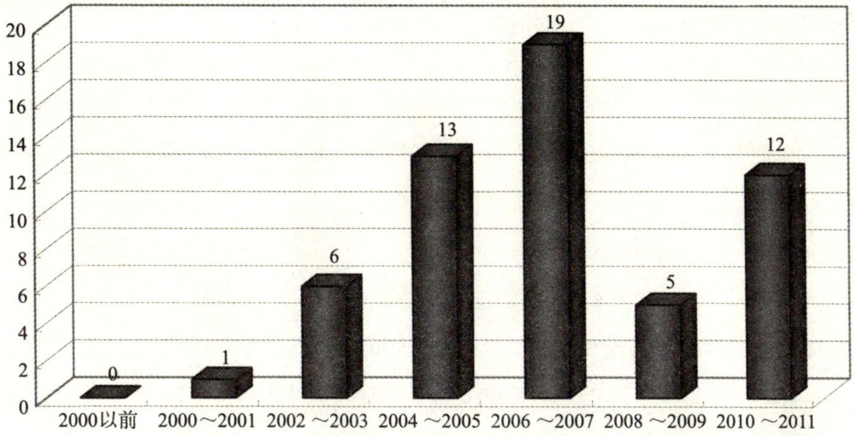

图 4-2　科学探究理论研究的文献数量随年代的变化

理论研究五个方面的文献数量方面，问题研究在 2000 ～ 2004 年间呈上升趋势，但是后几年呈下降趋势，说明学者的研究焦点从关注具体问题转向理论模型。对概念实质以及能力培养的探究近年来一直很平稳地发展。值得关注的是，对概念实质的探究最早出现在 2004 年，这一主题也是近年才得到关注的。

（二）学科教学研究主题

1980 年至 2011 年，在中国期刊网收录的核心期刊中，有关学科教学研究的文章共 52 篇，其中主要以科学学科为主，多为一线教师或学者的经验阐释，将科学探究应用到具体学科教学实践中。研究方法多为经验描述，科学探究教学效果的实证类研究比较少。

（三）国际视角研究主题

从 1980 年至 2011 年，在中国期刊网收录的核心期刊中，有关科学探究国际比较研究的文章共有 22 篇，主要围绕比较研究、经验启示和教育标准进行研究，统计情况如表 4-3 所示。可以看出，国际比较研究主题主要围绕经验启示展开，同时，学者们也关注到了国外课程标准的重要地位，因此对课程标准的研究也受到重视，但是，科学探究教学和课程的具

表 4-3　科学探究国际比较文献的统计

主要方面	篇数	百分比
比较研究	2	9.1%
经验启示	13	59.1%
教育标准	7	31.8%

体比较方面的研究较少。

（四）应用评价研究主题

从1980年至2011年，在中国期刊网收录的核心期刊中，有关科学探究评价的文章共有16篇，主要围绕能力评价、学业评价、教学评价、表现性评价等四个方面进行研究，如表4-4所示。四个方面的文章数量都没有超过10篇，整体看来，科学探究的评价研究在我国还处于起步阶段，相关成果较少。

表4-4　科学探究评价文献的统计

主要方面	篇数	百分比
能力评价	6	37.5%
学业评价	3	18.8%
表现性评价	3	18.8%
教学评价	4	25%

第二节　科学探究能力评价的国际研究

很多发达国家都已经建立了较为成熟的科学探究能力评价体系，通过上一节的文献调查，可知我国关于科学探究能力评价的研究还很少，大多数研究仅限于科学探究能力的学科应用，即研究如何更好地培养学生某一学科的科学探究能力。本节主要综述科学探究能力评价的国际研究现状，并介绍国际上流行的两种评价模式，在此基础之上列举国外的优秀案例，以期对我国中小学科学探究能力评价的研究提供启示。

一、科学探究能力评价的国际比较

科学探究是学生构建知识、形成科学观念、领悟科学研究方法的各项活动，而科学探究能力则是学生在进行科学探究活动的过程中，获取知识、认识和解决问题的能力。培养学生的科学探究能力是国际科学教育界的核心目标，也是我国新课程改革的主要目的。

（一）科学探究能力评价的研究现状

国际上关于科学探究能力评价的研究领域主要有两个：①基于教育学理论的评价体系，例如哈纳尔、哈特福欧和雅科布（Hanauer，Hatfull & Jacobs）等学者在《积极测评：科学探究的评价》(*Active Assessment*：*Assessing Scientific Inquiry*)一书中的研究；②基于心理学的评价体系研究，例如哈龙恩、波萨克、科雷和麦卡锡(Halonen，Bosack，Clay & McCarthy)等学者在其研究文章(*A Rubric for Learning, Teaching and Assessing Scientific Inquiry in Psychology*)中的研究。通过查阅从2000年至今的中国期刊网的文献，我们共发现307篇关于科学探究能力的文章，议题主要集中在以下六个方面：国际视角、考题分析、理论研究、评价研究、学科应用与幼儿教育，分布情况如图4-3。国内关于科学探究能力评价的论文很少，大多数是近年才出现的，这些论文的研究方向和国外的有所不同，主要集中在以下三个方面：①评价工具的研究，例如《基于工作单的科学探究能力的评价研究》(罗国忠，2007)；②评价量表的研究，例如《量表法评价中学生化学科学探究能力》(唐劲军，2007)；③国际科学探究评价方式综述，例如《国际三大评价机构科学探究能力评述》(廖元锡，2011)。

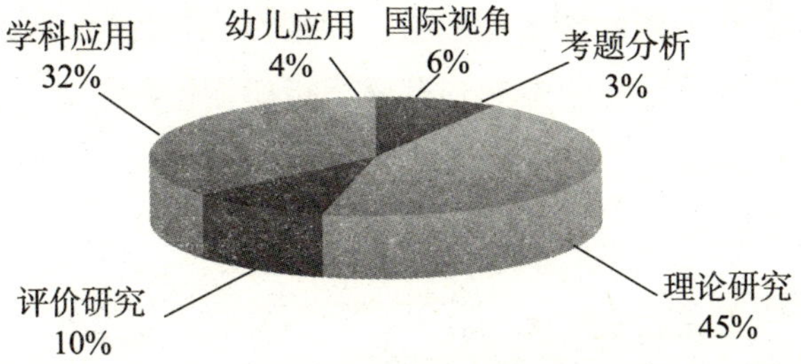

图4-3　科学探究能力各研究主题论文数量的统计

综上所述，国际上很多国家都已经建立了较为成熟的科学探究能力评价体系，随着科学探究能力的理论研究日益成熟，评价研究逐渐成为学者关注的焦点。国外学者关于科学探究能力的评价和国际大型测评往往借鉴经典理论，评价的模式逐渐分化为教育学和心理学两种类型。我国关于科学探究能力评价的研究还刚刚起步，现有成果并不丰富，大多数研究限于科学探究能力的学科应用，即如何更好地培养学生某一学科的科学探究能力，并且大都采用七要素的分析方法进行研究。

(二)国际上常用的评价模型

从20世纪以来，科学探究能力评价理论不断发展、完善，到现在已经有了

40 多种评价模式，例如：行为目标评价模式，CIPP 评价模式，应答评价模式，哈蒙德（Hammond）模式以及对手式评价模式等。下面我们重点介绍几种应用比较广泛的模式。

1. 行为目标评价模式

行为目标评价模式是国际上出现最早、体系完善、影响极大的一种理论流派。这一模式由被称为“评价之父”的泰勒（Taylor）提出，他认为：①教师的教学是使人的行为方式产生变化和改进的过程；②教育的目标是产生各种行为方式的变化；③对于人的行为的评价应当是多方面的；④评价方法不应该单一。依据这种思想，泰勒提出了行为目标评价模式，即以行为目标作为评价的重心，以学生的成就来表示教育计划中的目标。通过评价，促进实际活动尽可能接近目标，然后将评价的反馈信息作为修改目标的依据。可以用图 4–4 来表示目标、行为、评价三者之间的关系。这种模式包括以下几个步骤：①确定目标；②根据预定的目标规定所期望的学生的行为，即把目标行为化；③选择和编制评价工具，这种工具要能够促使学生达到教育目标所期望的行为；④根据行为变化情况分析判断预期目标的实现程度。

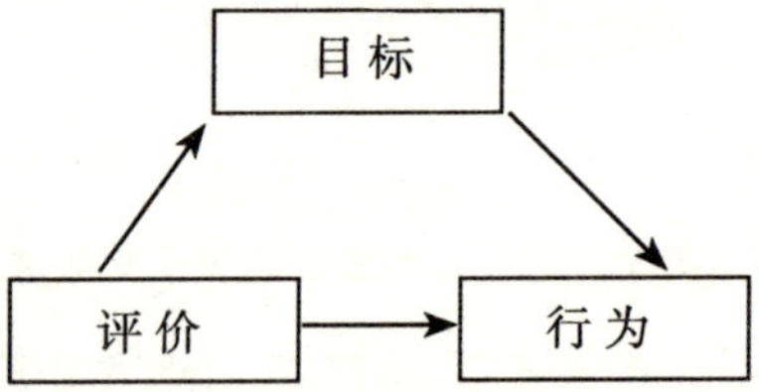

图 4–4　行为目标评价模式的理论模型

2. CIPP 评价模式

CIPP 评价模式是由美国学者斯塔佛尔比姆（Stufflebeam）创立的，他将评价过程分成了四个组成部分，即背景（Context）评价、输入（Input）评价、过程（Process）评价和成果（Product）评价，如图 4–5 所示。

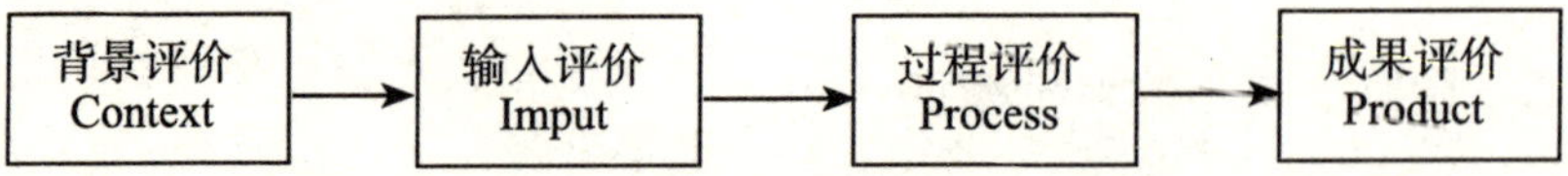

图 4–5　CIPP 评价模式的理论模型

（1）背景评价：斯塔佛尔比姆认为，方案的目标不应当是空想的，有必要对方案目标的合理性进行评价和判断，所以评价的第一步应当是背景评价，以此作为选择和形成方案目标的基础。

（2）输入评价：主要是在背景评价确定了方案的目标之后，对各种备选方案的优点加以识别和评定的活动。简单的说，就是考察方案的可行性、效用性的评价。

（3）过程评价：主要是对方案实施情况的监督检查，目的在于调整和改进实施过程，是方案实施过程中的形成性评价。

（4）成果评价：主要是测量、判断、解释方案的成就，即终结性评价。

CIPP评价模式的特点在于打破了以往的评价方法将重点放在活动结果上的传统观念，重视形成性评价，但同时并未忽略终结性与诊断性评价，将三者完美地结合了起来。

3. 应答评价模式

应答评价模式是美国学者斯塔克（Stake）首先提出的。他强调所有人专注的现实和潜在的问题，并以此为出发点，而不是以预先设定的目标或作出的假设为出发点。应答评价模式更强调自然的观察法、交往法和描述性的定性分析，并在适当场合结合应用性测验。该模式在评价过程中更注重信息交流、反馈，它没有将评价过程分为几个固定的步骤，因而更具有弹性和应变性，更加适合一些复杂的、多元的客观世界的现实和各种层次、各种观点的需要。该评价模式具有如下特点：①强调用生动的描绘方法来全面真实地反映现实；②评价目标反映了与被评者有关的各方面人员的需要，具有一定的民主性；③评价方法更注重自然条件下的观察、交流等，但是并没有否定测验，促进了定性与定量的结合；④评价步骤灵活，能及时收到反馈，程序也相对简单易行。

二、科学探究能力评价的两种模式

国际上有关科学探究能力评价的研究可以从心理学和教育学两个维度来分析。虽然科学探究及其能力是教育学的核心议题，但是创新思维和能力本身是心理学的核心概念，科学探究也离不开心理学的研究成果，因此，本部分主要介绍科学探究能力评价的教育学和心理学两种模式。

（一）科学探究能力评价的教育学模式

现在的教育学者对于科学探究能力的划分有各种不同的观点，他们认为科学探究能力的评价主要涉及两个问题：科学探究的定义以及评价所采用的测量方式。当代科学教育学者认为，科学探究能力可以看作一系列元素的综合，但是关于元素有哪些，学者们仍然持有不同的观点，见表 4–5。

表 4–5　教育学视域下的科学探究能力的界定和测评

开发者	科学探究能力的界定	测试方法
Zachos (2004); Zachos et al.(2000)	核心能力：①理论与实践结合，寻找本质规律；②缜密的思考，鉴别测量过程是否存在错误，出现错误的本质原因，以及用到的比例推理。	纸笔测验和间接任务的表现性和绩效测试，以及结构性测试。
Wenning（2007）	阶段：①找出问题，通过逻辑推理和证据归纳建构假设和模型；②用推理法预测结果，设计流程，检测预测；③操作实验，观察现象，模拟并检测假设和建立模型；④收集有意义的数据并分析；⑤应用数值和统计得出结论，解释意外结果；⑥使用可行技术报告进行展示并解释结果。	纸笔测验（多项选择），间接、复杂任务的表现性和绩效测试，以及知识结构检测。
Gott & Duggan(2002); Roberts & Gott (2003)	①找到事物间的潜在关系和方法；②校准错误，明确测量的可靠性和有效性；③了解测量数据的方法；④设计变化的结构，明确可行性，进行公平测试和变量控制，注意准确性；⑤合理设计表格，注意设计的可靠性和有效性；⑥关注数据表达，统计学测量，明确数据关系。	纸笔测验（多项选择），间接、复杂任务的表现性和绩效测试，以及知识结构检测。
Shavelson, Flores, & Araceli Ruiz Primo (1998); Solano-Flores & Shavelson(1997); Flores et al. (1999)	研究者将需要完成的结构性任务按照评价目的分成四种不同类型：①比较调查（在控制其他变量的条件下，比较两个或两个以上目标的属性）；②成分鉴别调查（科学探究的结构）；③类别研究（科学探究的类型）；④观察性调查（科学探究需要一段时间的系统观察记录）。	纸笔测验（多项选择），综合性的间接、复杂任务的表现性和绩效测试，以及半结构化的测试。
Lunsford & Melear (2004)	任务的完成需要：①实质性知识，即科学概念、事实和过程知识，阶段性知识；②程序性知识，即如何完成科学探究的知识，科学探究过程的工具和材料知识；③整合和解决的能力，即提出解决方案，概念化结果，得出结论的能力。	纸笔测验（多项选择），综合性的间接、复杂的任务，知识和建构性测试。

（二）科学探究能力评价的心理学模式

科学探究能力评价的心理学模式的发展经历了一个漫长的过程。1997 年，摩根和约翰逊（Morgan & Johnson）断言心理学是没有固定的测试方法的，如果非要建立一个心理学方向的教育标准反而会把事情搞复杂。同时，一些课程论学者认为需要把培养学生的科学推理能力作为心理学教育的基本目标。1999 年，霍根（Hogan）认为学生应当在学习并接纳科学规律的同时学习如何建立和评价一个科学规律。2000 年，霍根和费舍凯勒（Hogan & Fisherkeller）提出了科学探究的四要素：形成假设、设计实验、解释结果和交流结果。2002 年，齐默尔曼（Zimmerman）又提出了新的观点，认为学生应当有机会去试着体验科学探究的过程，即形成假设、设计实验、观察、测量、作出推断，最后形成理论，此外，学生应当会从规律中找出解决问题的方法。哈龙恩、波萨克、科雷和麦卡锡（Halonen, Bosack, Clay & McCarthy）根据前人的研究成果，设计了新的心理学方向的科学探究能力评价体系。他们通过对霍根和费舍凯勒四要素的完善，提出科学探究能力包含描述性技能、概念性技能、问题解决技能、道德推断技能、科学态度和价值观领域的技能、交流技能、合作技能以及自我评估技能等八项领域的能力。针对这些领域的能力，他们设计了相应的评价指标，具体见表 4–6 ～ 4–13。竖行三项由从高到低的能力组成，横行从接受训练前到专业化结束，适合于不同水平的能力。

表 4–6　描述性技能领域的分类

描述阶段	接受训练前	基本心理学知识	发展期	优秀期	专业化
观察	从视觉观察的表面行为	观察一般模式，包括对行为的观察和解释	普遍和仔细观察，区别地观察解释	观察更加精细敏感，与解释的不同	使用复杂的观察技术以适合不同的环境
测量	用受限和模糊的方式测量	找到测量方法，但是精确性需要考虑	使用测量作为经验策略，以找到符合标准的方式	积极寻找合适的工具，采用理性测量的思维方法	寻找合适的测量策略来提高结论的有效性
解释	依赖于直觉得出明显、简单的结论	注重行为事件，用有限的证据来作出判断	选择性地结合以数据为基础的解释和个人经验	更加系统地用数据来解释，产生更加复杂的解释	解释行为处于复杂的级别，此级别能反映相关因素

表 4–7　概念性技能领域的分类

描述阶段	接受训练前	基本心理学知识	发展期	优秀期	专业化
概念技能：认识和应用	没有参考科学概念就会解释和预测，更倾向于通俗的心理学解释	把心理学的概念和所学的知识联系起来	在接受提示的情况下可以找到并有目的地运用概念去解释行为	能够独立确定和运用概念去解释和预测行为	熟练地运用心理学概念解释和预测行为，根据解释评估理论的可靠性；形成新概念
基本理论技能：认识和应用	不能把心理学的理论同普通的观念分开	在帮助下可以认识心理学的一些基本理论	可以运用理论解释和预测行为，但是面对一些非常态结论时很难处理	运用理论解释和预测行为，还能够接受非常态的结论	有效地利用直觉的发现和研究之间的矛盾来探索新的理论
高级理论技能：评估、综合及完善	并没有意识到或喜欢使用心理学的理论进行解释	根据个人的信仰来评估理论的好坏	根据理论的明确、客观的限制，通过将理论运用到新情境检测其适用性	客观评估理论的质量和自洽性，比较相关理论的贡献，整合理论观点	形成初级的理论解释，为批判和提高理论而承担责任

表 4–8　问题解决技能领域的分类

描述阶段	接受训练前	基本心理学知识	发展期	优秀期	专业化
解决问题的能力：认识、评估、形成	不会运用科学的方法	了解研究步骤以及与必要的技术相关联的基础知识，会用控制变量法	选择和运用的适当方法处理简单的问题，会操控和隔离变量，能认识到无关变量的影响	选择和运用适当的方法，最大限度地增加可靠性，减少多余的解释	能设计出独一无二的研究方法，能够认识和确定研究过程
统计推理：认识、应用、评估和形成	倾向于使用不恰当的术语，忽视本质意义	使用基本的描述统计，在没有理解统计资料时就接受推理分析	选择和运用适当的统计过程，在面对简单项目时能够全面地评估	独立选择和运用统计资料，把统计推理作为批判结果的基本方法	更加频繁地使用统计推理，设计统计资料的运用方案
偏差的检测和管理	对于偏差的存在和结果不太敏感	在接受提示的情况下，认识到一些潜在的偏差来源	开始认识到误差和干扰会影响构建的研究问题	认识到误差和干扰的影响，认识到个人、专业、兴趣对问题和方法选择的影响	为了减少误差和干扰，使用高标准的工具，以便坚持科学的方法

表 4-9 道德推断技能领域的分类

道德推断	接受训练前	基本心理学知识	发展期	优秀期	专业化
知道道德标准	知道一般的道德习惯	认识到道德标准的存在和理论基础	知道道德标准如何运用到给定例子	知道道德标准的提升和约束力	在专业化领域能够监控道德习惯
评估道德惯例	能够接受心理学家的观点	能够认识实践道德标准的问题	能够运用道德标准判断道德实践的优点	认识到更多道德问题并选择	习惯性评估专业性的道德观点并研究
坚持道德标准	态度模糊	接受科学的道德协议，习惯性地提问	经提示后接受并坚持道德协议	有责任执行道德保护措施	主张维护道德，保护公众和提高修养

表 4-10 科学态度和价值观领域的技能分类

态度价值	接受训练前	基本心理学知识	发展期	优秀期	专业化
对研究充满激情	不考虑研究的发现	接受个人经历和发现，否决未经证明的结果	允许用选定的科学结果阐释个人经历	把科学方法作为研究的基础	采用科学方法，接受它的局限
客观 / 主观	完全依赖于主观和个人的社会体验	认识到客观和主观实际的不同，以及主观世界的局限	能区别客观和主观世界，感受到人与人之间的不同	尽量避免主观因素对结果的影响	警惕主观因素
谨慎	不优先选择给定的解释	意识到精确的解释要比不精确的解释好很多	倾向于选择精确的解释作为研究设计的重要方面	把精确的解释作为检测解释好坏的量度	作出最为精确的解释
怀疑	接受，并不会质问现状	倾向于拒绝提问，尽量避免使现有状况复杂	当外部有驱动力时进行部分怀疑	用选择性怀疑提高评估效度	以不断地怀疑作为评估的工具

表 4-11　交流技能领域的分类

交流技能	接受训练前	基本心理学知识	发展期	优秀期	专业化
资源收集能力：选择度、现实意义、流通、证据的质量	依赖公众证据和个人偏见选择资源	把问题简单化，并且关注行为信息，进行方便的文献检索，依赖于二次资源	从不同资源中找到相关内容，对文献的使用很有局限	从不同资源整合内容、获取信息，有选择地摄取资源	从更多的资源中评估内容，发现内容如何影响判断，对于已出版的研究进行提炼和选择
辩论的技能：组织观众的认知，使其具有说服力	讨论一些普遍认识，把个人经验作为结论	使用基本概念进行简单讨论，对观众的片面认识依靠个人经验而不是研究结果来辩解	进行表面争辩，运用吸引人的语言证明观众的观点，假设和自己一致	根据研究结果进行讨论，用语言、例子吸引观众	创造引人注目的讨论，关注内容的精炼含义，进行预判和争辩，适应不同范围的观众
传统的表达：使用APA形式，适当地支持表达观点的图像	没有相应的表达	知道APA形式，质疑它的价值和严谨性，使用APA形式产生瑕疵时用非专业语言表达观点	间断地使用APA形式，逐渐表达得更为正规和专业化	使用APA表达，进行专业练习，提高交流吸引能力	熟练地使用APA形式，仅有很少的错误，会用复杂、尖端、传统的表达方式

表 4-12　合作技能领域的分类

合作技能	接受训练前	基本心理学知识	发展期	优秀期	专业化
完成计划的技能	无	在指导下完成简单任务	在指导下完成较为复杂的任务	能够完成更多复杂任务，需要最低限度的指导以及长期合作	独立完成复杂的小组任务，需要长期的合作
过程管理	无	坚持权威提供的指向，基本不会注意小组的进程	希望小组成员共同完成目标，能够有效地管理进程	协作完成任务，具备责任感和策略，评估小组的讨论结果以加快进程	系统设计计划，包括备份计划，以应对可能的阻碍
领导力	无	能够服从指定的小组领导人员	分享领导权，有责任完成任务，互助成功	合理地运用领导权去营造积极的氛围	召集同事提高计划和任务的质量

表 4–13 自我评估技能领域的分类

自我评估	接受训练前	基本心理学知识	发展期	优秀期	专业化
自我调节：完成工作的技能	没有周密的计划，根据任务需要工作	会有计划地完成合适的任务，但是不一定总能成功	先合理地计划好，再完成任务	考虑个人的特点，适当接受复杂和所能接受的任务	形成完善的计划，能够预料到并且克服各种阻碍
自我反省：积极思维	并没有自我反省过	可以对自己的工作进行全面的评估	有判断自己的表现的指标，偏爱肤浅批评	进行反省，准确地判断工作的质量，深入批判工作以便提高质量	用自我评估去建立目标

三、国外科学探究能力评价的案例

国际上关于科学探究能力评价的案例有很多，世界各国也已经建立了较为成熟的评价体系，其中，美国和英国的评价体系更为完整且丰富。下面将重点介绍三种科学探究能力的评价模式及框架。

（一）英国 APU 科学探究评价

APU（The Assessment of Performance Unit）是英国教育部下设的成就评估机构，设立的初衷是监测学生的科学成就，它于 1981 ～ 1984 年间组织了大规模的全英国范围的科学成就评价，其中包括科学探究能力的评价。主要形式为纸笔测验、工作单和现场调查三种方式，表 4–14 是它的科学探究评价框架。

表 4–14 英国 APU 科学探究框架

主类	子类	评价方式
1. 使用图表和符号描绘	从图表中读取数据，用图表描绘数据	纸笔测验
2. 使用材料和测量工具	使用测量工具；估计数量；按照说明进行操作	群体实践评价（工作单）
3. 观察	进行观察	群体实践评价（工作单）
4. 解释和应用	解释给出的信息；运用生物、物理和化学概念	纸笔测验
5. 设计探究	设计部分探究，设计整个探究	纸笔测验
6. 做探究	做整体探究	个体实践评价（现场调查）

（二）美国密苏里州的 AASPS 科学探究评价

AASPS（Alternative Assessment of Science Process Skills），即科学过程技能的另类评价项目，由美国密苏里州教育部开发，用以测评全州中小学生的科学过程探究技能。它包括提出问题、识别变量、进行假设、制订计划、收集数据和概括结论等一系列要素。另类评价指的是运用真实或者是模拟的任务来引发学生的反应，由评价者对这些反应进行评判，主要形式包括演说、操作、实验和作品展示等。

例如，“热水”是七年级的一个探究任务，要求学生探究冷水和热水混合后的水温与混合前的水温的关系。具体评价过程如下：①首先，提出疑问，即“如果把相同质量但是不同温度的水混合，最后的水温会如何？”此处考察学生对自变量、因变量、控制变量的识别能力。当学生确定答案并上交工作单后，教师会将变量的参考答案交给学生，并要求学生对因变量和自变量的关系作出假设。②学生完成假设并上交相应的工作单后，教师把假设的参考答案交给学生，要求他们修改探究计划。③当学生完成探究计划后，上交相应的工作单，教师将探究计划的参考答案交给学生，并要求学生针对计划设计记录数据的表格。④学生设计好表格后，教师将表格的参考答案交给学生，并要求他们进行实验，并记录数据。⑤接下来，学生会独立进行实验、收集数据并概括结论，这些步骤不会再提供参考答案。

此外，AASPS 采用分享评分法，就是将每个步骤解析成若干要素，每个要素又分为若干部分，他们认为：任何一种认知或行为都会有其基本要素，只要对学生的这些基本要素进行合理的评估，那么学生的认知或行为的总体特征就得到了适当的评价。这里只给出了制订计划这一步骤的评分细则，见表 4-15，除设置自变量给出四个等级外，其他指标均给出 A 级指标。AASPS 把评价指标细化，有助于客观地进行评价，但是一些研究者认为科学探究是一个流动的整体，不应解析成各种评分细节，因此主张采用整体评分法。

表 4–15　美国密苏里州科学探究评价“制订计划”的评分细则

要素	成分	标准	等级	样例
设置自变量	两个相同容器 A 和 B	充分描述	A	把同样多的热水和冷水倒入相同的两个杯子
		不完整描述	B	把同样多的热水和冷水倒进容器
		描述太模糊	C	在杯子中装水
		没有提到容器	D	装水
	热水和冷水	充分描述	A	把温度计放入 A 杯和 B 杯，测温度，记录
设置自变量	用温度计测混合前的水温	充分描述	A	把温度计放入 A 杯和 B 杯，测量温度，并在表格中记录温度
	在表格中记录温度	充分描述	A	
操纵自变量	在另一个杯子中混合热水和冷水	充分描述	A	把热水和冷水混合放入另一个杯子里
测量因变量	把温度计放入另一杯水中，测混合水温	充分描述	A	把温度计放进另一杯水中，测温度并记录
	在表格中记录温度数据	充分描述	A	利用表格来记录温度的数据
控制变量	等量的水	充分描述	A	把同样多的热水和冷水倒入相同的两个杯子中
	相同的容器	充分描述	A	

（三）英国 GCE 物理课程科学探究能力评价

GCE（General Certificate of Education）即英国普通教育证书考试。GCE 课程有两种不同的教学大纲，对应两种大纲的分别为物理 A 类考试及物理 B 类考试。此外，整个 GCE 物理考试分为高级辅助（Advanced Subsidiary，也称 AS）考试和第二考试（A Second Examination，又称为 A2），这两部分加起来为高级水平考试的成绩，学生可以选择参加或不参加 A2 考试。

GCE 物理考试分为几个独立的考试单元，其中 AS 和 A2 考试均各含三个考试单元。考试的目标包括“知识的理解（AO1）”“知识的运用，理解力、综合和评估（AO2）”“实验和探究（AO3）”以及“知识、理解力和技能的综合（AO4）”。表 4–16 为 GCE 物理考试的目标维度与要求。

表 4-16　英国 GCE 物理考试的目标维度与要求

目标	要求
知识的理解（AO1）	1. 表现出对特定物理事实、术语、原则、关系、概念以及实际技术的理解； 2. 理解物理学与伦理、社会、经济、环境以及科技的联系； 3. 清晰、有逻辑地选择、组织和呈现有关信息，在适当之处使用专业词汇。
知识的运用，理解力、综合和评估（AO2）	1. 运用物理学原则和概念描述、解释或者说明现象和结果，清晰、有逻辑地呈现争论和思想，适当之处使用专业词汇； 2. 解释，或者从一种形式到另外一种形式翻译用语言或者图表呈现的数据； 3. 进行相应的计算。
实验和探究（AO3）	1. 设计并且计划实验活动，选择适当的技术； 2. 展示安全与巧妙的实用技术； 3. 以适当的精度观察和测量，并系统地将其记录下来； 4. 解释、评估实验活动的结果，运用物理学知识、理解力、适当的形式（如文字、图形、表格）以及适当的专业词汇，清晰、有逻辑地交流。
知识、理解力和技能的综合（AO4）	1. 在特定情境中，综合运用不同模块的物理学原理和概念，清晰而有逻辑地表达思想，并在适当的时候运用专业词汇； 2. 在不同主题的情境中使用物理学的技术。

第三节　科学素养与科学本质的研究

在建设创新型国家的视野下，科学素养作为公众的一项基本素质，其重要性是毋庸置疑的。公众的科学素养是一个国家兴旺发达的关键，是一个国家可持续发展的根基。在现代社会中，科学不再被看作生产绝对的、普遍的和永恒不变的真理的机器，而是对待认识的一种特殊方法。科学素养的核心即是科学探究，它与科学本质密不可分，本节主要讨论与科学探究密切相关的科学素养和科学本质的基本状况。

一、科学素养的现状和改革

在科学和技术渗透到社会每一个角落的时代，只有具备科学素养才能适应社会生活。钟启泉先生曾经考查过科学素养的内涵，并对理科教育中的科学素养问题进行了论述，他认为国外科学课程改革的范式与科学素养说的发展密切相关。中学阶段的科学教育对公众科学素养的获得具有基础性、根本性的作用，中小学课堂是提高公众科学素养的主阵地，新一轮的科学课程改革正是以全面提高学生的科学素养为核心理念的。

（一）我国中小学生科学素养的现状

科学素养教育的意义在于培养普通公民的基本科学技能和能力，它是普通教育而不是专业教育，指向所有或大多数学生而不是少数学生。“十一五”期间，我国公民科学素养的建设工作成效显著，实现了《全民科学素质行动计划纲要》所确定的阶段性目标。但是从世界范围内看，我国中小学生科学素养的现状还不容乐观。

1. 科学素养说的基本内涵

美国著名教育家、哈佛大学校长科南特（Conant）于1952年首次使用了科学素养（Science literacy）这个名词，美国著名科学教育家、斯坦福大学教授赫德（Hurd）在20世纪50年代后期从基础教育层面对它进行了说明和解释。进入20世纪80年代，科学素养作为科学教育的目标被明确提出。米勒（Miller）在1983年提出了三维模式，即科学素养包括三方面的内容：①对科学本质的理解；②对科学知识的理解；③对科学与社会、技术的关系的认识与理解。这个模式基于米勒的两个方面的实证性研究成果：第一是对以前的理论研究和相关测量与评价的总结，第二是对科学政策制定过程中公民科学素养问题的研究。三维模式突出了科学素养的核心，在学术界得到普遍认同，目前被世界各国采纳，作为测定和比较国民科学素养的基本参照标准。

2. 对我国公众科学素养调查结果的思考

我国从20世纪90年代开始进行“公众科学素养调查”，每两年一次，其间有所中断，到2001年恢复。1996年，中国公众具备科学素养的比例只有0.2%，这个结果与1992年和1994年的调查结果基本持平。这三次调查的结果说明，我国公众科学素养的整体水平低而且停滞不前。与此同时，欧盟公众具备科学素养的比例高达4.4%，是中国的近15倍，而美国则达到6.9%，是中国的23倍。2003年进行的第五次科学素养调查显示，我国公众具备科学素养的比例达到1.98%，比2001年的1.4%增长了约0.6个百分点，比1996年的0.2%提高了约1.8个百分点。我国公众具备科学素养的比例不仅结束了长期停滞不前的局面，而且出现了逐步增长的趋势。但是，1989年，加拿大公众具备科学素养的比例已经达到4%，日本在1991年已经达到3%，欧盟在1992年已经达到5%，美国在2000年达到了17%。2010年，中国第八次公民科学素养调查显示，中国具备基本科学素养的公民的比例是3.27%。尽管这比2005年的1.6%提高了1.67个百分点，比2007年的2.25%提高了1.02个百分点，但这个水平只相当于日本、加拿大和欧盟等发达国家20世纪80年代末90年代初的水平。与发达国家相比，我们仍然有很大的差距，因此，提高我国公众的科学素养将是一个长期的艰巨任务。

有关科学素养的调查说明，我国公众还不具备较好的科学精神和科学意识，也就是说不具备较好的分辨科学和伪科学的能力、基本的科学思维方法以及用科学方法思考和解决社会及生活中的各种问题的能力。造成这一状况的原因是多方面的，从科学教育的角度来反思，可以看到，我国以往科学教育的内容基本停留在实用的科学知识层面，对科学素养及科学本质的认识还缺乏深度。

（二）提高师生的科学素养

“培养具有科学素养的公民”一直是科学教育的主要目标，发达国家都十分注重国民科学素养的提高，因为它关系到人才的综合素质和创造力，关系到一个国家的综合竞争力。美国科学教育改革的“2061计划”以“培养具有科学素养的公民”作为基础科学教育的目标。科学素养作为国际理科教育的核心目标，越来越受到人们的重视。

1. 国际科学课程改革关注的科学素养的内容

现代科学课程的发展始于20世纪50年代末，从那时起，世界科学课程改革出现了三次浪潮。20世纪50年代末至60年代为第一次改革浪潮，目标是开发以科学基础知识为结构的理科课程，对物理、化学、生物等学科是从其学科自身的自立性这一点加以把握的，科学教育中所要实现的科学素养是“概念性知识”“科学的本质”和“科学的伦理”，“科学与人文”的理念并未充分体现在课程编制中。进入20世纪七八十年代，学校中的科学被理解成“相关的知识”，其含义在于科学不是独立存在的，它与社会、经济、政治等紧密相关，课程改革的焦点是理解科学与社会之间的关系，科学素养的内涵新加了“科学与人文”及“科学与社会”，尤其强调了前者。在20世纪80年代末和90年代的第三次改革浪潮中，人们开始认识到科学是“不完美的知识”，课程改革的中心是个人、社会和文化对科学知识的形成产生的影响，重视科学与文化、社会之关联（STS）的科学素养观得到普及。

2. 我国以往科学教育的功利性与科学精神的缺失

在我国以往的科学教育中，人们表面上非常重视科学，但实际上，学校中的科学教育服务于考试的指挥棒，往往只注重科学知识的灌输，缺少对科学方法的教育和科学精神的培养，科学教育的实效性无法得到保证。具体表现如下：①从功利主义角度来看待科学，过于关注社会本位的科学教育观，忽视科学教育对学生兴趣、人格的培养，学生不能真正理解科学，不具备必要的科学观；②过度强调基础知识和基本技能，教师们普遍忽视科学过程，将科学方法教育变成科学方法知识的传授或单纯的机械训练，用程序化的教学掩盖科学的探索性和创新性，忽视对科学精神的培养；③分科教学忽视学科间的联系，与科学发展的现状相脱离，学生不能获得现代人应该具备的科学常识和科学观念；④过于强调学生个人的刻苦努力，将科学视为被隔离的伟大科学家的活动，忽视了合作学习的价值。

3. 我国科学课程改革亟需转变观念，提升师生的科学本质观

科学教育的目标在于提升全民的科学素养，对科学本质有充分的了解是具备科学素养的重要表征。如何在科学课程中体现科学的本质、提升学生的科学素养已成为当代世界科学教育的一个热点问题，也是目前我国科学教育需要认真研究的问题。长期以来，我国的理科教学大纲没有将理解科学的本质作为科学教育的目标，在新颁布的《科学课程标准》中才首次提到，“通过科学教育使

学生逐步领会科学的本质”,“发展学生对科学本质的理解”。新课程改革强调“科学探究”“做中学”“过程和技能”等教学策略，旨在提升学生的科学素养，为达到这一教学目标，科学教师需要具备良好的科学素养，理解科学的本质，引导学生更好地进行科学探究和做中学。

从科学课程的实施状况来看，课改以后，科学教学发生了很大的变化，而随着课程改革的深入，以往科学教育中的深层次问题和困难也暴露了出来。因此，在我国科学课程的改革中，以下几个方面的问题不容忽视：①科学教育是面对全体学生，进行科学知识、科学方法、科学精神等全方位的教育；②科学课程改革需要转变科学观念，共同协调师资和资源等，我们还需要关注国际综合课程的发展趋势；③师生应该具备一定的科学本质观，思考科学究竟是什么，更好地进行探究学习和做中学；④教师需要提升自身的科学素养，避免科学课堂中的非科学和伪科学的教学方法和内容；⑤教师应该注重培养学生求真、求实、理性、创新的科学态度和科学精神。正如芝加哥科学院副院长米勒教授所说，中小学时期的数学和科学教育是培养科学素养的关键。对学生科学素养的培养，需要落实到科学教育的理念和具体过程中，这也是我国科学课程改革的核心和目标，可以更好地推动公众科学素养的提升。

（三）国内科学素养研究的发展

为了了解我国科学素养研究的具体情况，我们对 1979 ～ 2011 年间在中国期刊网收录的所有核心期刊上发表的有关科学素养的文章（共 144 篇）进行了统计。我们发现，有关科学探究的研究主要围绕学科教育、理论研究、能力培养、实证调查和教师教育等方面展开，具体情况如图 4-6 所示。图 4-7 说明了这些文章随时间的分布图，可以看出，从 2001 年之后，学者对科学素养的研究增多，并且保持平衡。

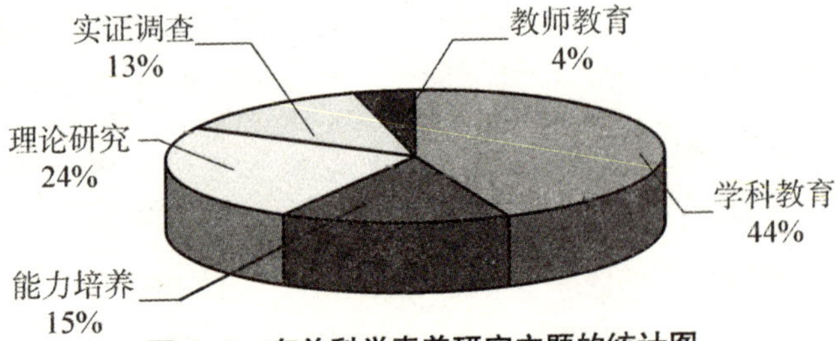

图 4-6　有关科学素养研究主题的统计图

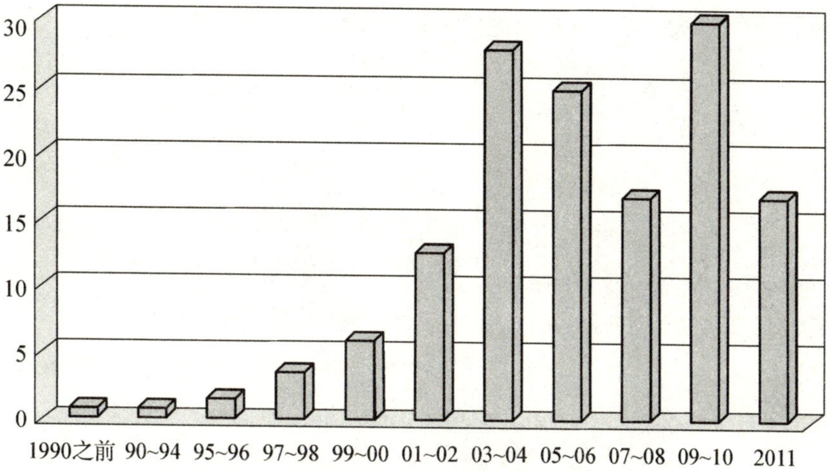

图 4-7　核心期刊科学素养文章随时间的分布图

如图 4-8 所示，我们以 5 年为一个跨度，考察学者对科学素养的关注情况，发现从 1996 年开始，我国学者对科学素养的关注逐渐提升，近年来尤为突出，相关研究呈现出很好的上升趋势。我们还发现对科学素养的研究集中在 1996 年至今，并且以学科教育为主题的研究呈明显的上升趋势。总体来看，从 1996 年到 2001 年，相关研究基本呈上升趋势，2001 年至今则基本保持平衡。

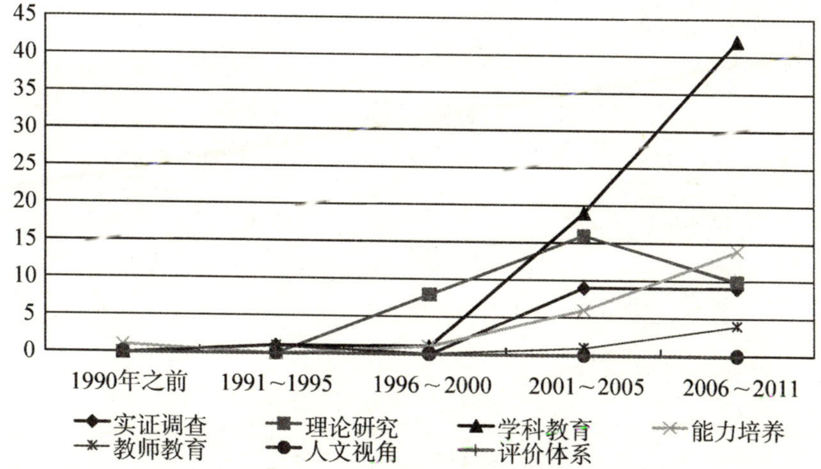

图 4-8　科学素养的研究主题随时间段的变化情况

我们以科学素养的三个最主要的研究主题为例，分析过去几十年中我国学者对科学素养的研究情况以及所关注的热点问题。

1. 关于学科教育的研究

从 1979 年至 2011 年，在核心期刊上发表的有关学科教育的文章共有 63 篇，主要围绕物理、化学、生物、数学等学科展开，统计结果见表 4-17。可以看出，学者对科学素养的研究主要集中在理科教学中，同时，由于受到西方教育教学理论和实践的影响，主要集中在化学学科的教育中。从图 4-9 可以看出，从 2001 年开始，以学科教育为主题的科学素养研究呈现明显的上升趋势，2006 ～ 2011 年数量最多。

表 4-17　学科教育主题的论文

主要方面	篇数
物理教育	6
化学教育	31
生物教育	22
数学教育	1
其他	3

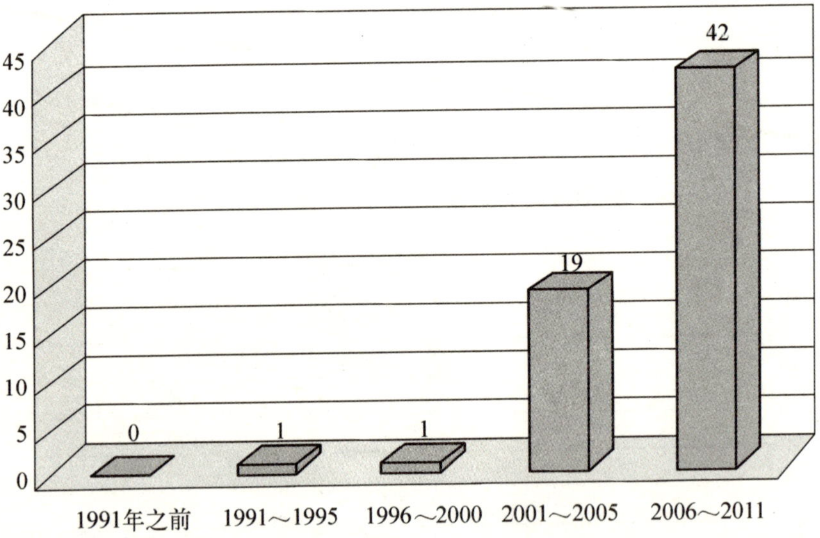

图 4-9　学科教育方面的文章随时间的变化图

2. 基于理论方面的研究

1979 ～ 2011 年，在中国知网收录的核心期刊上发表的基于理论研究视角的文章共有 29 篇，主要关注理论模型的建立、对科学素养实质的探寻以及科学素养的实施策略等方面。

3. 基于能力培养的研究

1979 ～ 2011 年，在中国知网收录的核心期刊上发表的关于能力培养的文章共有 22 篇，主要针对不同的人群展开，如公务员、研究生、大学本科生、青少年、幼儿以及全民等，见图 4-10。可见，基于能力培养视角的科学素养研究围绕不同的人群展开，主要针对大学本科生和青少年，对不同人群的关注点也不相同。同时，受到国外科学教育的影响，我国也逐步重视起对全民科学素养情况的调查研究，为科学素养的培育和普及起到了积极的作用。

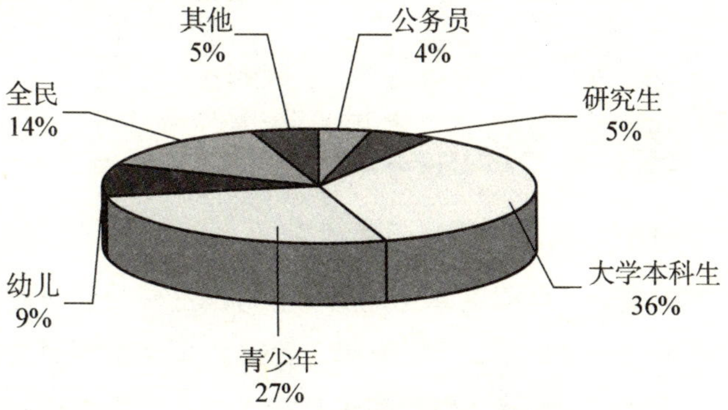

图 4-10　对不同人群科学素养的研究的统计图

二、对我国公众科学素养调查的纵向比较

目前，我国对公众的科学素养已经进行了八次调查，我们选取 2001 年、2003 年、2007 年及 2010 年的四次调查数据进行纵向分析，以考察我国公众科学素养的变化情况，也为中小学科学探究学习提供相关的理论参考和实证数据支持。

（一）我国公众科学素养水平的变化

1. 我国公众对科学术语了解程度的变化

对我国公众科学素养最基本的评估指标是公众对科学术语的了解程度。我们将 2001 年、2003 年、2007 年以及 2010 年的调查数据进行了对比，发现我国公众对专业术语的了解大体呈现上升趋势。（见图 4-11）2010 年与 2001 年相比，对“分子”的了解增长了 8.4%；对“DNA”的了解增长了 12.5%；对“Internet”的了解增长了 14.7%。值得一提的是，与以往三年相比，2010 年删去了对“纳米”

这一科学术语的考察，改为“辐射”，这说明随着科学的进步，“纳米”这一词汇对公众来说已不再陌生，而新的科学词汇更为吸引人们的注意，表明我国科学技术在飞速发展的同时，公众的科学素养在潜移默化中有所提升。

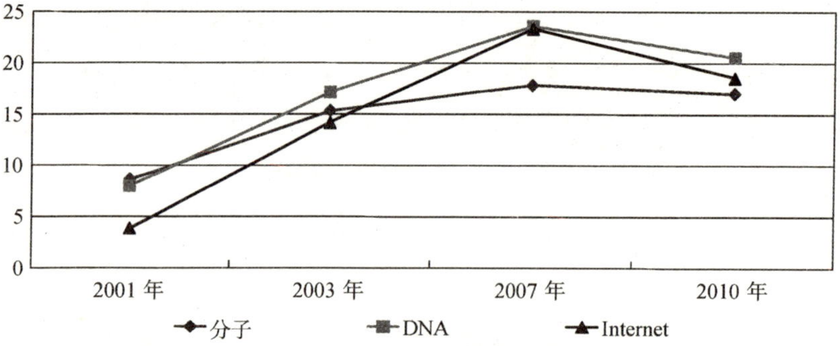

图 4–11　公众对科学术语正确了解的百分比统计图

2. 我国公众对科学观点的了解程度的变化

公众对科学观点的了解程度直观地反映了科学进步与公众科学素养水平之间的联系，从表 4–18 与图 4–12 可以看出，我国公众对科学观点的了解程度平稳中略有发展。同时，仔细对比每年所考察的科学观点，不难发现，我国公众对科学观点的认识还是有所提升的。例如，2001 年和 2003 年考察的“地球围绕太阳转”“宇宙产生于大爆炸”“吸烟会导致肺癌”等问题在 2007 年以及 2010 年的科学素养报告中并未出现，取而代之的是“乙肝病毒不会通过空气传播”“接种疫苗可以治疗多种传染病”等问题。这也从侧面反映出，我国公众对科学观点的关注点有所转移，同时理解程度有所深化。

表 4–18　我国公众对科学观点准确了解的百分比统计表

科学观点＼年份	2001 年	2003 年	2007 年	2010 年
1. 地心的温度非常高	39.0	46.6	48.6	56.4
2. 我们呼吸的氧气来源于植物	61.4	64.2	68.6	70.5
3. 激光因汇聚声波产生	15.8	18.9	20.2	23.4
4. 电子比原子小	24.2	22.7	22.3	26.5
5. 我们生活的大陆一直慢慢漂移并持续漂移	44.6	45.1	44.1	50.2
6. 含有放射性物质的牛奶经煮沸后对人体无害	28.1	32.6	35.2	44.4
7. 光速比声速快	74.4	73.1	71.5	73.4

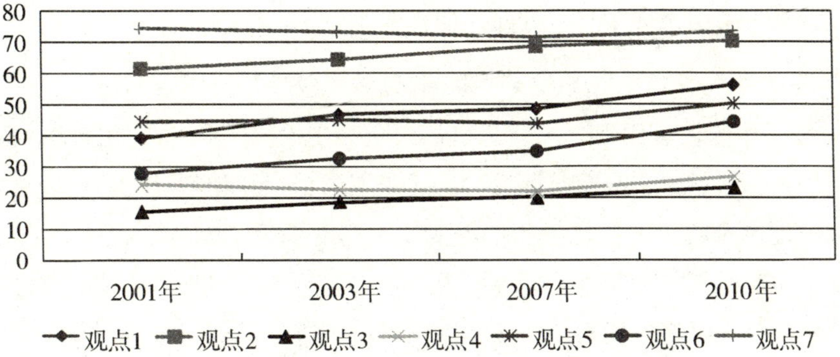

图 4-12 公众对科学观点准确了解的百分比统计图

3. 我国公众对科学方法的理解程度的变化

国际科普理论家认为，科学方法是科学素养中最重要的内容。公众对科学的理解中最重要的方面就是理解并运用科学方法解决生活和工作中的问题。对公众科学素养普查评估报告中体现科学方法的“科学研究”“对比实验”“概率”，我们进行统计研究后发现：公众对“科学研究”的准确理解并未增长，反而略有下降；对“对比实验”的准确理解趋于平缓，且在三者中公众的理解率最低；对“概率”准确理解最高且年年增长，2010 年较 2003 年增长了 7.5%。（图 4-13）但是，即使是公众准确理解程度最高的“概率”，准确率也并未达到 50%，仅是趋于半数，故不难看出，我国公众科学素养水平还有很大的提升空间，这为我

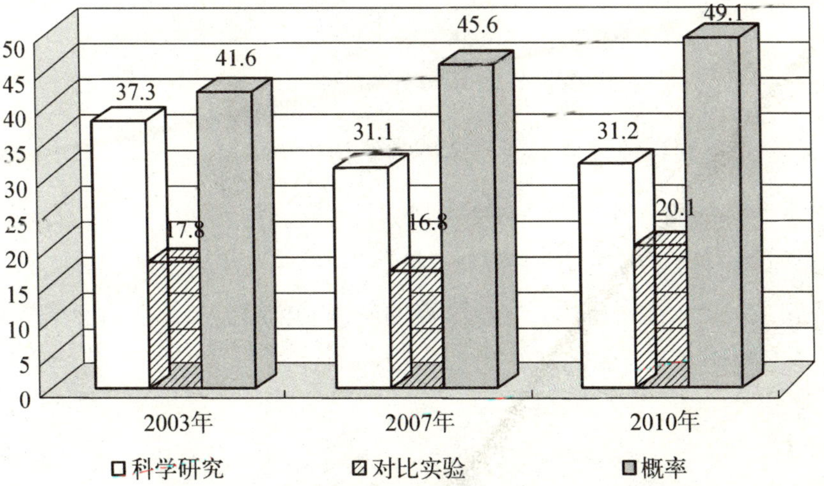

图 4-13 公众对科学方法理解准确的百分比统计图

国提高公众的科学素养指引了方向，即在普及科学方法方面仍需努力。

4. 我国公众对科学与社会之间关系的理解的变化

科普工作的重要任务之一就是增强公众抵制伪科学和迷信的能力，因此公众对迷信和伪科学是否具有分辨能力，也是衡量公众科学素养的一个重要指标。美国和欧洲国家将对占星术的相信程度作为测度是否了解科学和社会之间关系的问题，而我国则换为算命、求签、相面、星座预测、周公解梦等。如图 4-14 所示，我国公众对迷信现象的信任程度整体呈现逐年递减的趋势，且比例很低，均低于 27%，这说明我国公众在这方面的科学素养还是有明显提升的。

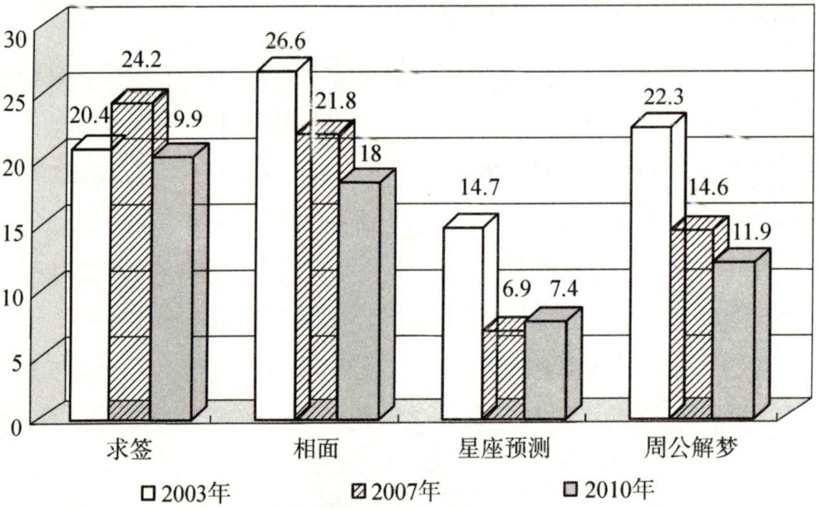

图 4-14　公众相信迷信现象的百分比统计图

（二）对不同群体公众的科学素养的纵向比较

根据我国的国情和特点，从性别特征、年龄结构、文化程度以及地区等方面来分析具备基本科学素养的公众的特征具有一定的学术价值，故我们以年为纵向研究主线，大致了解公众科学素养的整体变化趋势及存在的群体差异，希望能为今后科学普及工作的开展提供启示。

1. 性别

性别差异是群体差异的主要方面之一，将四年的数据进行比较，不难发现：整体来说，具备科学素养的公众比例在逐年上升，如 2010 年相比 2001 年整体增长了 3.6%（其中女性比例增长了 1.6%，男性比例增长了 2%）。同时我们可以看出，从每年的科学普查来看，具备科学素养的男性的比例要高于女性。（见图 4-15）

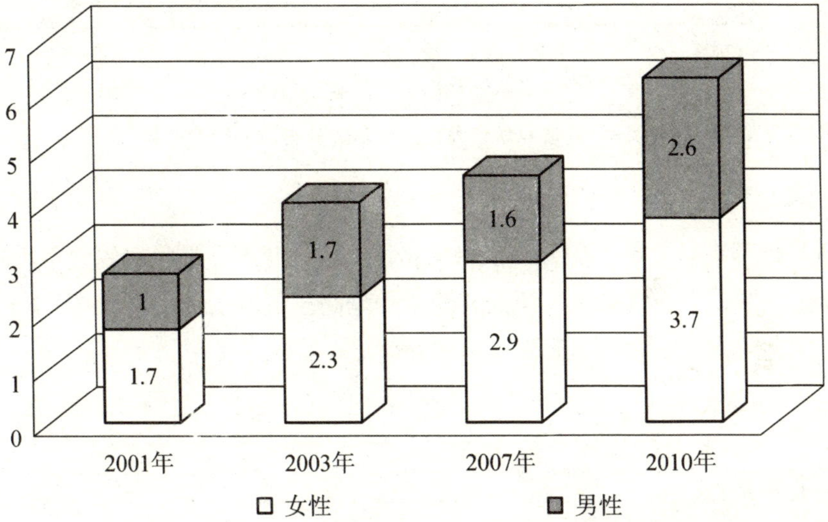

图 4-15 具备科学素养的公众性别比例柱状统计图

2. 年龄结构

总体来说，我国具备基本科学素养的公众比例逐年上升。2010 年与 2001 年相比，具备基本科学素养的 18 ～ 29 岁的公众比例增长了 2.4%，具备基本科学素养的 30 ～ 39 岁的公众比例增长了 2.9%，具备基本科学素养的 40 ～ 49 岁的公众比例增长了 2%，具备基本科学素养的 50 ～ 59 岁的公众比例增长了 0.8%，具备基本科学素养的 60 ～ 69 岁的公众比例增长了 0.8%。同时，不难发现，我国具备基本科学素养的公众具有年轻化的特征：每年的科普评估数据均显示出年轻群体的优势。（见图 4-16）

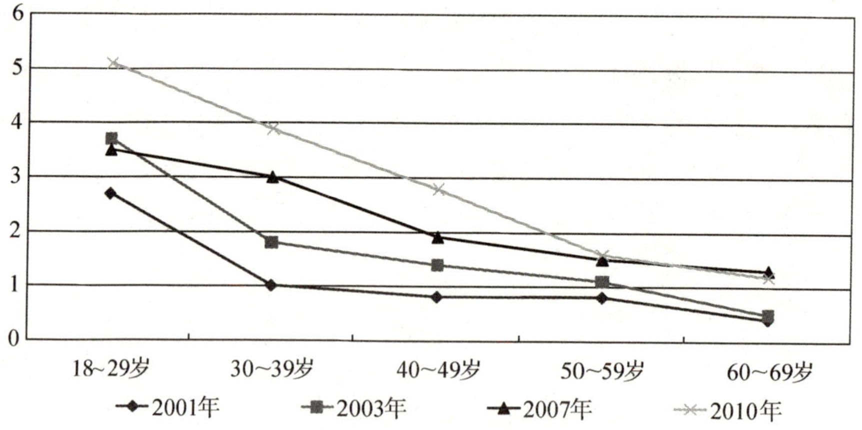

图 4-16　具备科学素养的公众年龄分布百分比曲线图

3. 文化程度

将具备基本科学素养的公众按照文化程度划分并进行逐年比较，不难发现：逐年相比的情况下，高学历人群的科学素养均高于低学历人群。（见图 4-17）这个结果在某种程度上表明了教育与科学素养存在某种相关性。

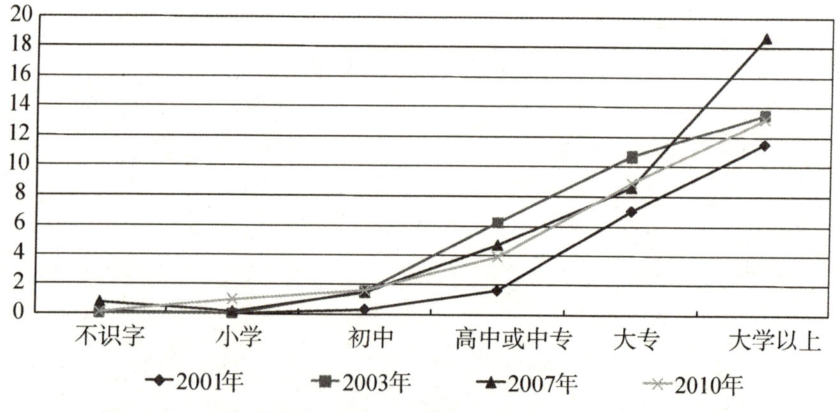

图 4-17　具备科学素养的公众的文化程度百分比逐年变化图

4. 地区

按照地区考察公众的科学素养，旨在进一步了解经济等因素对公众科学素养的影响情况。对地区的具体划分为：东部地区包括北京、天津、上海、辽宁、山东、江苏、浙江、福建和广东共 9 个省、直辖市；中部地区包括黑龙江、吉林、河北、河南、山西、安徽、江西、湖北、湖南、海南和广西共 11 个省、自治区；

西部地区包括内蒙古、新疆、宁夏、甘肃、青海、西藏、云南、贵州、陕西、四川和重庆共 11 个省、自治区和直辖市。将每年数据按照东部地区、中部地区和西部地区分类，分析具备基本科学素养的公众的地区分布。结果显示，具备基本科学素养的公众超过半数分布于东部地区，中部地区次之，西部地区比例最低，这说明，公众基本科学素养的水平与地区的经济发展相关。（见图 4-18）

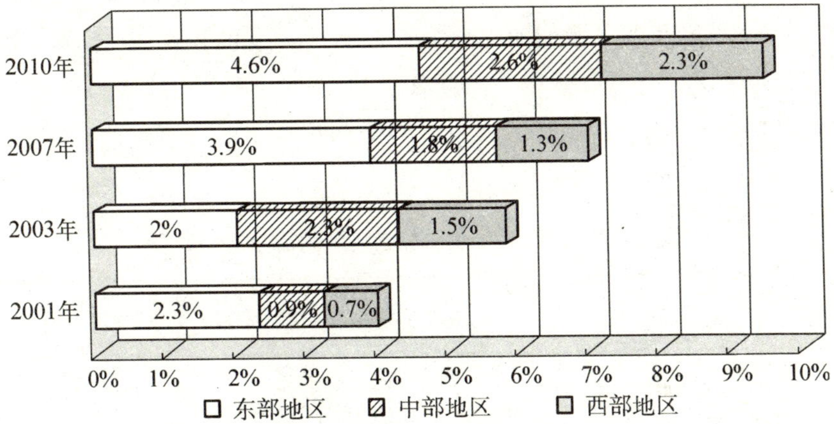

图 4-18　具备科学素养的公众按地区逐年分布图

（三）我国公众获取科技信息的渠道的变化

了解我国公众获取科技信息的渠道，有利于科普工作的有效开展，故我们将四年的调查数据进行比较，发现：除接受正规教育外，电视和报刊是我国公众获取科技信息的主要渠道。同时，公众从同事、亲友处获取信息的比例是逐年提高的，这说明公众已经将一部分科技内容融入了日常生活中，平时也关注

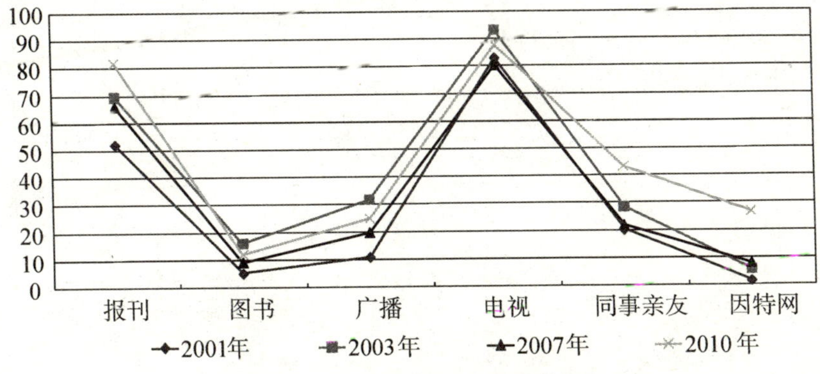

图 4-19　公众获取科技信息渠道图

科学问题。（见图 4-19）

（四）我国公众对科技信息感兴趣程度的变化

首先，我们将四年科学素养评测中有关公众对科技信息感兴趣程度的题目中共有的一部分提取出来，用以分析每年的情况。就四年中的公共观点而言，公众的整体兴趣点集中在文化与教育方面。（见表 4-20、图 4-20）一些年份中出现的新的关注点引起了我们的注意，如 2003 年特有的“致富”问题，2007 年和 2010 年特有的“体育和娱乐”问题以及 2010 年独有的“能源与可持续发展”问题，均具有鲜明的时代色彩，这也说明了公众的经济水平与科学技术的发展影响公众对科技信息的关注程度。

表 4-19　公众对科技信息感兴趣的百分比统计表

信息种类＼年份	2001 年	2003 年	2007 年	2010 年
1. 科学新发现	36.83	56.8	51.8	70
2. 新技术应用	30.08	55.6	44.5	68.2
3. 医学新进展	26.62	48.6	51.2	70
4. 文化与教育	24.67	69	57.8	79.4
5. 农业问题	38.30	54	55.8	70
6. 国际与外交政策	25.43	28.9	24.9	50
7. 经济与商业状况	17.13	55.6	51.2	76.2

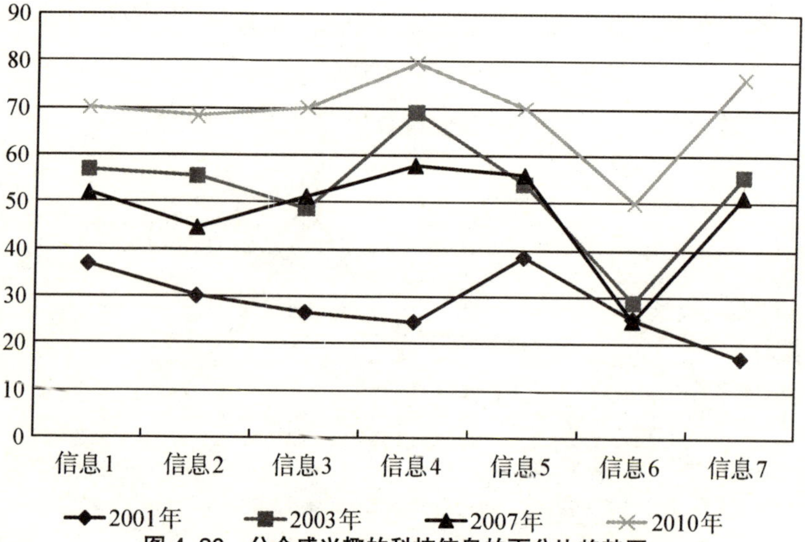

图 4-20　公众感兴趣的科技信息的百分比趋势图

（五）我国公众对科学技术事业认识的变化

1. 公众对科学技术事业看法的变化

公众对科学技术事业的看法表明了他们的科学意识和责任感，当前我国强调科学技术发展的“以人为本”，越来越重视人类与自然的协调发展。通过对比四年的数据，不难发现：教师、科学家、医生对科学技术事业的认识水平最高，但其中也存在差异，比如，教师的认识趋势走高，相比之下，科学家的认识则有所下降。（见图 4–21）

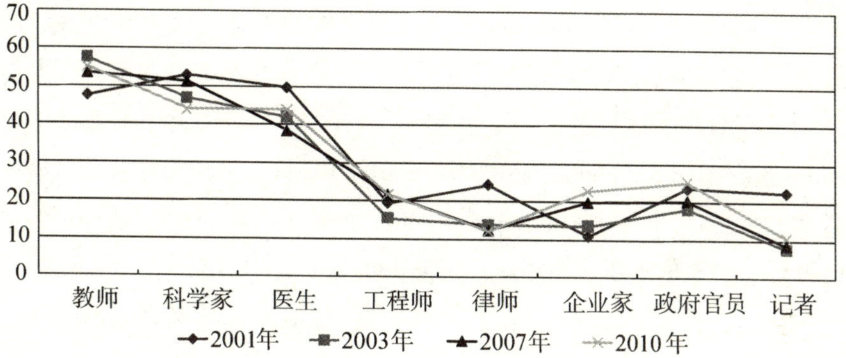

图 4–21　公众对科学技术事业看法的百分比变化图

2. 公众对科学技术事业期望的变化

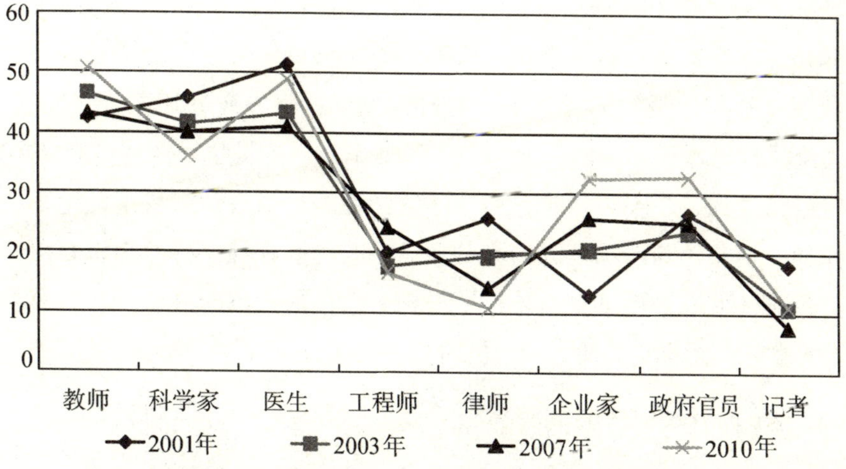

图 4–22　公众对科学技术事业期望的百分比变化图

通过分析公众对科学技术事业期望的变化，不难发现，教师和医生这两个职业的期望最高，其次是科学家，这也与公众对科学技术事业的看法密不可分。同时，值得关注的是 2010 年的评测中，企业家和政府官员出现了小波峰，虽不及教师、医生以及科学家的期望高，但是也呈现出一种上升趋势，这从侧面反映出公众对科学技术事业的看法和期望正随着社会的进步以及科学技术的发展在改变。（见图 4-22）

三、科学本质的范畴和内涵

科学本质（The Nature of Science）探讨的是科学本体论的问题,它要回答“科学是什么”，它是所有科学研究者以及科学教育者和学习者在接触科学时首先要面对的问题。对科学本质的研究起源很早。1907 年，美国科学与数学教师学会（Central Association of Science and Mathematics Teachers）认为在科学教育中，应强调科学方法及过程；1916 年，教育学者杜威提倡“做中学”，认为了解科学方法比获得科学知识更重要；1964 年，施瓦布提出“应将科学本质列入科学教育”。纵观欧美理科教育对科学本质观的研究历程，以下 5 种观点对中小学科学教育的影响深远。

（一）罗宾和安德森的科学知识本质模式

罗宾和安德森（Rubba & Andersen）在实证研究的基础上，于 1978 年提出了科学知识本质模式，以 6 个概念表示科学本质的特征：①非道德性，科学知识的应用可被判定是好的或坏的，而科学知识本身没有好坏之分；②创造性，科学理论就像艺术作品一样是人们的一种创作；③发展性，科学知识并非真理，是可以被修改的，甚至可以被推翻；④简约性，如果有两个科学理论都能较好地解释某一现象，则选择较为简易的理论；⑤可验证性，科学知识必须建立在证据上，而且可以一再重复地验证；⑥同一性，各领域的科学学科构成整个科学知识的整体，而且它可使人们了解自然界的运行及规律。

（二）美国科学促进会的阐述

美国科学促进会（AAAS，1989）将科学本质分为 3 个方面：①科学世界观（Scientific world view）：自然界是可以被认识的，科学知识是可以改变的，科学知识并非很容易就可推翻，科学并非能解决所有问题；②科学探究（Scientific inquiry）：科学需要证据，科学是逻辑和想象的结合体，科学具有解释和预测的功能，科学家努力验证理论并尽量避免误差，科学并不具有永久的权威性；③科学事业（Scientific enterprise）：科学是一项复杂的社会性活动，科学被组织成系统的学科知识并在公共机构中传播，科学必须考虑伦理的原则，科学家以专家和公民的双重身份参与公众事务。

（三）美国《国家科学教育标准》的规定

继 AAAS 之后，美国《国家科学教育标准》（1996）也从 3 个方面阐述了科学的本质：①科学家通过观察、实验、理论模型来构建和检验对自然的解释；②在活跃的研究领域，由于缺乏理论导致不同的解释是正常现象；③评价科学实验、科学观察、理论模型和科学家的解释是科学探究的一部分。同时，它还从科学史的角度对科学本质进行了进一步的阐释，如各种文化和社会都对科学知识的发展作出了贡献，科学知识随时间推移而发生变化，并建立在已有知识的基础上等。

（四）莱德曼教授的科学认识论观点

美国研究科学本质的资深专家莱德曼（Lederman，1992）认为科学的本质是科学认识论，科学是一种获得知识的途径或与科学知识的发展相一致的价值观和信念：①科学知识是暂定性的（会改变，但是在一定时间内会处于稳定的状态）；②科学知识是以经验为基础的（基于对自然世界的观察）；③科学知识在一定程度上具有创造性和主观性；④科学知识与社会和文化有关；⑤科学理论的建构（从观察到推论的过程）；⑥科学理论和定律的功能以及它们之间的关系。

（五）国际科学教育标准的考察

麦克马斯、科龙和艾玛泽拉（McComas，Clough & Almazroa，1998）分析了美国、澳大利亚、英国、新西兰、加拿大 5 个国家的 8 份科学教育标准文件后，作了如下归纳：科学本质是对科学的一种描述，它建立在从哲学、历史学、社会学、心理学四个角度对科学的审视的交集上：①科学知识兼具持久性和暂定性；②科学知识依赖于观察、实验证据、合理的争论及怀疑态度，但不限于此；

③不存在一种普适的按部就班的科学方法；④科学是解释自然现象的一种尝试；⑤定律和理论在科学中扮演不同的角色，学生应该意识到再多的证据也不能使原理变成定律；⑥来自各个文化的人都对科学有贡献；⑦新的科学知识必须被清晰和公开地报道；⑧科学家要保存精确的记录，供同行评议和重复实验；⑨观察中承载理论；⑩科学家是有创造力的。除了以上10个方面外，还有4个方面的内容：①科学史既表现出演进特征，也表现出革命性；②科学是社会及文化传统的一部分；③科学和技术相互影响；④科学思想受社会和历史背景的影响。

尽管对科学本质有各种不同的界定，但它通常是指科学知识的本质和促进科学知识发展的内在价值观和假设。欧美的科学哲学家、科学史学家、科学家和科学教育者对科学本质的内涵仍存在一些争议，但也有共同的看法。莱德曼认为中小学阶段应该教授一些没有争议的科学本质特性，例如暂时性（易变性），经验性（基于或来自于对自然界的观察和实验），主观性（负载理论），与想象力和创造性有关的知识，与社会和文化有关的知识，还有观察与推论的区别、科学理论和科学定律的功能及相互关系等。

关于科学本质的问题是一个国际性课题，很多国家都对此进行了深入研究。从20世纪60年代开始，美国、英国、加拿大、澳大利亚等国的教育学者对学生和教师的科学本质观作了很多研究，研究内容主要包括4个部分：①对学生的科学本质观进行调查并对结果进行评价；②设计课程以提高学生对科学本质的理解；③对教师的科学本质观进行调查并设法提高教师对科学本质的认识；④对教师的科学本质观、教学策略、学生的科学本质观之间的联系进行研究。

国际上关于科学本质的实证研究一直围绕着教师的观念和教学策略对学生的科学本质观的影响，以及如何通过具体教学策略来提高学生对科学本质的认识，目前，研究焦点主要在于在探究教学中如何进行科学本质教育。我国有关科学本质的研究还处于起步阶段，需要在了解欧美相关研究的基础上，系统地开展我国的科学本质的实践研究，关注师生对科学本质的认识以及教师的信念、知识和对科学本质的认识与他们的教学活动的关系，如此，才能更好地进行科学探究的教与学的研究和实践。

第四节 《中小学科学探究学习实施指南》关于科学探究学习的观点

当代科学教育的理论与实践表明，科学探究学习是科学教育所应秉承的基本理念和学习方式。它不是让学生单纯地接受科学结论，而是让学生在经历科学探究的过程中理解科学知识，学习科学方法，发展科学思维，培养科学精神。《中小学科学探究学习实施指南》（以下简称《指南》）是在科技部条财司、21世纪议程管理中心和教育部科技司、基础教育二司的指导下，由教育部基础教育课程教材发展中心组织完成的“《中小学科学探究学习实施指南》研制与实验”项目的研究成果之一，作者包括多位国内著名学者和教育部基础教育课程教材发展中心的领导及老师。《指南》对科学探究学习的相关问题进行了深入阐释和研究，本节选取了《指南》的主体内容来进一步从理论上介绍科学探究学习。

一、科学探究学习的涵义与目标

作为一种教与学的方式和指导思想，探究学习在世界范围内经历了近百年的理论和实践探索，并逐渐成为各国开展中小学科学教育的基本方式。科学探究学习不再仅仅局限于物理、化学、生物、地理等传统学科领域，也在向技术和社会等综合领域扩展；科学探究学习不再仅仅指向科技精英人才的培养，也指向引导青少年学生理解科学，提高科学素养。

（一）科学探究学习的涵义

1. 科学探究学习的内涵

科学探究学习是指学生在教师的指导下，围绕某一科学问题，根据已有的知识、技能和经验，运用科学方法体验研究过程，尝试解决科学问题的学习活动。在传统的科学教育中，“科学即客观真理”的观念使得人们认为科学探究是一个验证知识的过程，教学实验活动往往成为对既定知识的验证活动。科学研究和教育实践的发展表明，科学需要建筑在证据和理性思维的基础之上，科学探究的基本动力来自人的求知欲和好奇心。科学探究学习可以激发学生的学习兴趣，引导学生建构科学知识体系，在学习和体验的过程中培养学生的创新精神和实践能力。

科学探究学习的主要特征是：

（1）基于问题。科学探究学习关注问题情境的创设，科学问题是开展科学探究学习的前提和出发点，提出具有探究价值和科学意义的问题是科学探究学习的关键，没有问题就没有真正意义上的探究。

（2）自主探究。探究学习是在教师的指导下，以学生为主体的学习活动。教师主要发挥引导、组织和指导的作用，学生的自主活动贯穿探究学习的全过程。

（3）科学思维。科学探究活动依赖于科学的思维方式和研究方法，培养学生的良好的思维品质是科学探究学习的重要任务。

（4）体验过程。科学探究学习要让学生经历思维活动或实践活动，获得切身感受，加深对科学知识的理解，提高学习兴趣，养成科学精神，发展科学探究能力。

2. 科学探究学习与科学研究

科学探究学习与科学家的科学研究原则上是一致的，它们的过程基本相同，都是在实证的基础上形成结论，都经历从发现问题到解决问题的基本过程。但它们也有区别：科学研究的主体是科学工作者，而科学探究学习的主体是身心正处于发展变化中的学生；科学研究的对象是未知的自然事物和现象，科学探究学习的对象对于学生来说是未知的，对于人类而言通常是已知的；科学研究的目的是解决科学问题，科学探究学习的目的是促进学生的发展。

（二）科学探究学习的目标

1. 建立和深化科学概念，学会应用科学知识

通过探究学习活动，帮助学生运用科学方法和已有的知识去构建或深入理解科学概念，进而应用科学概念去分析、判断、解决学习和生活中的问题，这既是科学探究学习的重要过程，也是科学素养的重要内容。

2. 发展科学技能，掌握科学方法

培养学生的观察能力、实验技能，以及运用数学工具处理数据、分析数据的能力，让学生经历科学探究的基本过程，学会并掌握科学探究的方法，运用这些方法获得知识并进行创新，发展用科学语言与他人交流和沟通的能力。

3. 形成科学态度，培养科学精神

引导学生尊重事实，尊重证据，敢于依据客观事实提出自己的见解，善于听取与采纳不同的意见；让学生对自然现象保持较强的好奇心和求知欲，与自然和谐相处；让学生逐步养成善于与人交流、分享与协作的习惯；增强学生的社会责任感，让他们树立科学、技术与社会协调发展的意识。

二、中小学科学探究学习的基本要素

科学探究学习的方式是多种多样的，在科学学习、研究性学习、综合实践活动及校外活动中皆可渗入这种学习方式。科学探究学习主要含有“问题”“证据”及“解释”等核心要素，为了便于教学，人们常将其细化为若干具体环节或要素。由于分类程度不同，对科学探究要素的划分也略有不同，《指南》根据义务教育和普通高中相关学科的课程标准，将科学探究细化为以下基本要素：提出问题，猜想假设，制订计划，收集证据，分析论证，反思评估及表达交流。

在组织开展探究学习活动的过程中，教师应依据课程目标，分析教学对象、教学条件等具体情况，灵活地进行探究活动，并非每次探究学习都强调所有探究要素，也并非一定要按照以下顺序进行学习。下面分别就各要素对应的能力要求及相关教学策略提出建议。

（一）提出问题

科学探究源于人类的好奇、疑惑与兴趣，在组织探究学习时，探究活动应围绕一定的问题展开。教学中关注“提出问题”要素的落实，有助于激发学生的好奇心、求知欲，有助于培养学生的问题意识、质疑精神及提问能力等。

1. 能力要求

要求学生善于观察、积极思考，能从日常生活、自然现象或实验中发现与科学有关的问题，能以书面或口头等形式表述这些问题。

2. 教学建议

在组织开展探究学习的过程中，提出问题是探究的前提。学生提出问题的意识、水平和深度是可以逐步培养的。在科学探究教学的初期，教师可以从自己的经历出发，以自己对某一现象的观察和思考为示范，让学生学习如何发现问题和提出问题等；当学生有一定基础后，教师可引导学生或让学生独立发现问题并提出问题。在具体操作中，可安排学生发散性地提出问题，教师通过引导或组织讨论，逐步将问题聚焦到多数学生感兴趣的、有探究条件和探究价值的问题上。

通常，随意提出问题是容易的，但要提出一个有探究价值的问题却不容易。开始时，学生可能不明白什么问题才是值得探究的，他们很有兴趣地提出问题，但对这些问题没有进行认真思考，有些问题过于简单，有些问题离题太远，有些问题则无法探究。教师应清楚什么才是值得探究的问题，注意分析学生所提问题的内涵并加以引导，将其逐步转变为有探究意义的科学问题。在引导和转化的过程中，教师还应循循善诱，尽量保护学生对科学探究的好奇心，注意激发他们对探究的兴趣。

（二）猜想假设

在科学探究学习中，应启发学生根据已有经验和知识对如何解决问题提出猜想假设。在解决问题时，猜想假设为收集、分析和解释信息提供了框架，也为制订探究计划或设计实验方案提供了参考。猜想假设能帮助学生进一步明确要探究的问题，激发其想象力，提升其逻辑推理能力及创新思维能力。

1. 能力要求

要求学生能根据已有经验、已知信息和已学知识对所提问题的成因提出猜想，对探究的方向、解决问题的方式和可能出现的结果进行有根据的推测与假设。

2. 教学建议

猜想假设是科学探究学习的重要部分。在探究教学初期，教师可示范性地对一些探究问题的解决提出猜想假设，并说明理由，引导学生学习如何进行猜想假设，待学生有一定基础后，可让其根据已有知识和经验独立地提出猜想假设。在教学中，可向学生提出一些具体要求，如猜想什么，怎样猜想，为何这样猜想等，可让他们用“如果……又会怎样？”的模式来提出猜想假设。对于学生提出的猜想假设，应给予适当的比较和引导，分析其是否有根据，是否符合逻辑，是否对问题的解决有帮助等，以便其明白什么才是合理的猜想假设。

随意提出猜想假设是容易的，要使猜想假设有据、合理、符合逻辑就不容易了。教师应清楚什么才是合理的猜想假设，注意引导学生逐步从胡乱猜想假设向合理猜想假设发展，对于学生提出的不正确或低质量的猜想假设，教师应给予恰当的分析及引导，对于学生富有创意、见解独到、超越教学计划的猜想假设，教师应积极鼓励、回应，而不是轻描淡写地敷衍，或者强行要求一致。

（三）制订计划

在探究过程中，对猜想与假设必须进一步加以证实，为此，应梳理探究思路，精心设计可行、可靠的实验方案，制订清晰、可操作的研究计划，从而保证探究过程顺利进行。这有利于培养学生严谨的科学思维品质，提升其规划设计的能力。

1. 能力要求

要求学生能明确探究任务和所需条件，会制订探究方案，会选择探究方法及所需的仪器与设备，能考虑影响探究结果的主要因素，会运用控制变量的方法。

2. 教学建议

通常，制订探究计划是从操作的角度把猜想假设进一步具体化。教师要引导学生在明确探究任务的基础上制订探究计划；注意引导学生对计划的科学性、可行性、逻辑性进行分析，并对探究计划提出修改建议；注意指导学生考虑自变量对因变量的影响，以及如何进行变量控制等;注意让学生学习选择实验仪器，选用恰当的研究方法，考虑可能遇到的问题及相关对策等；注意引导学生分析活动中可能存在的安全隐患并提出解决措施。

探究计划会涉及一系列操作步骤，每个操作步骤都有一定的意义。教师在教学过程中不仅要让学生提出操作步骤，还应让学生清楚每个操作步骤的意义，不能将制订计划形式化、表面化。

（四）收集证据

为了验证猜想假设是否合理，需要通过一定的途径寻找证据。这些证据来自观察、调查、实验或其他途径，并且应是科学的、客观的。学习收集证据，有利于培养学生求真务实、独立思考的科学态度和科学精神。

1. 能力要求

要求学生能通过科学实验等收集证据，会使用基本的实验仪器，能进行基本的实验操作，能进行调查研究、正确测量、如实记录数据等，知道重复并客观地收集实验数据的意义，具有安全操作的意识。

2. 教学建议

收集证据有多种方式，如调查、访谈、参观、查询资料和进行实验等。在进行实验时，应让学生明确实验目的，知道实验的意义和用途，了解实验仪器的操作规范及实验条件等。在实验中，学生常常不经意或者有意识地修改数据，对此，教师应给予引导与教育，让他们清楚只有客观如实地记录数据，才能得到可信的结果，才能发现实验现象与理想结果之间发生偏差的原因，才是实事求是的科学态度。另外,还应让学生明白重复收集实验数据的意义。当班级太大、课时有限时，可采用分组的方式进行学生实验，以便大家共享数据。另外，还应注意培养学生从其他信息资源中收集证据的能力，如从图书、报刊等文献中查找信息，利用网络扩大收集数据信息的范围等。

在教学中，应注意让学生理解每个操作的意义，而不能让他们仅按教师开出的“菜单”机械操作。在学生收集证据的实际操作过程中，可能出现这样或那样的问题，这是正常现象，它们可以成为有效的课程资源，因此，在实验教学过程中，不能用包办代替的方法来避免学生出错，要注意让学生在做中学，在错中学。

（五）分析论证

在收集了大量证据后，必须对相关信息进行加工整理，对事实与证据进行分析归纳，用科学的方法进行概括总结，最后形成探究结论。这样的学习有利于培养学生处理数据和分析概括的能力。

1. 能力要求

要求学生能对数据进行分析处理，知道描述数据的手段和方法，能比较并筛选所获得的相关信息资源，能分析数据的变化趋势，能从中找出探究结果并与科学知识建立联系，尝试作出合理的解释。

2. 教学建议

在教学中，要注意培养学生分析数据、处理数据并得出结论的基本能力，引导学生对收集的证据进行比较、分析与概括，由此得出合理的结论。在处理数据的过程中，要注意让学生利用表格、示意图、流程图或关系曲线等整理数据、描述数据，要引导学生客观、准确和简要地描述结果，探索实验结果与科学规律的联系，注意不能牵强附会或主观武断地得出结论，如果探究结果只是在某种条件下得出的，那么还要客观地指明得出这一结果的条件。

在引导学生进行分析论证的过程中，既要注意培养学生的分析概括能力，也要注意培养学生的发散思维能力，不要轻易否定学生对数据的分析与推理，也不要随便鼓励学生轻率地得出结论，应指出他们这样做的问题所在。

（六）反思评估

在科学探究中要不断反思、评价探究过程中所提出的问题、作出的猜想和假设、设计的方案和计划、所做的实验、收集的证据、得出的结论等，在此基础上对相关内容作进一步修订，这有助于培养学生的反思评估能力。

1. 能力要求

要求学生具有反思评估探究过程和探究结果的意识，注意实验结果与猜想假设间的差异，分析实验结果与预想结果不一致的原因，注意探究活动中未解决的矛盾，发现新的问题，吸取经验教训，改进探究方案。

2. 教学建议

在反思评估中，应让学生认识到若结果与假设吻合，则假设被证实，若结果与假设冲突，则假设未被证实，在经过分析论证形成探究结论后，还需要进一步对结果与假设之间的差异进行反思评估。另外，还应注意让学生反思评估已采用的实验方法、器材、步骤和数据处理方法等，如探究方法是否科学，概念是否清楚，选择的实验器材是否合理，是否真的控制了变量，是否注意了个别异常数据，数据是否能支持所得出的结论，如何对探究方案与测量方法进行改进等。

在反思评估的过程中，要注意培养学生的质疑精神，通过重新审视所获信息的科学性、探究过程的严密性、收集数据的可靠性，培养其反思评估的能力及严谨的科学态度。在此过程中，教师应注意不要让反思评估流于形式，要总结并表扬学生在探究过程中的良好表现及创新意识等。

（七）表达交流

表达交流不仅体现在探究结束后的成果展示，也贯穿于整个科学探究的过程。通过交流不但能梳理思路、相互启发，有时还会引发新的问题，为进一步探究提供新的线索。注重表达交流，有助于加强学生对有关科学内容的理解，增强学生的团队意识以及勇于质疑、敢于发表见解的科学精神。

1. 能力要求

要求学生有主动表达自己观点的意识，敢于发表自己的观点，能用语言、文字、图表、幻灯片或模型等准确表述研究过程和结果，善于倾听不同意见，有合作意识、团队精神。

2. 教学建议

在探究活动中，选择不同的形式将探究结果呈现出来，可以是口头表述，也可是实验报告或科学论文；要注意引导学生相互交流、相互评议，让学生有机会陈述或评价探究结果，在表达交流中，应让学生做到思路清晰、用词准确、逻辑严密。

在表达交流的过程中，要注意让尽可能多的学生得到平等交流的机会，既不能总让少数学生主导表达交流，或者由教师包办代替，也不能看似大家讨论，其实是表面热闹不着要领。

三、科学探究学习的实施原则、途径及策略

（一）科学探究学习的实施原则

1. 面向全体学生，促进学生潜能的发展

科学探究学习必须面向全体学生，适应学生个性发展的需要，体现科学教育的基础性、普及性和发展性。科学探究学习不仅仅是让学生掌握更多的科学知识和技能，还在于促进学生潜能的开发和科学素养的提升。

2. 立足学生经验，激发学生的学习兴趣

科学探究学习要贴近学生生活，结合其认知特点和已有经验，从日常生活中发现探究主题，引导学生在熟悉的生活情景和社会实践中感受科学的意义。科学探究学习要避免机械灌输和死记硬背，保护学生学习科学的兴趣，激发其与生俱来的好奇心和探究欲望。

3. 加强学科整合，使学生获得对世界的整体认识

科学探究学习要关注不同学科知识间的联系、交叉与渗透，以及研究方法的借鉴与移植，让学生了解自然界事物之间的联系。在解决问题的过程中，让学生通过对多学科知识的综合运用，树立整体的科学观。要鼓励学生关心科学技术的新进展，关注科技发展给社会进步带来的影响，逐步树立科学的世界观。

4. 注重体验过程，培养学生的创新精神

科学探究学习要充分关注探究和实践过程本身对学生发展的价值，引导学生参与探究活动的全过程，为学生提供宽松的学习氛围和自由探究的心理环境。要有意识地培养学生的创新精神，为学生提供技术方法和规范方面的指导，让学生在自由探索中体验创新的乐趣。

（二）科学探究学习的实施途径

1. 学科教学是实施科学探究学习的主要途径

学科教学是实施科学探究学习的主要途径，2001 年教育部颁布的数学、科学（或物理、化学、生物）、地理、技术等的课程标准明确指出，科学学习要以探究为核心，探究既是科学学习的目标，又是科学学习的方式。亲身经历以探

究为主的学习活动，是学生学习科学的主要途径。随着我国新一轮基础教育课程改革的不断深化，在学科教学中实施科学探究学习已成为广大教师普遍接受的教学理念和教学方式。

在学科教学中实施科学探究学习，要求教师给学生提供充分的科学探究的机会，让他们根据学科的特点，像科学家那样从自然、社会和生活等开放的学习环境中选择自己感兴趣的科学问题展开探究，并综合运用科学知识、科学思想方法，提出解决问题的方案，进而通过科学实验或观察获取证据，使问题得到解决，在解决问题的过程中体验学习科学的乐趣，获得科学知识，提高科学探究的能力，形成尊重事实、善于质疑的科学态度。

2. 通过研究性学习课程进行科学探究学习

研究性学习课程要求学生在教师的指导下从自然、社会和生活中选择和确定问题进行研究，并在研究过程中主动地获取知识、应用知识并解决问题。它能够改变单纯的接受式学习，构建开放的学习环境，使学生有机会将科学知识综合应用于具体的实践情境。在实施科学探究学习时，中小学校可以充分利用这种课程形式，以研究性学习课程作为载体，推进科学探究学习的实施。

研究性学习课程在我国中小学课程中占有一定的课时比例，在开展科学探究学习时可以灵活运用这部分课时。根据具体的学习任务，可以集中使用该部分课时，也可以分散使用。研究性学习课程体现为一系列活动，主要包括探究活动、交流活动和表达活动，科学探究学习的开展也包括这类活动。在研究性学习课程中开展科学探究学习，关键在于围绕科学问题设计研究方案，让学生根据方案开展探究活动。

3. 利用课外实践活动开展科学探究学习

课外实践活动是科学探究学习的一种基本形态。这种科学探究学习具有更强的实践性、开放性和综合性，有助于学生围绕现实情境中的各种问题展开探究，识别现实问题的症结所在，探求问题的现实意义，寻求问题的解决方法，加深对自然、社会和科学的整体认识，实现知识与技能的整合、拓展和深化。

实施课外科学探究学习，要有资源意识和环境意识，要对社区资源进行开发，将之转化为课程和教学资源，实现课内外的衔接与融通，要从研究和解决问题出发，着重提高学生综合运用所学知识解决实际问题的能力，使学生真正改变自己的学习方式，广泛地接触和投入社会，获得课堂中无法获得的知识、情感和体验，促进个性及社会性的发展。

（三）科学探究学习的实施策略

1. 充分发挥学生的主体作用

学生是探究的主体，组织开展科学探究学习要以学生为中心，充分调动学生的积极性和主动性。科学探究学习是让学生在"做"的过程中学习科学知识，体验科学过程，掌握科学方法，形成科学态度和精神，理解科学与社会的关系。

要发挥学生的主体作用，必须明确教师的作用。在科学探究学习中，教师的作用不再是讲授"科学事实"，而是引导、示范和推动学生去提出问题和解决问题，并在解决问题的过程中建立和运用科学概念。教师要给学生提供充分的学习和探究空间，鼓励学生充分发挥自主性和创造性。教师要转变自己的角色，从教学的中心、权威变成学生进行探究学习的指导者和支持者，为学生创造信息丰富、有助于思考和探索的学习环境。

2. 引导学生综合运用多学科知识解决现实中的问题

在现实的生产生活和科学研究中遇到的问题大部分是涉及多个学科领域的综合性问题，仅从某一学科的角度来考虑解决问题的方法是不全面的，不利于学生的创新精神和实践能力的培养。

科学探究学习要鼓励学生在已有经验的基础上，全方位、多角度地思考所遇到的问题，进而综合运用自然科学以及人文社会科学领域的知识，分析影响问题解决的多种因素，提出解决问题的恰当方案，使问题得到较为圆满的解决。

3. 引导学生开展合作学习

如今的科学研究往往是系统工程，需要很多部门和众多人员的参与和配合，每一个人都必须具有强烈的团队意识、合作精神以及良好的沟通能力，并能正确处理利益、荣誉等问题。

合作学习要求每一个学生都有明确的分工和责任，相互支持、配合、监督和评估，并在沟通的基础上达成共识。由于学生的知识背景和思考问题的方式不同，以致对同一问题的认识角度和认识水平存在差异，因此合作学习能够起到加强交流和共同提高的作用。要引导学生根据探究学习的具体情况，逐步认识到合作与交流的作用，进而通过合作学习使学生在知识与技能、过程与方法、情感态度和价值观方面得到有益的发展。

4. 重视科学技术史在科学探究学习中的作用

科学技术史可以提供重要的科学事实、概念、原理、方法以及技术发明的历史背景，有助于学生开动思维，加深对所学科学知识的理解，进而形成正确的科学观。科学技术史有助于学生乐观地看待学习过程中的困难，增强信心、勇气，发扬不屈不挠的精神。科学技术史中也充满了道德与伦理规范、社会责任、继承与发扬、成果共享和荣誉分配等现实问题，这有助于学生树立正确的人生观，提高科学素养。

在开展科学探究学习的过程中，可以把科学技术史有机地融入科学探究的教学中，如将有关科学技术史的资料作为学生的拓展性阅读材料或活动素材，发动学生对与教学内容相关的历史人物及发现、发明作调研，用报告的形式作介绍，以锻炼他们的总结能力与表达能力。但是也要注意一些问题，如要避免过分渲染科学故事、过分强调科学发展的偶然性，要合理分配学习科学技术史的时间等。

5. 重视对科学探究学习的过程性评价

开展科学探究学习是为了提高学生的综合科学素养，而不仅仅是让他们掌握科学知识。为了促进学生科学探究能力的发展、科学素养的提高，在科学探究学习的评价中不应单纯使用终结性评价，不应仅仅关注探究活动的结果，更要关注学生在每个环节的表现；不仅要对学生的探究结果进行评价，还要对学生是如何得到这些结果的，以及学生在探究经历中的具体表现给出恰当的评价。

6. 充分利用信息技术开展科学探究学习

信息技术为实施科学探究学习提供了丰富的资源和教学平台。一方面，借助信息技术所提供的丰富资源，学生可以迅速获得许多相关信息，从而为开展科学探究学习奠定坚实的基础；另一方面，信息技术支撑的网络教学平台具有资源共享、自主探究与合作学习相结合、评价和反馈及时、互动和信息交流便利等特点，这为实施科学探究学习提供了新的模式。

为帮助和促进教师利用信息技术开展科学探究学习，各地教研部门应组织区域内的学校协同建设科学探究学习的网络平台，共同开发科学探究学习的网络资源，并对利用信息技术进行教学活动提出具体要求，全面提升教师在信息技术环境下实施科学探究学习的能力。

（四）实施科学探究学习应注意的问题

当前，在科学探究学习的认识和实践上存在着一些偏差和误区，主要表现为：

1. 不能恰当处理发挥学生主体性与教师指导作用的关系

实施科学探究学习应充分体现学生的自主性，同时也要发挥教师的指导作用。然而，在实际教学中，有时把学生自主探究的课堂变成了放任自流的课堂，弱化了教师的指导作用，有时又不重视学生主体性的发挥，对学生的探究活动干预过多甚至包办代替，这反映了教学活动没有处理好学生主体性与教师指导作用的关系。学生的科学探究是在教师指导下的自主探究，因此，教师应在提高指导水平的条件下精心设计探究内容，贯彻指导的适时和适度原则，有目的有计划地开展探究活动。

2. 不能恰当处理探究过程与探究结果的关系

在课堂教学中，有些教师把科学探究活动理解为重点是学习科学探究的过程技能，附带着理解科学概念和原理，甚至有人极端地认为使用什么原理或获得什么概念在探究中是无关紧要的。有的教师则可能恰恰相反，认为探究的最终目的是掌握科学概念与原理，探究过程只是实现探究结果的手段，相对于结果而言，过程并不是最重要的。这些都是无法恰当处理探究过程与探究结果关系的表现。实际上，科学探究学习的展开需要一定的知识作为基础，学生只有在建立概念的基础上才能成功地进行科学探究；同时，只有在探究过程中，学生才能加深对科学概念的理解，发展科学探究的技能，体会科学探究的本质。因此，科学探究学习既不能脱离知识基础去随意建构，也不能将探究过程仅仅视为掌握科学知识的手段，过程与结果在科学探究中是相互依存的。

3. 将科学探究学习过程机械化、教条化

科学探究活动所涉及的探究要素是相对灵活的，并不是任何探究活动都要包含探究的7个要素。有的教师在上课时往往将7个要素程序化、顺序化、不敢漏掉一个环节，认为只有这样才是科学探究学习。其实这是对科学探究的一种机械化和教条化的理解，既不符合科学探究的精神和实际情况，也不符合学生学习科学的规律。恰当的做法是根据科学探究学习的目的、内容及实施条件等，让学生体会和经历一些涉及主要探究要素的探究过程，避免生搬硬套，对科学探究学习的过程作硬性规定。一项科学探究活动究竟会涉及哪些要素，要根据教师给予学生的思维空间以及学习活动的内容而定。

科学探究学习是基础教育课程改革所倡导的重要学习方式之一，但并非所有的课程内容都适合以探究的形式呈现，是否采取这种学习方式，要根据课程内容的特点、要求、效果、难易程度、客观条件和时间等具体因素而定。即使有的内容适合采取探究的方式加以学习，在采用时也不能仅仅局限于表面的形式。有些强调动手做的活动并非真正的探究活动；有的教师设计一系列问题引导学生理解科学知识，但这可能仅仅是启发而不是探究；有的教师还会极端地认为科学探究学习高不可攀，一般情况下无法开展；有的探究活动目标极不明确，只是遵循探究的各个要素，并不去考虑探究对学生的意义所在。因此实施科学探究学习，最重要的是理解其精髓，避免陷入为探究而探究的误区。

四、对中小学科学探究学习的评价

对科学探究学习的评价是中小学生学业和综合素质评价的重要组成部分，目的是全面、准确地反映学生在科学探究学习方面所达到的水平，让学生更好地理解和掌握探究的要领，激发他们进行探究的动力和潜能，提高他们的科学素养。对科学探究学习的评价，要坚持在真实的学习活动情境中评价，准确反映学生真实的探究能力，提高学生的实际探究水平；坚持过程性评价与终结性评价相结合，让学生在螺旋式上升的探究过程中体验进步的快乐；坚持方式方法的多样性，定性评价与定量评价相结合，全面而深入地了解每个学生的探究状况和特点，鼓励学生在探究中形成并保持自己的思维特点，使整个评价过程成为促进学生科学素养全面发展的过程。

（一）对科学探究学习的评价维度

根据科学探究学习的目标，对科学探究学习的评价可以从以下几个维度进行：

1. 科学知识和技能

理解科学知识和掌握科学技能是具备科学素养的基本标志，是科学探究学习的重要目标之一，因此它们也是评价的重要内容。

第一，一般而言，知识包括事实、概念、定理、定律等。评价主要关注学生是否真正明了知识，是否掌握了知识内容的脉络结构和关系，是否能在不同的知识之间建立起合理的联系以及进行合理的推论，是否能用知识解释、预测自然现象或解决现实问题，进而考量学生对科学本质的理解、对科学与社会发展之间关系的认识等。

第二，关注学生探究技能的发展状况，包括观察、质疑、实验、取证、辩护、交流等技能，并根据不同选题或同一探究的不同阶段，分别考察学生对探究技能的掌握和运用情况，如学生能否根据问题选择适当的仪器设备，能否正确有效地操作仪器设备，能否准确读出和记录实验数据等。

2. 过程与方法

对科学探究学习的评价要关注学生学习的具体情境与进步历程，把学生进行科学探究的过程与方法作为评价的重要内容。探究活动是一种具有个人特性的活动，评价既要揭示出学生个体探究的不同特点，又要参照群体状况给出每个学生的大致水平，为学生今后探究能力的发展提供依据。结合科学探究学习的要素，评价可以重点从七个方面进行：

第一，提出问题。重在考查学生所提问题的质量，关注问题是否是“真问题”，即问题是否来自学生真正的困惑，是否能真正地引发学生的探究欲望；问题是否有科学性，是否为值得探究的科学问题；问题是否符合学生现有的经验水平，学生通过探究是否能够提出可能的解决方案。评价要注意保护每一个学生提出问题的积极性，对学生提出的任何问题都要给予正面强化和引导，让学生逐步形成敏于发现问题、敢于提出问题并善于合理地整理问题的品质。

第二，猜想假设。关注学生对相关概念的理解是否准确，概念框架的结构、运用是否合理、恰当，提出的猜想假设是否有理论依据，是否符合逻辑，是否接近问题的解决方案；对学生独辟蹊径的猜想假设，要给予鼓励和赞扬；通过评价促使学生反思自己的知识结构，修正相关概念及其框架，灵活运用所学的知识，提高问题解决能力和创造性思维能力。

第三，制订计划。关注学生所制订计划的可行性和可靠性，看是否有足够的条件保证计划的执行，计划的每一环节以及各个环节之间的关系是否合理，按计划执行能否得出有利于问题解决的结论。同时关注计划的设计是否严谨、周密，进而培养学生的科学思维品质。

第四，收集证据。关注学生选择的研究方法、获得的数据资料是否符合所要解决的问题的性质，是否有新意；对各种仪器设备及研究工具的使用情况；在研究过程中是否坚持了实事求是的科学态度；分工合作的状况及其效果等。

第五，分析论证。关注学生对分析、综合、概括等思维工具的运用；关注学生解释和证明时是否具有合理的证据，证据的来源是否可靠；关注学生的判断、结论是否符合科学逻辑，促进学生科学思维的形成。同时，不能忽略引导学生进行发散性思维，对相同的证据提出自己独特的解释，还要鼓励学生进行创造性思维。

第六，反思评估。关注学生的反思、检讨是否深入细致，对数据资料的运用、解释是否符合科学逻辑、科学原理，提出的修正方案是否有充分的依据；注意引导学生关注假设、证据与结论之间的关系，让学生真正体悟科学探究的精神实质。

第七，表达交流。关注学生是否能通过各种有效的方式表达探究过程和结论;引导学生运用多种形式（如文字、数学公式、表格、图形等）自由表达思想;关注学生是否愿意、是否有能力与别人分享自己的思想，是否能尊重并倾听别人的意见、吸收别人的建议。

3. 情感态度和价值观

学生对科学的情感态度和价值观是长期积累的结果，能体现在每一个具体的科学活动中。因此，科学探究评价要关注学生这方面的表现，并有意识地加以引导。

第一，科学探究学习的评价要特别注意对学生情感态度和价值观的培养与引导，促使学生形成尊重科学、热爱科学、有志于科学研究的情感体验。

第二，科学探究学习的评价要关注学生实事求是精神和态度的养成，让学生形成尊重事实、重视证据的科学态度。

第三，科学探究学习的评价要关注学生是否善于领悟科学的本质，了解科学、技术与社会发展的关系及与个人生活的关系。

（二）科学探究学习的评价方法

如同对其他学习方式一样，对科学探究学习也有许多具体的评价方法。当评价的主体、目标不同时，评价的指标、范围等会有不同，所采用的方法也不相同。就课堂科学探究学习而言，教师进行评价的方法包括如下几种：

1. 现场活动评价法

现场活动评价法是通过给定或自选的探究课题，让学生在完成探究课题的活动中表现出自己的探究能力和倾向，从而对其进行评价的一种方法。现场活动评价法适合评价学生的综合探究能力和倾向，特别是学生的动手操作能力。

2. 问题情境评价法

问题情境评价法是通过设定相对复杂的问题情境，让学生根据给定的问题及条件进行思维推理，尝试寻找解决问题的方法，从而对其探究思维进行评价的方法。这种评价中的问题通常是较为复杂的问题，其影响条件相对繁复，解决问题的途径也并不唯一。问题情境评价法适用于评价学生的探究思维能力。

3. 对话评价法

对话评价法是教师根据想要了解的学生的探究品质，拟定对话的主题和思路，通过与学生的对话，评价学生的探究能力和倾向的方法。对话评价法可用于评价学生的综合探究能力或某一类型的探究能力（如提出问题的能力、逻辑推理能力等）。教师在对话评价的过程中可以根据对话境脉即时调整对话方式和策略，从而深刻而细致地了解并评价学生真实的探究品质。

4. 档案袋评价法

档案袋评价法是通过在一定时期内收集学生的探究作品或探究过程中的相关资料，并进行相应的分析，从而发现学生的探究能力和倾向的一种评价方法。对同一学生而言，可以通过对其前后作品或探究资料的比对，发现他的探究能力和水平的发展变化，对之进行评价；对不同学生而言，可以通过对其作品和探究资料的分析，并与他人相对照，发现其特点。

5. 探究小组互评法

探究小组互评法是参与同一探究小组或分工合作解决同一探究课题的小组中的成员对彼此的探究能力和倾向进行互评的一种方法。探究小组互评法适用于评价学生的合作精神和能力。运用这一方法要特别注意引导学生形成彼此尊重、相互欣赏、共同进步的风气。

（三）对科学探究学习的考核与评价的组织与管理

1. 各地教育行政部门、教研部门应组织本地区专家指导组认真研究并提出考核与评价科学探究学习的指导性意见，由教研部门组织专题培训和研讨，学校负责具体考核与评价工作的实施。

2. 学校专业指导组应认真做好指导工作。学生的科学探究学习的情况可以通过学业成绩、综合素质评价以及研究性学习成果等得到体现，应根据具体评价内容，采用纸笔测验、实验操作考查和定性描述评价相结合的形式，客观准确地反映学生在科学探究学习中的兴趣、态度和能力等。对学生的实验探究能力，可根据当地实际情况，由学校组织考查或在学校组织考查的基础上由市、县组织抽查。

3. 小学、初中、高中应连续记载学生在科学探究学习中的表现情况，学校每学期应通过各种方法，在学生自评、互评的基础上，由任课教师给出学生在探究学习中的表现性评价。表现优秀的学生，经学校专业指导组、地市教育行政部门认定，在升学时可作为特长生保送。学校应为高校提供对毕业班学生的科学探究学习的考核与评价的相关内容。

第五章

中小学科学探究教学实施成功案例与模式

2001年，我国教育部颁布的《基础教育课程改革纲要（试行）》提出了学科教学的三维课程目标，既关注了学生知识与技能的发展，又关注了具有方法论意义的学生的学习过程和学习方法，还关注了学生的情感态度与价值观的发展。三维目标以科学探究为核心，突出了创新人才培养的多元化。本章首先采用焦点团体访谈调研我国科学探究教学的现状，然后讨论科学探究教学实践的案例和模式，并与美国作比较，分析中美两国科学探究教学的差异，以期对我国的科学探究教学提供启示。

第一节　科学探究教学的焦点团体访谈

我们首先进行了焦点团体的访谈，初步调查教师对科学探究教学的认识，同时，为了更深入和具体地了解探究教学的主导因素，我们进行了录像教学的评定。我们利用网络辅助工具，建立了一个有 145 位理科教师的即时交流群，成员来自全国各地，有小学教师也有初高中教师，学科包括物理、化学、生物、科学、地理、信息技术、数学。通过长时间的讨论与合作，各成员之间逐渐熟悉，于是我们进行了群内的焦点团体访谈。

一、焦点团体访谈的研究设计

我们使用了大量访谈方法，包括半开放式访谈和小组访谈中的焦点团体访谈，因此有必要对小组访谈，尤其是焦点团体访谈作一介绍。

小组访谈本质上是一种收集定性资料的技术，依赖于在一种正式或非正式的情境中，对几个人同时进行系统的提问，这项技术介于正式和非正式访谈之间。焦点团体访谈是小组访谈的一种。

（一）焦点团体访谈的界定

依据目的不同，小组访谈可以分成不同的类型，一是非结构的或者没有访谈者指导的头脑风暴会议，二是典型的结构式访谈，比如名义小组法和焦点团体访谈。表 5-1 从不同维度比较了几种小组访谈（Frey & Fontana，1991）。焦点团体访谈是一种通过营造舒适的环境让人们彼此交流分享，访谈者小心而系统地对待人们的倾述的一种活动。除了面对面的焦点团体外，还有其他变型，如定期重复的焦点团体、电话焦点团体、网络焦点团体、媒体焦点团体等（Richard，2000）。网络焦点团体有几种不同的类型，最简单的就是用一条聊天线路，由协调员提出问题，远距离参与者通过键盘输入自己的观点。网络焦点团体在年轻的受访者中反映比较好。当问题是聚焦的，参与者能够自由地、坦率地、不受压抑或者不担惊受怕地进行交流，协调员保持控制、推进讨论，并用这样的方式给研究的问题提供答案时，网络团体就变成了焦点团体。

表 5–1　小组访谈的类型和维度

类型	场景	访谈者角色	问题形式	目的
焦点团体访谈	正式 – 预设	指导性	结构式	探索性、试调查
头脑风暴会议	正式或非正式	非指导性	高度结构式	探索性
名义小组访谈、德菲法	正式	指导性	结构式	试调查、探索性
实地、自然的	非正式、无约束	适度的、非指导性	高度结构式	探索性、现象学
实地、正式的	预设的、但在实地	有些指导	半结构式	现象学

（二）焦点团体访谈的设计

进行焦点团体访谈的前一周，我们在网络交流群中告诉教师本次访谈的主要内容是大家对科学探究教学的看法，希望他们能在一周时间内仔细思考这个问题。在实际访谈中，两位协调员中的一位负责提问：①请老师们谈谈对科学探究的认识，科学探究有哪些方面。②请老师们谈谈对探究教学的认识，探究教学有哪些要点、哪些教学方法等。

本次讨论分为两部分，具体内容如图 5–1 所示，讨论进行了两个半小时。讨论的基本规则包括：①在发表个人观点的环节中，一个接一个地发言；每个人发言之前先按 1，取得两位协调员中的一位的同意后，再进行发言；在发言的过程中，希望各位老师将自己的观点一次阐述清楚；在讨论的环节中，请各位老师自由发言，不用再征得协调员的同意。②在整个讨论过程中，请各位老师不要用红色字体，尽量选择其他易辨认的颜色，并请用 12 号字，协调员发言用红色字体。

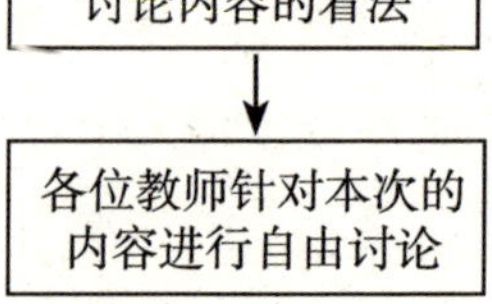

图 5–1　焦点团体访谈的基本流程

二、对焦点团体访谈的定性分析

访谈中会形成大量文本资料，依靠个人相对感性的思维来进行分析，往往难以发现有价值的信息和结论，而图式分析是一种常用的分析资料的有效方法，其中的概念图，是运用认知简化来确认参与者头脑中的复杂信息（Casson，1983）。

（一）教师关于科学探究和探究教学的概念图

有 12 位教师参与焦点团体访谈，分别为小学和初中的数学、科学教师，初高中的物理、生物教师，我们以网名的关键字指代他们：雨、杜、南、祥、凯、星、伟、风、英、飞、草、茉。我们主要采用概念图分析了其中 8 位教师对科学探究和探究教学的认识，此概念图以科学探究或探究教学为核心，用箭头表示教师涉及的核心话题和观点。（见图 5-2 ～ 5-6）经分析发现：3 位教师认为探究教学就是“做实验”，3 位教师存在“形式认识”，2 位教师对科学探究的认识比较平衡，其中一位教师注重结果取向，即知识的掌握，另一位教师注重探究教学的理念，不过没有谈到教学实践的具体做法。8 位教师都未提及科学探究的基本原理，仅从表面谈及科学探究的理念，对科学探究存在缺失性认识，从概念图推测，他们对探究教学的认识也存在缺失。

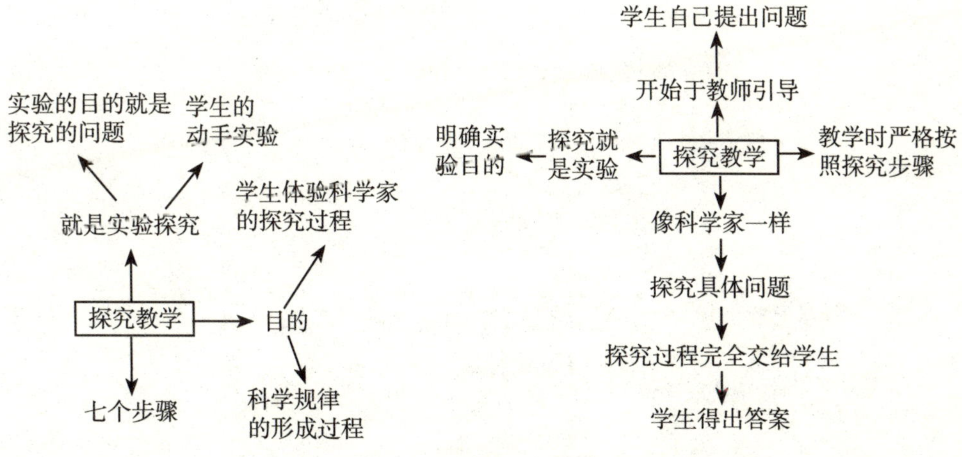

图 5-2　教师英和教师星的概念图：做实验

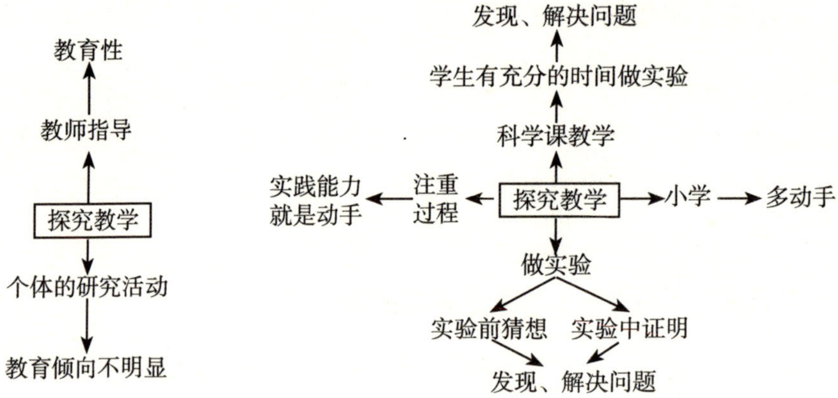

图 5–3　教师雨和教师凯的概念图：做实验、形式认识

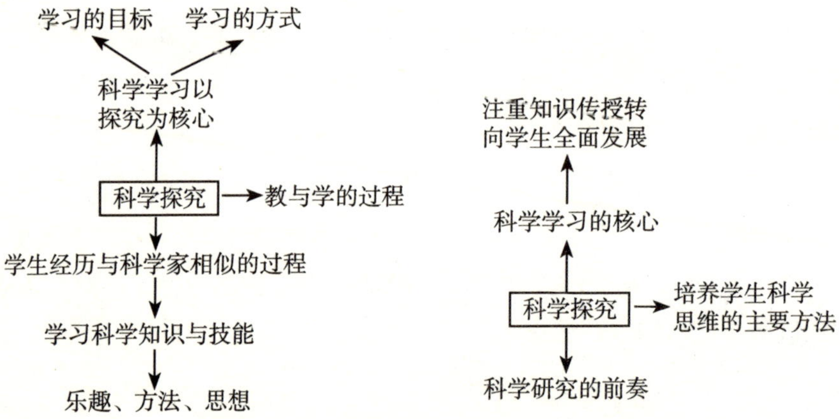

图 5–4　教师南和教师风的概念图：形式认识

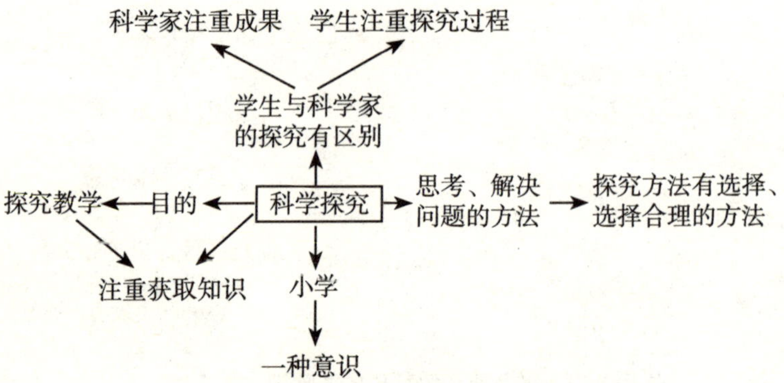

图 5–5 教师杜的概念图：结果导向

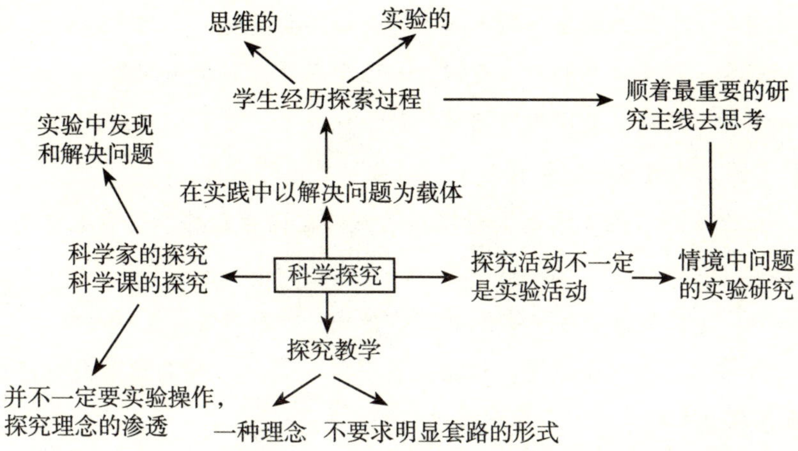

图 5-6　教师伟的概念图：理念渗透

（二）焦点团体访谈的热点问题

通过教师个人观点的陈述和自由讨论，我们发现他们讨论的热点集中在以下 6 个方面：①中小学探究教学的不同；②探究过程的动手和动脑；③科学家的探究与学生的探究的区别；④探究过程是否要有明显的套路；⑤科学探究是否就是实验；⑥探究的主题和教师引导。教师将前两点合在一起讨论，以下是自由讨论记录和说明。

1. 中小学探究教学的不同、探究过程的动手和动脑

教师雨认为小学阶段应该注重培养学生的动手能力，引起了几位教师的争论，他们认为要关注学生的思考，需要动脑，教师雨则认为动脑与动手是相互依存的，动手自然就会动脑；教师们普遍认为小学阶段的探究重视过程，中学阶段的探究重视知识点。

杜－科学[1]：小学的科学应该是一种意识。

雨－科学：我觉得小学就是要学生多动手。

杜－科学：不对，应该多思考！

雨－科学：在动手做中，同时也在思考！

凯－物理：光靠动手解决不了什么问题，需要引导学生认识事物的思路。

[1]　网络交流群中对教师的称呼是网名＋学科，例如教师杜是小学科学教师，他的称呼就为“杜－科学”。讨论的文本中没有将小学教师或初中教师的身份标出，但是从谈话中可以看出。

杜－科学：如果只动手不思考就不行，小学主要是习惯的养成。

祥－数学：培养兴趣和独立意识，自己会思考，会解决问题。

雨－科学：在做实验中发现问题和解决问题呀，动手、动脑是相互依存的，我觉得科学探究就是培养学生的动手、动脑和合作的能力。

风－物理：我觉得小学是重视过程的，探究过程重要，答案也重要，两者缺一不可。

飞－数学：我觉得小学主要是习惯的养成，学习习惯、生活习惯。

草－科学：如果说小学还比较讲究探究过程的话，那么中学我觉得过于重视知识点，灌输式教学在科学课堂里更明显。……

2. 科学家的探究与学生的探究的区别

关于科学家的探究与学生的探究的区别，有的教师认为科学家的探究注重成果，学生的探究注重过程、方法和能力，也有教师认为结果与过程在学生的探究中缺一不可。另外，讨论中还出现了与上一争论焦点中相似的问题，即认为动手实验就是实践以及比较重视过程与方法和思维能力。

杜－科学：学生的科学探究和科学家的科学探究是有区别的。

星－科学：学生如何进行探究呢?

杜－科学：科学家的（探究）注重的是成果。

雨－科学：学生注重的是过程。

调解员：那学生的科学探究主要包括什么内容呢?

杜－科学：学生注重的是意识、行为、方法，对结果看得不太重要。

凯－物理：同意杜的观点。

祥－数学：综合能力的提升，还有环境的影响。

星－科学：实践能力与创新能力。

风－物理：科学探究我觉得应该是像科学家一样探究一个问题，比如说让学生探究凸透镜成像，只告诉同学凸透镜成像与物距有关，具体是什么关系，让他们通过实验得出最后的结论，老师再总结。把探究过程完全交给学生，由他们得到答案，这才是真正的科学探究。学生的探究同样要重视过程和结果，像我说过的，缺一不可。

杜－科学：所以我认为在小学科学的教学中不要过分纠缠结果的对错。

雨－科学：实践就是动手呀！

风－物理：不是吧？

星－科学：体验实践过程。

杜－科学：而要注重他的探究过程。

星－科学：评价也很重要啊！

凯－物理：这不应该成为实践的全部内涵！

雨－科学：与过程相关。

杜－科学：这里的结果是指知识的答案，能力则不同。……

3. 探究过程是否需要明显的套路

教师们对探究的步骤产生了争议，多数教师将探究步骤的7个要素看成探究活动的定型步骤，与前面分析的教师概念图相一致，很多教师对科学探究的看法还是表面的形式认识。

英－生物：我认为探究教学包括7个步骤，即提出问题、猜想假设、制订计划与设计实验、进行实验与收集证据、分析论证、评估、交流与合作。

伟－物理：个人觉得探究性的教学，更应该是一种理念。在实践中以问题解决过程为载体，让学生经历或者是思维的或者是实验的探索过程就是探究，并不要求一定要有很明显的很成套路的形式。

杜－科学：有了套路就不是科学了！

飞－数学：科学探究的涵义很广，关键是让学生会自主学习，养成良好的习惯。

伟－物理：探究的7个要素并不是一个接一个出现的，不好说成探究步骤。……

4. 科学探究是否就是实验

多数教师认为科学探究即实验，更有教师认为探究就是动手做，但他们对实验没有深入的认识，仅仅停留在操作层面，不是真正的理解。

飞－数学：我认为科学探究就是实验。

杜－科学：不一定！

飞－数学：科学探究就是动手做！

风－物理：对于物理来说，绝对是！

雨－科学：对呀。你不做实验，怎么证明自己的想法是对的？！

调解员：那实验的关键是什么？

风－物理：关键是明白自己实验的目的。

调解员：所有的探究活动都属于科学实验么？

风－物理：不一定吧？我觉得错误的探究就不属于科学实验了。

飞－数学：什么也不是绝对的！

调解员：什么是实验？

英－生物：有必要的实验器材。

伟－物理：探究活动并不一定需要实验活动。

英－生物：主要是突出学生的动手实验，不能教师做实验。

风－物理：动手的，动脑的，有仪器或实验装置参与的。探究活动不做实验，我觉得不算科学探究，真理必须从实验中来，空想肯定不行，哪怕有个想法，最后也一定要归到实验证明。

英－生物：不能教师只讲实验，学生不做。

雨－科学：对！

英－生物：探究活动就是实验探究。

雨－科学：总的来说就是让学生在实验中发现问题和解决问题。

伟－物理：或许那是科学家的探究。而科学课的探究，并不一定要进行实验操作才算是探究理念的渗透。

风－物理：那怎么探究？就靠想象吗？

伟－物理：我们当然希望学生都能针对情境中的问题进行实验研究。

紫－科学：你不实验，怎样证明自己的想法是对是错？

伟－物理：比如针对思维的探索，对理论的逻辑推导。只要符合由学生发现问题、自主合作地解决问题，就可以算是探究要素的体现。在定量关系研究上，最好是要实验探究，采用控制变量法。……

5. 探究的主题和教师的引导

多数教师认为探究的主题可以选取生活中熟悉的内容，教师在探究中应该给学生自主的空间。但是他们也提出目前在有些课堂上，学生的探究实验都是按照教师的预设进行的，教师也不明确应该如何引导学生探究。

草－科学：探究主题的确定，可以是在观察中发现的，也可以是在生活中确定下来的，目前教材的探究主题确定显得不自然。

风－物理：探究教学的主要方面是让学生成为探究的主人，别老师什么都给做了。

雨－科学：对，真正地让学生动起来。

伟－物理：最主要的是学生要紧紧抓住情境中的问题的研究主线，去思考，去实验。

风－物理：告诉学生今天的实验目的是什么，然后就完全给学生，当然也要根据学生的水平来。

茉－数学：我是数学老师，但我看过物理学科的课程标准，那里有比较全面的要求。

风－物理：你是要重新针对有关问题进行详尽的实验吗?

草－科学：确定有价值的探究主题，教师首先要了解学生的前概念，利用各种有效方法了解学生的前认知基础。

茉－数学：这就要求教师要有深厚的知识储备、认真的科研态度和不断探索的能力。

草－科学：现在我们在教学中往往会发现，学生的探究实验多数都会按照教师期望的要求达到预定结果，很少有意外，这对学生的概念发展也是不利的。

茉－数学：要善于引导学生自己去发现，而不是告诉他们具体的操作。

雨－科学：如果具体操作是很难把握的，也需要老师参与。……

从教师的焦点团体访谈记录可见，大部分教师认为探究就是实验；实验中的动手与动脑相互依存，只要动手实验必然会动脑；探究既要注重过程还要关注结果，即知识的掌握；对探究过程的定型和步骤化，教师的认识还处于操作层面；教师还不明确应该如何引导学生进行探究。

三、对科学探究网络研讨的分析

海宁小学科学联盟也通过网络交流群这一辅助工具对探究教学的相关问题

进行了研讨[1]，他们的主题是“小学科学探究教学研究”，研讨的两个问题分别是：目前小学科学探究教学存在的问题有哪些？如何引导学生有效地进行科学探究？我们对其焦点团体访谈记录进行了相应的图式分析。

（一）研讨的要点举例

经过分析，我们发现，教师关于小学科学探究教学的讨论要点包括教学目标、探究目的、教师自己如何探究、教师如何引导、教材和教学的实际、教师的指导等6个方面。从下面列举的教师的研讨观点可以看出，在研讨中，有的教师倾向于教师引导、有目的性的探究，有的教师认为更应该对学生进行深入的指导，有的教师认为自己并不知道如何探究，不能只要求学生探究，还有教师认为教材中对能力的要求高于实际的教学情况。

探究教学就是教师为了让学生获取科学知识、学会探究技能、形成探究精神，有目的、有计划、有组织地指导学生，以类似科学家探索世界的方式开展的教与学的活动。

探究内容的首选是有目的的探究。要把握探究的重点，科学探究要围绕课堂科学概念进行，猜测—验证的路线比较能引起学生的兴趣。

我们的目标定位一定要明确，一节课中要解决哪些科学概念，探究活动就应紧紧围绕哪些科学概念进行。

教师不知道如何进行探究，教师应该加强学习，不要一味从学生的角度谈“探究”。

从教材的角度来讲，科学探究对学生探究能力的培养是渐进的，但从现状来看，学生探究能力的培养始终跟不上教材的要求，比如说某一个实验教学，三年级指导观察，到了六年级还要指导。

在学生方面，学生的年龄特点决定了他们的探究具有一定的盲目性，教师的主要职责在于为学生的探究活动铺路、搭桥。

教师的指导很重要，从很多课可以发现教师对学生的指导不够到位，在学生探究的过程中教师显得无所事事。……

---

[1] 资料来源：http://blog.kxsy.net/user1/4012/cmd.html?do=blogs&id=1839&uid=4012.

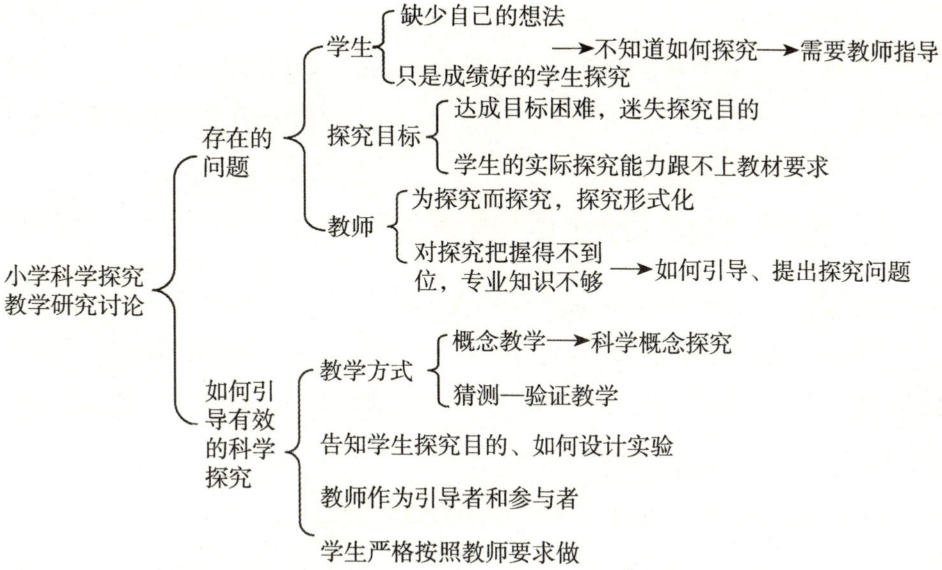

图 5-7 “小学科学探究教学研究”网络探讨的图式分析

（二）研讨的图式分析

对研讨记录进行图式分析可以发现：学生对探究的真正目的还不明确，探究问题往往由教师提出，学生不知道如何探究；学生在探究中缺少自己的想法，更多的是学习成绩好的学生在探究，而且教师指导的比较多；许多目标的达成出现问题，迷失探究的目的；教师对探究的把握不到位，为探究而探究。（见图 5-7）

通过对群体焦点团体访谈和网络研讨的分析，可以发现教师进行探究教学的几个问题：教师对于探究本身的认识不平衡，教师自己不知道如何探究，不知道如何引导学生，教师缺少对探究过程的实践认识。综合可知，教师对探究教学的认识涉及对探究教学（包括探究教学目标）和教师自身的定位、对学生和探究学习的认识、探究情境的教学法知识、探究教学策略等几个方面。

第二节 中国教师科学探究教学的案例

中国和美国当代基础科学课程的目标都是通过科学探究教学来促进学生的知识、能力和情感、态度的发展，但是在教学实践中却有不同的模式。本部分主要采用理论编码、分析词语两种方法来研究中美4位教师的教学目标和课堂教学记录的文本，以核对概念被提及频率（Strauss & Corbin，1990）的方式得出特征概念，完成理论编码，并通过对上下文的关键词的统计来进行教学目标和课堂教学观察记录的文本分析。

一、中国教师线性模式的探究教学

我们首先根据访谈中教师对科学的基本认识来推测他们可能采用的教学模式，然后通过统计关键概念在教学目标和课堂教学实践中出现的频数，对其教学文本进行三级编码的定性分析，勾勒出其教学实践的基本模式，并与之前的推测进行比较。

（一）蔡老师对科学的认识及可能的教学方式

蔡老师，女性，本科学历，物理教师，在南方某城市的一所一级达标中学已工作了一年。我们主要通过访谈以及课堂教学观察对该教师的教学实践模式进行研究。

1. 蔡老师的典型回答

科学理论有可能会改变……

在科学研究的整个过程中都有创造性，并且具有主观性。

数据收集的过程中有可能发现数据偏离预定的猜想和假设，探究的结果是从收集到的数据中进行进一步分析得到的。

数据是证据中的一种……

对于问题的解释主要来源于数据，然后还有一些实验现象可以提供支持。

探究不一定要做实验，比如我上的那节课“超重和失重”就没有探究实验，但是那节课有探究的要素，如“问题”“分析和处理数据”“交流与合作”……

2. 推测可能采用的教学方式

蔡老师不能明确区别科学本质中的“观察和推论”，并且对“科学以经验为基础”的认识也处于传统阶段；她对科学探究中的“探究始于问题”的认识比较深刻，但是对数据和证据的认识是错误的，将数据看作证据的一种；认为解释的来源仅限于数据，没有考虑到已知的问题；不能区分探究和实验的关系，认为只要在课堂中体现了探究的要素就是探究教学；她认为科学的本质是以知识为系统，科学探究要体现学科思想，倾向于讲授演示的探究教学。由此可以推测她在探究教学实践中可能会采取以知识为中心的讲授演示教学。下面根据她的教学目标及教学实践，考察我们的推测是否属实，并进一步探讨她的目标达成情况。

（二）教学目标和教学过程及其分析

在此利用符号编码来对蔡老师的教学目标和教学过程进行文本分析，编码的主要核心概念为知识、技能、方法、能力、情感态度价值观、实际问题。其中明确提及知识 17 次，技能 16 次（其中解题技能 14 次），方法 2 次，过程 2 次，情感态度价值观 2 次，教师主导 16 次，教师确定学生答案 9 次。结合教学计划的内容，可以看出蔡老师以知识和技能目标为主，其他两个目标涉及得很少。

再分析蔡老师的教学流程：在电梯内测体重的问题（确定学生答案）——超重和失重现象（教师解题为主，学生识记概念）——完全失重问题（教师解题为主）——运用牛顿定律分析现象（解题技能的迁移）。从整个教学过程可以看出，蔡老师始终以讲授为主导，过程与方法的目标只是在一个演示实验中涉及（可乐瓶的喷水实验），而该实验是教师演示实验，让学生回答现象产生的原因，根据海伦量表评定，其探究水平仅为初级。测量体重的问题中，她没有乘机继续让学生探究，而是转向解题训练。过程与方法的目标仅体现在该节课的一个应用问题中，情感态度价值观目标的达成方面同样存在这个问题，她仅试图通过“神七”的录像蜻蜓点水般地掠过这一目标，并且采取的是简单说教的方式。（见表 5-2 ～ 5-4）

因此，蔡老师在教学活动中主要实现的是知识和技能这一维度的课程目标，不仅将其作为整节课的内容，而且作为方法训练、情感态度价值观培养的基础，课堂导入和喷水实验这两个可能的探究过程都以教师为主导并指向解题训练，学生可能的探究过程被中断。（见图 5-8）

表 5-2　文本分析的编码示例

◆代表知识	♀教师主导	△代表技能	☺确定学生答案	◎情感态度价值观
☼ 实际问题	□代表方法	☆代表过程	另外：笔者批注用黑体	

表 5–3 对蔡老师教学目标的文本分析

课题分析	教学课题：司南版高中物理必修 1 第 6 章第 4 节“超重和失重”
学习任务分析	1. 本节内容是学生学完牛顿三大定律后学习的，是牛顿第二定律的迁移◆△，是本章的一个比较重要的应用型知识点◆。 2. 超重和失重是日常生活中比较常见的物理现象，学生往往能感受到，但并没有注意到这一现象的特点，也不知道这就是超重、失重现象。怎样才能让学生不是机械化地记住超重、失重的运动形式，而是真正理解超重、失重的本质△，这是本堂课所要突破的难点。 3. 本节课采用讲授、演示实验、分析讨论等方法进行探究□♀，让学生自己分析归纳△哪些情况会产生超重或失重现象，并进一步分析超重、失重的本质，培养学生的观察、分析、归纳等各项综合能力△。
重难点分析	1. 重点：(1) 什么是超重和失重◆；(2) 产生超重、失重现象的原因和条件◆；(3) 运用牛顿第二定律解题◆△。 2. 难点：(1) 产生超重和失重现象的条件◆；(2) 运用牛顿第二定律和第三定律对超重和失重现象进行分析△。
学情分析	超重和失重是日常生活中比较常见的物理现象，学生虽能感受到，但对它们的理解有一定的困难，困难主要来自两方面：首先是物理语言的误导，使学生认为超重（或失重）就是物体重量的增加（或减少）；其次是学生往往认为向上运动时就超重，向下运动时就失重，没有真正理解超重与失重的本质。
教学目标分析	1. 以科学探究为基础展开教学，培养学生的观察、推理和想象能力。△ 2. 理解超重和失重现象及产生超重、失重现象的原因和条件。◆△ 3. 能够运用牛顿第二定律和牛顿第三定律分析日常生活中的超重和失重现象。△ 4. 播放关于神州七号的录像，激发学生对科学的兴趣和热情，使他们了解我国航天技术的一些成就◎，深刻体会超重、失重的利与弊，对航天员及航天工作者表示崇敬。
教学用具	多媒体课件，黑板，粉笔，可乐瓶（侧面钻孔），水。

表 5–4 蔡老师教学过程的文本分析

一、新课引入——在电梯内测体重☆

蔡：站在体重计上测体重有什么要求？**利用学生错误的前概念**

生：站稳。☺ 生：不要动。☺ 生：静止。☺

蔡：对，在这些情况下，体重计测出来的体重是标准的。如果我们把体重计放在电梯里，在运动的电梯里测体重会有什么现象呢？这时测出来的体重还是标准的吗？♀

生：体重是标准的。

生：体重不标准了。☺

蔡：这时候测出来的体重是否标准呢？我们先看一段高一同学在电梯里测体重的视频。

（续表）

蔡：通过视频，你们看到了什么现象？ 生：体重计的示数变化了。电梯上升的过程中，体重计的示数先变大，接着保持不变，然后变小，电梯下降的过程中，体重计的示数先变小，接着保持不变，然后变大。☺ 蔡：为什么会有这样的现象呢？真的是我们的体重发生了变化吗？ 生：我们的体重并没有发生变化。☺ 蔡：如何解释这些现象呢？那就让我们带着疑问来学习这一节课的中心内容——超重和失重。我相信，上完今天这节课，同学们自然而然就能解释这些现象了。下面，我们通过一个具体实例从理论上研究超重和失重现象。
二、超重和失重现象 蔡老师用 PPT 展示实例：一个人在升降机内做一个实验，实验时将一弹簧秤挂在升降机内，弹簧秤下挂一质量为 5kg 的物体。♀◆△ **学生的问题意识直接变为解题的训练** （1）升降机向上匀速运动时，此人看到的弹簧秤示数是多少？ （2）以 a=0.8m/s^2 的加速度向上加速运动时，此人看到的弹簧秤示数是多少？ （3）以 a=0.8m/s^2 的加速度向上减速运动时，此人看到的弹簧秤示数是多少？ （4）升降机向下匀速运动时，此人看到的弹簧秤示数是多少？ （5）以 a=0.8m/s^2 的加速度向下加速运动时，此人看到的弹簧秤示数是多少？ （6）以 a=0.8m/s^2 的加速度向下减速运动时，此人看到的弹簧秤示数是多少？ 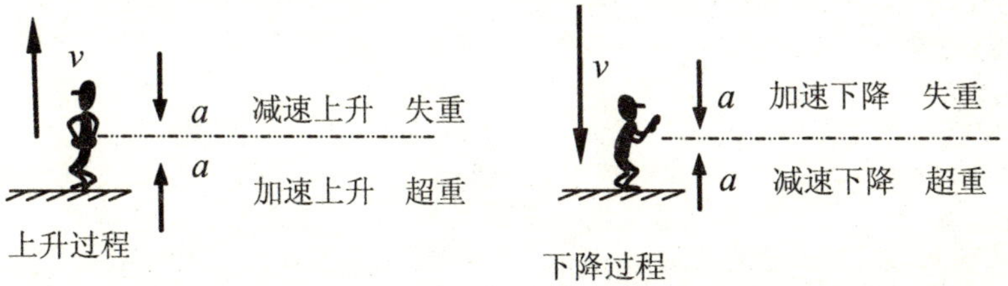 蔡老师先解释弹簧秤的读数指的是物体对弹簧秤的拉力，并把弹簧测力计的示数称为视重。◆♀蔡老师在这个实例中，引导学生运用牛顿第二定律和牛顿第三定律△♀讨论分析测力计读数和重力的关系△。前三道小题由教师分析◆♀，后三道小题由学生分析△。在前三道小题的分析过程中，蔡老师给出超重和失重的概念◆♀：当重物在竖直方向运动时，物体对悬挂物的拉力（或对支持物的压力）大于物体所受的重力，物理学中把这种情况称为超重现象。♀当重物在竖直方向运动时，物体对悬挂物的拉力（或对支持物的压力）小于物体所受的重力，物理学中把这种情况称为失重现象。♀ 蔡老师还指出弹簧秤的示数大小不一定等于重力，有可能变化。◆♀ 请学生上台分析后三道小题之后，蔡老师抛出以下四个问题。 蔡老师的问题一：超重和失重就是物体的重量增加和减小吗？ 生：不是。☺ 蔡：超重不是重力增加，失重不是重力减小。在超重和失重现象中，重力都不变，变化的只是视重。◆♀ 蔡老师再一次强调◆♀：超重——视重 > 实重（$F > G$）；失重——视重 < 实重（$F < G$）。

（续表）

蔡老师的问题二：向上的运动就一定产生超重现象，向下的运动就一定产生失重现象吗？ 蔡老师引导学生从表格中归纳规律△♀： 向上加速向下减速：加速度方向向上，产生超重现象； 向下加速向上减速：加速度方向向下，产生失重现象。 蔡老师得出结论：物体处于超重或失重状态，并不是由于物体向上或向下运动造成的，而仅仅由加速度的方向决定。 蔡老师给出条件◆：凡是加速度方向向上的，产生超重现象；凡是加速度方向向下的，产生失重现象。
三、完全失重 蔡老师的问题三：我们用弹簧秤或台秤来测量物体的重力，当物体向下加速或者向上减速时，弹簧测力计或台秤的示数小于重力，这时物体处于失重状态。那么，如果物体以 g 的加速度加速下降，弹簧测力计或台秤的示数为多少呢？ 蔡老师总结：根据牛顿第二定律，有 $G-F=ma$，$F=G-ma=mg-ma=m(g-a)=0$。 结论：当物体以 $a=g$ 的加速度竖直向下加速运动时，物体做自由落体运动，弹簧测力计或台秤的示数为零，这就是完全失重状态。◆△♀ 给出完全失重的概念：当物体具有竖直向下的加速度且其大小等于重力加速度时，弹簧秤的拉力等于零，这种现象称为完全失重。 蔡老师的问题四：完全失重是不是重力消失了？ 生：不是。☺ 蔡：当物体处于完全失重状态时，物体的重力依然不变，只是视重为零。◆♀处于完全失重状态的物体会产生什么现象呢？我们一起来看一个有趣的小实验。（蔡老师展示可乐瓶，瓶侧面钻有小孔，水从可乐瓶侧壁喷射出来。让可乐瓶做自由落体运动，结果水不再从小孔中流出。蔡老师播放事先拍摄好的视频，让学生能更清楚地看到实验现象。蔡老师让学生解释这个现象☆♀□）。**学生很难理解，可能会有其他解释** 生：水的重力完全用来提供加速度，$a=g$，水对可乐瓶的侧壁没有压力。☺
四、运用牛顿第二定律和牛顿第三定律分析超重和失重现象 蔡老师让学生解释课前引入的在电梯里测体重的现象。◆△ 蔡：日常生活中还有很多超重和失重现象。电梯加速向上运动时，我们感觉到脚底压力加大、头晕，这时是超重状态，当电梯即将停下的时候，我们有一种轻飘飘的感觉，这时是失重状态。自从人造地球卫星和宇宙飞船发射成功以来，人们常谈到超重和失重，关于太空中的超重和失重现象，我们最后再来看一段神州七号的录像。◎♀ ……

我们曾根据蔡老师对科学探究及其教学的认识推测可能的教学情况，通过对她的实际教学的分析，可以看出二者非常吻合。蔡老师以讲授演示的方式来达到学习目的，课堂缺失探究性，并且三维课程目标彼此分离，知识外的其他两维目标仅试图通过教师主导和解题的方式达成。

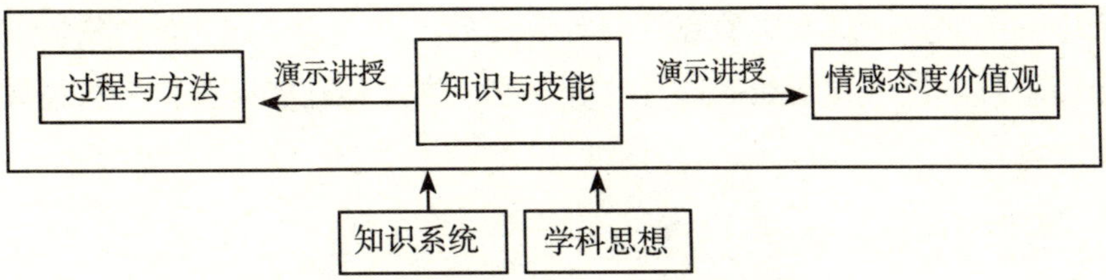

图 5–8　中国教师教学实践的线性模式

二、中国教师旗帜模式的探究教学

李老师，男性，本科学历，物理教师，在北方某城市的普通高中工作了六年。对于该教师教学实践模式的研究，方法同上。

（一）李老师对科学的认识及可能的教学方式

1. 李老师的典型回答

我觉得科学是人类感知自然、认识自然、对自然现象本质的认识。这些科学学科的逻辑思维和抽象思维很强，而其他学科的形象思维较强。

有些科学知识可能改变，但不是说它是错误的，只是有一定的局限性，是某一种更普遍规律的特例。比如说“牛顿运动定律”，它只适用于宏观物体的低速运动的情况。科学家通过将恐龙化石的结构与现代动物的结构作对比，模拟出的恐龙的造型，其外表应该是科学家的一种猜想。

……科学家对事物的研究具有个人色彩，结果具有主观因素。

科学家通常是通过对现实生活中的一些现象进行观察、研究，最终得出其本质规律，然后根据这些规律进行实践，在实践中进行修正，当出现矛盾时，再对矛盾进行分析处理，直至得出更为普遍的规律。

……他所得出的结论仅仅是通过个人观察得到的，仅是对事物的表象认识，没有再进行进一步的研究，并从本质上作出解释，所以他的结论不是科学的，虽然可能是正确的。

数据可以作为证据，但证据不一定都是数据。……

2. 推测可能的教学方式

李老师认为科学的本质是一种认识方式，科学探究要训练学生的认识能力，倾向于技能训练的探究教学，初步推测他在教学实践中可能采取以知识和技能训练为中心的讲授演示或实验设计的教学方式。进一步来说，他对实验的认识仅处于简单阶段，不清楚如何进行实验探究，因此他在实际教学中可能倾向于讲授演示的方式。

（二）教学目标和教学过程及其分析

采用符号编码来分析，李老师在教学目标和教学过程中明确提及知识 19 次，技能 10 次，方法 2 次，过程 2 次，情感态度价值观 0 次，教师主导 12 次，教师确定学生答案 6 次。他的基本流程是：回顾电场强度概念——讲授有关磁感应强度方向的知识——演示磁感应强度的大小——引导学生解题——学生解题训练——作业——反思知识点。整节课都围绕磁感应强度展开，过程与方法体现在解题中，而情感态度价值观没有涉及。（见表 5–5 ～ 5–6）

表 5–5　李老师的教学目标

课题分析	教学课题：§ 3.2 磁感应强度
本节课的目标	知识与能力： 1. 理解磁感应强度的定义，知道它的单位是特斯拉。◆ 2. 会用磁感应强度的定义式进行有关计算。◆△ 3. 会用公式 $F = BIL$ 解答有关问题。◆△☆ 过程与方法： 1. 使学生知道物理中研究问题时常用的一种科学方法：控制变量法。◆□ 2. 通过演示实验的探究，分析总结☆，获取知识。◆ 情感态度与价值观： 在探究中使学生学会由个别事物的个性来认识一般事物的共性的科学方法。□
重难点	1. 重点：磁感应强度的物理意义◆；2. 难点：磁感应强度概念的建立◆。

表 5–6　对李老师教学过程的文本分析

一、导入新课（让学生回顾电场强度概念◆☺） 李：磁场不仅具有方向，也有强弱，为表征磁场的强弱和方向就要引入一个物理量。怎样的物理量能够起到这样的作用呢？我们以前是用哪个物理量来描述电场的强弱和方向的？电场强度是如何定义的？其定义式是什么？今天我们用类似的方法来学习描述磁场强弱和方向的物理量：磁感应强度。

（续表）

二、进行新课

1. 磁感应强度的方向

电场和磁场都是客观存在的。电场有强弱和方向，磁场也有强弱和方向。大家想一下，电场强度的方向是如何规定的？对研究磁感应强度的方向有何启发？♀

板书：在磁场中的任一点，小磁针北极受力的方向，亦即小磁针静止时北极所指的方向，就是该点的磁场方向，亦即磁感应强度的方向。◆

提问：磁感应强度的大小能否从小磁针受力的情况来研究？

不能。因为小磁针不会单独存在一个磁极，小磁针静止时，两个磁极所受合力为零，因此无法从小磁针受力的角度确定磁场的强弱。☺

提问：那么如何研究磁感应强度的大小呢？从电流在磁场中受力的角度去研究。♀

2. 磁感应强度的大小

在物理学中，把很短一段通电导线中的电流 I 与导线长度 L 的乘积 IL 称作电流元。要使导线中有电流，就要把它连接到电源上，所以孤立的电流元是不存在的。那我们怎样研究磁场中某点的磁感应强度呢？可以在磁场的强弱和方向都相同的匀强磁场中，研究较长的一段通电导线的受力情况，从而推知一小段电流元的受力情况。♀◆

演示实验：三块相同的蹄形磁铁并列放置，可以认为磁极间的磁场是均匀的，将一根直导线悬挂在磁铁的两极间，有电流通过时导线将摆动一个角度，通过这个角度我们可以比较磁场力的大小。♀△◆

（1）先保持导线通电部分的长度不变，改变电流的大小。♀△◆☺

教师引导学生分析得出结论：通电导线长度一定时，电流越大，导线所受磁场力就越大。♀△◆☺

（2）……

李老师讲解：精确的实验表明，通电导线在磁场中受到的磁场力的大小，既与导线的长度 L 成正比，又与导线中的电流 I 成正比，即与 I 和 L 的乘积成正比，用公式表示为 $F = BIL$，式中 B 为比例系数。♀◆

李教师问：B 有何物理意义呢？♀△◆☺

演示：在不同的蹄形磁铁的磁场中做上面的实验。

教师引导学生分析计算…… ♀△◆☺

三、李老师的实例“探究”

导线长 0.2m，通过 3A 的电流，垂直放入磁场中某处，受到的磁场力是 6×10^{-2}N，则该处的磁感应强度 B 的大小是 _____T；如果该导线的长度和电流都减小一半，则该处的磁感应强度的大小是 _____T。♀△◆

四、作业♀△◆

五、李老师的反思

磁感应强度的概念教学是本节课的重点，要让学生接受磁感应强度这个概念，首先要把电场强度复习一下，让学生对比电场强度，引出磁感应强度的概念。♀△◆

进一步分析教学过程与三维目标的达成，李老师认为“过程与方法”和“情感态度与价值观”目标的达成均需长期积累，应该融合或者隐含在“知识与技能”的学习中。李老师用以知识为核心的教学实践来达成课程目标，即以知识与技能为旗帜，其他两维目标或是隐含在教学中或是在教学中不予考虑，知识是主导目标，教学实践缺失探究性。（见图 5-9[1]）李老师的教学实践与推测比较吻合，虽然他认为应该训练学生的认识能力，科学的本质是一种认识方式，但是由于他缺少对实验的基本认识，而仅能采取讲授演示的教学方式，李老师缺少基础性的科学探究知识，在教学中缺乏探究性。

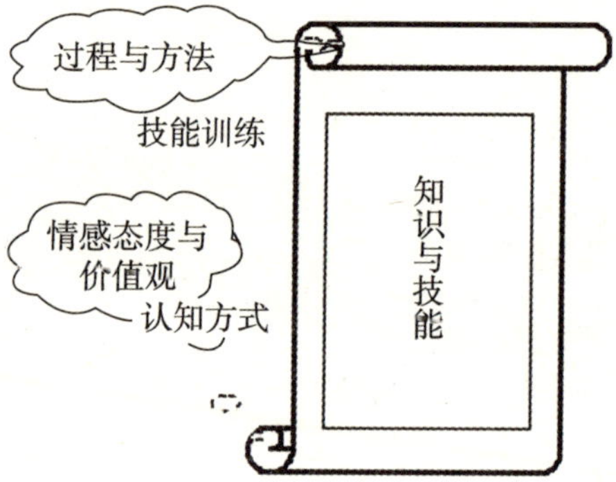

图 5-9　中国教师教学实践的旗帜模型

第三节　美国教师科学探究教学的案例

一、美国教师环状模式的探究教学

对两位美国教师的教学案例采取与中国教师相同的文本分析方法，调查其可能的探究教学模式。

教师盖拉多（Gallardo），女性，本科学历，生物教师，在芝加哥一所私立天主教的 K-8 学校[2]工作了五年。对于该教师教学实践的模式研究，方法同上。

[1] 一种认识是情感态度与价值观属于过程，包含在过程与方法维度中，另一种认识是过程与方法维度的学习和情感态度与价值观维度的学习包含在知识与技能中。另外，在三个维度中始终有教师主导、认识方式和学生能力的贯穿。

[2] 包括幼儿园、小学和初中，这类学校在美国的基础教育阶段较常见，尤其是私立学校。

（一）盖拉多老师对科学的认识及可能的教学方式

1. 访谈中的典型回答

科学是研究自然世界的……它的前提假设是我们发现的证据可以支持某一“规律”……科学的目的就是借助控制实验，发现这些规律。

科学以经验事实为基础……

……如果在科学共同体中的流行的观点发生了变化，科学的理论也会发生变化。

科学家主要通过观察和实验来研究自然界，通过观察，他们会提出问题，然后通过一定的方法检验这一问题……

通过观察作出合理的推理的这个过程是科学的，因为有证据支持这个结果，但是它必须要经过检验，运用可控的方法和变量来验证才是实验……

数据是我们在研究过程中收集到的……当它经过检验可以用来证明结论的时候就成为证据……

2. 推测可能的教学方式

盖拉多认为科学的本质是实证研究，科学探究要训练基本的过程技能，她倾向于情境认知的探究教学，鉴于她对科学本质和科学探究的认识水平较高，初步推测她在探究教学实践中可能采取以过程和方法为中心的实验设计式或情境认知式教学，这还要根据她对定型步骤的科学探究的具体理解才能明确。下面根据她的教学目标及其教学实践的过程，考察她的实践是否和我们的推测相符，并进一步探讨她的课程目标达成情况。

（二）教学目标和教学过程及其分析

盖拉多在教学目标和教学过程中明确提及知识 18 次，技能 18 次，方法 17 次，过程 18 次，涉及情感态度[1] 20 次，教师引导 7 次，教师确定学生答案 0 次，实际生活应用 17 次。她的基本流程是：引入体内平衡的问题情境——学生围绕问题收集和分析数据——学生对结果进行讨论——学生反思问题——思考结果得

[1] 由于文化的原因，在美国基础科学教育中一般不会涉及价值观这一目标。

出的过程——反思和讨论。本节课建构在学生对以往知识和技能的掌握之上并基于实证研究的方法，在探究的解释和分析阶段，学生也要运用知识和技能解决实际问题，而学生的情感和态度在整个探究过程中是隐含的，比如对医生和科学家的认识、对自我决策的判断、对病人病情认识的科学性等。（见表 5–7 和 5–8）

表 5–7　对盖拉多老师教学目标的文本分析

课程目标	体内平衡及其应用
学习目标	1. 学生能够评价血压、心率、呼吸率和体温对维持人们正常的体内平衡的重要作用。◆△ 2. 学生能够通过对体内平衡的理解，对在实际生活中如何照顾病人作出决策。◆△☼☆□
科学本质	1. 学生能够描述科学本质的主观性方面。◆△ 2. 学生能够描述科学本质的暂定性方面。◆△
科学探究	学生能够说明科学的解释基于数据和已有知识。◆△
情境	这节课是体内平衡这单元的最后部分，学生已经用几周的时间学习了什么是体内平衡，身体的各个部分如何协调工作来保持体内平衡，以及体内平衡被破坏后的结果。◆△☆

表 5–8　对盖拉多老师教学过程的文本分析

第一部分：问题 引入：今天我们将用我们对体内平衡的理解来解决一个问题♀，首先我们一起来听一个故事，大家准备好了么？（教师将对故事的介绍分发给学生，并让其阅读，时间为 2 分钟） 介绍：在这个活动中，假设你们在医院的急救病房工作，一些病人同时到了病房。你将检查他们病情的一些重要特征，确定他们的体内平衡可以在危及生命之前坚持多久，然后选择合适的治疗方式。当你们阅读完我给的信息后，请在表格中的前四个柱状部分填写你们的建议，大家有 15 分钟的时间。☼☆□◎
第二部分：收集和分析数据☼☆□◎ 当学生读完教师所给的材料后，教师到学生周围观察学生的活动，并提出问题♀： 1. 你们认为他们的病情在正常的范围内么？ 2. 如果疾病超出了正常范围会出现什么问题？ 3. 病人保持体内平衡的能力发生了什么变化？ 4. 你们是如何确定病人所处的病情阶段的？ 5. 你们使用了哪些信息来确定他们的病情阶段？

（续表）

第三部分：对结果的讨论 告知各个小组停止讨论♀，并加入全班的讨论中。让每个小组的同学描述一下他们认为哪个病人的病情最重，并解释为什么。◆△☼☆□◎当他们在讨论自己的决定时，盖拉多向学生提出以下问题。（5 分钟） 1. 我们今天要解决的问题是什么？◆△☼◎ 2. 你们是如何解决这个问题的？☆□◎ 3. 你们为什么将病人的疾病情况这样排序？◆△☼◎□☆ 4. 疾病的哪个特征对病人的体内平衡提供了最大的表征？◆△☼◎ 5. 你们使用了哪些信息来作出这个决定？◆△□ 6. 在科学中我们把信息称作什么？◆△ 7. 为什么在你们确定病情的时候信息如此重要？◆△□ 8. 为什么分析同样的信息，我们很多人的排序却不同？☼◎ 9. 你们所作的决定在多大程度上和医生所作的相似？☆◎□☼
第四部分：更多的信息 分发给学生其他组的相应材料，给学生时间阅读，并让他们对自己的排序作出更多的决定。☆□◎当小组活动时，教师观察并询问学生。（问题见上面同一个环节）（5 分钟） 在学生阅读讨论完其他组的材料后，教师询问♀： 1. 你们改变你们开始的排序了么？☆□◎ 2. 如果改变，你们基于什么理由？◆△☼ 3. 新的信息如何影响你们的理解？☆☼◎ 4. 这一研究过程同科学家还有医生的有多大的相似？◎☆□ 5. 大家看到其他组的排序，有人改变自己的排序么？◎
第五部分：结果是如何得出的 给学生们阅读基于他们的选择在不同情境下出现的结果，然后问下面的问题。♀（5 分钟） 1. 大家对结果有疑问么？☼☆□◎ 2. 大家现在觉得在我们活动最开始的时候哪些信息是有用的？◆△☆ 3. 科学家在进行研究的时候是不是所有信息都可以利用？☼◎
第六部分：收尾和布置作业 询问学生以下问题♀：（3 分钟） 1. 我们今天强调的问题是什么？◆△ 2. 我们使用的方法同医生和科学家的相似还是不同？□☆ 3. 为什么两个不同的人对同样的信息会得出不同的结论？☼◎ 4. 当我们工作的时候，是什么改变了你的排序？☼◎ 5. 你们今天在得出结果的过程中使用了什么方法？科学家们是如何得出结论的？□☆ 作业♀：现在我们知道了病情的哪些特征可以为人们维持体内平衡提供更多的信息，请大家解释你们今天的选择和作出的推理过程，写两段。◆△☼☆□◎ 以后的评价：下周这一章结束的时候，将会给学生一次小测验，考察他们对体内平衡的总体理解。作为测验的一部分，他们要分析病人的病情特征，并描述病情的程度和状况，学生需要提供详细的证据描述来说明他们作出相应诊断的原因。◆△☼☆□◎

盖拉多老师的课堂始终围绕着如何判断医院中病人的体内平衡这一真实情境，从学生收集、分析数据到讨论结果和反思，过程与方法贯穿于整个探究过程，其他两个维度的目标也占有几乎相等的分量，在探究过程中达了到知识与技能、情感和态度两个目标的实现。综合其对科学探究及其教学的认识，盖拉多老师通过环状模式的教学实践来达成课程目标，即她的教学实践基于实证研究和技能探究，内隐地达成问题情境和情感目标，以过程和方法为中心，环环相融。（见图 5–10）盖拉多的教学实践倾向于情境认知，与我们根据其对探究教学的认识所作的推测基本吻合。虽然盖拉多认为探究教学关注定型步骤，但在实际教学中可以发现，她对步骤的认识并不僵化，她的教学实践体现了探究性，并且在一定意义上还将科学探究作为课程内容让学生进行内隐学习，并通过问题来使学生反思，对学生的科学探究认识进行了评价。

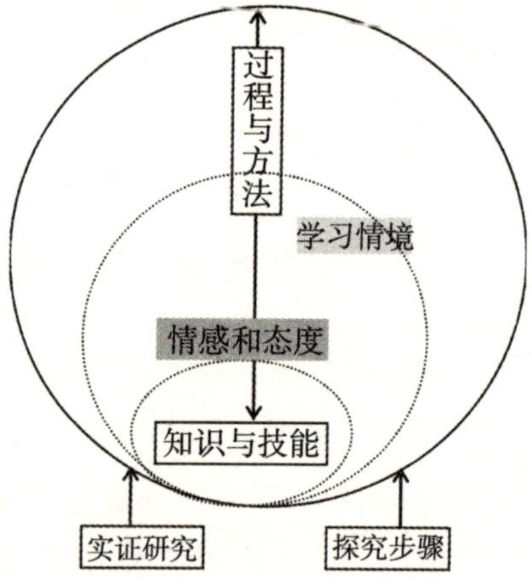

图 5–10　美国教师教学实践的环状模式

二、美国教师三角模式的探究教学

沃克（Walker）老师，男性，本科学历，生物和物理学科教师，在芝加哥的公立中学（也就是完全中学）工作了两年。对该教师教学实践模式的研究，方法同前。

（一）沃克老师对科学的认识及可能的教学方式

1. 沃克老师的典型回答

科学是通过系统的客观的步骤和数据分析来理解我们周围的世界和宇宙，客观性是科学区别于其他学科的一个主要特征……

气象员对天气模型种类的猜测不是完全肯定的，因为有很多因素我们还无法全部不考虑，只能说我们在多大程度上具有确定性……根据实际的情况，比如芝加哥地区的天气预报，就经常会有不符合实际的情况发生，只不过相对于英国类似地形的城市，它预报得要准确一些而已……

科学家基于猜想和假设来组织和进行科学研究。

这个人对于鸟类的观察所作出的判断是科学的，他这也是在探究，当初达尔文不也是从这样的例子做起的吗？他探究的过程包括了数据的收集和分析……

数据是记录的证据，用以分析人们的假设……很难将数据和证据分开。

2. 推测可能的教学方式

沃克认为科学的本质是实证的研究，科学探究要注重情境建构，他倾向于情境认知的探究教学方式，初步推测他在探究教学实践中可能会采取以过程和方法为中心的情境认知式的教学模式。

（二）教学目标和教学过程及其分析

沃克老师在教学目标和教学过程中明确提及知识 16 次，技能 15 次，方法 11 次，过程 9 次，涉及情感态度 7 次，教师引导 7 次，教师确定学生的答案 4 次，实际生活应用 8 次。他的基本流程是：形态学证据的图表观察活动——学生猜想——学生进行生物归类——学生解释和描述——学生修正答案——反思和讨论。

沃克老师在课堂上始终围绕形态学证据、学生探究活动和小组活动中的体验这三个方面来进行教学，三个课程目标始终围绕探究活动进行，学生在探究活动中生成知识与技能、内隐情感与态度，运用科学方法。（见表 5–9 和 5–10）综合他对科学探究及其教学的认识，沃克老师通过三角模式的教学实践来达成课程目标，即在探究教学中同时实现三个课程目标。（见图 5–11）沃克的教学实践属于情境认知，与我们的推测非常吻合，他的教学实践体现了探究性，并且将科学本质和科学探究作为课程内容让学生进行内隐性学习，还通过问题来使学生反思，对学生的科学探究认识进行了评价。

表 5–9　对沃克老师教学目标的文本分析

课程分析	课程：化石与生物种族进化理论
学习目标	内容：学生能够通过化石明白生物种族进化理论的两个重要方面。◆ 1. 形态学上的证据可以用来推测种群之间的可能关系◆△； 2. 岩石的记录（化石的相对高度）可以用于推断相关生物在进化时间上的次序。◆△ 探究：学生应该能够确定问题以及进行科学探究的基本操作。◆△ 科学本质：当证据呈现的时候，学生应该能够区分观察和推论。△
材料	高架投影仪，形态学证据的图表，演示证据的图表，相应的幻灯片，剪刀
时间	30 分钟

表 5–10　对沃克老师教学过程的文本分析

0～3 分钟：以 3～4 人为一组，沃克分发形态学证据的图表，并在投影仪上打出相应的幻灯片。告诉每个小组在图表底部写下他们的三个观察问题，并让全班学生一起来自愿说出他们的观察。♀教师给予合理的观察者以肯定，并注意了学生作出的推测而不是观察。☆ 学生的推测有：一些生物生活在陆地上，一些生活在水里；一些爬行，一些游泳。😌沃克提出问题：你们为什么这么说？引发学生对证据的思考。这期间学生可能会通过阅读一些生物体的名字得出线索，询问学生这些线索是否能提供给他们进行观察或推论该生物体的可能。△◆☼
3～8 分钟：沃克让小组合作剪下图片，归类到他们认为合适的生物种类中☼，同时剪下相应的幻灯片♀，然后提出问题让全班学生描述他们小组的工作。 1. 你们发现了多少种类？△◆☆ 2. 有的种类比其他的容易发现么？为什么？△◆□ 3. 小组中的每个成员都同意所在小组的结果么？◎ 4. 你们对小组结果的准确性自信么？◎ 当出现机会时，沃克再一次强调观察和推论的区别♀，用投影仪来让学生分享他们小组的观点。

（续表）

8～13 分钟：沃克通过以下问题来介绍课程的下一个步骤。 1. 你们发现的关系能够用来描述你们小组的问题么？□◆ 2. 你们能找出线索说明小组中的生物体是否生活在同一个地方和时间么？☼△◆□ 3. 还有其他方法可以将小组中的生物体相互联系起来么？△◆□☆ 学生回答：它们适应生活在略有不同的生物系统中。沃克关注学生可能出现的暂时性联系。☺ 沃克要求小组将图片按照进化关系进行归类♀，并画出表格。
13～22 分钟：沃克给全班学生提出问题。 1. 你们很轻松地将本小组的生物体进行了排序么？△◆□ 2. 不同种类的生物体间有什么联系么？△◆□☆☺ 3. 这些问题如何在你们的图表中显示出来？□ 4. 你们对自己的图表的正确性有自信么？◎ 学生设计的图表分支类的比较多，而不是线性的。当学生对他们的图表不确定时，沃克问：“还有其他信息对你确定自己的图表有用么？”有学生提到化石的年龄，沃克扩展问题：“你们是如何得到它们的年龄这一想法的？”还有的回答用放射性元素追踪，沃克继续问学生还有没有其他方法可以预测。学生无法自己提出其他的可能方法，沃克询问化石发现的地点能否提供暗示，最终岩石记录被注意到了，沃克发给学生相应的材料并投影。♀☆☺☼
22～27 分钟：沃克建议各小组加入这个新证据，修正他们的图表。◎△◆□☆ 沃克询问小组成员对他们的进化谱图的描述，并再次询问他们对此结果的确定性。♀普遍的错误是学生会将谱图画成与化石的岩石记录相似的位置，对这一现象的处理方法是，询问学生某种特定年龄的化石是不是能够在岩石的任何地方发现。☺
27～30 分钟：沃克总结并询问如下问题。♀ 科学本质：观察和推论的区别。□ 知识概念：科学家通过哪些证据可以理解相关生物体的关系？◎△◆☼☆ 探究问题：关于化石的什么问题对科学家来说是最有用的？我们是经过怎样的活动过程来发现这个问题的？◎△◆□☼☆ 作业：沃克让学生将他们的作业通过海报的方式画出来，描述他们对今天课程的理解，可以加入颜色来表示相同进化分支上的不同生物体随着时间的推移而发生的敏锐变化。◎△◆□☼☆

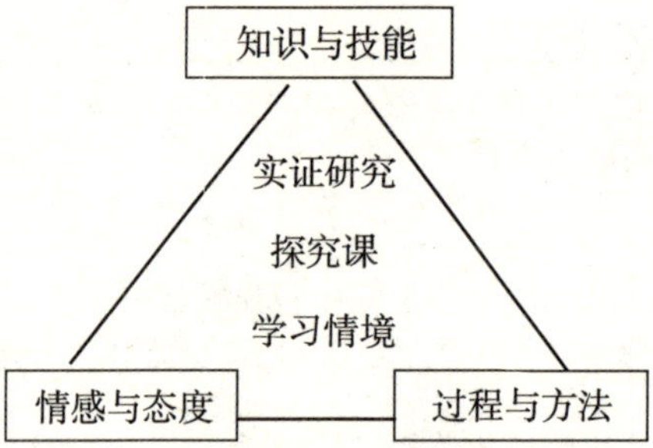

图 5-11　美国教师教学实践的三角模型

第四节　中美教师科学探究教学的比较

本部分主要通过对中美四位教师的探究教学案例的质性分析，进一步探讨和比较他们的教学模式，最后反思中美课堂情境中探究教学的差异。通过案例研究，我们发现中美教师的探究教学存在很大的差异，突出表现在教学模式和课程目标两个方面。

一、中美教师探究教学模式的差异

中美两国教师对科学课程三维目标的达成采取了不同的方式。中国教师多以三维目标为三个单线，将探究要素作为基本步骤，从提出问题、猜想假设到制订计划进行实验，然后得出结论，最后交流和应用，整个过程是线性推进的。（见图 5-12）美国教师的探究教学多综合关注三维目标的各个方面，以问题为核心，从识别问题、收集数据、形成假设、实验探究、分析数据、验证假设、解释结果、回顾反思到实际应用都是一个以问题为中心的循环开放的系统。（见图 5-13）

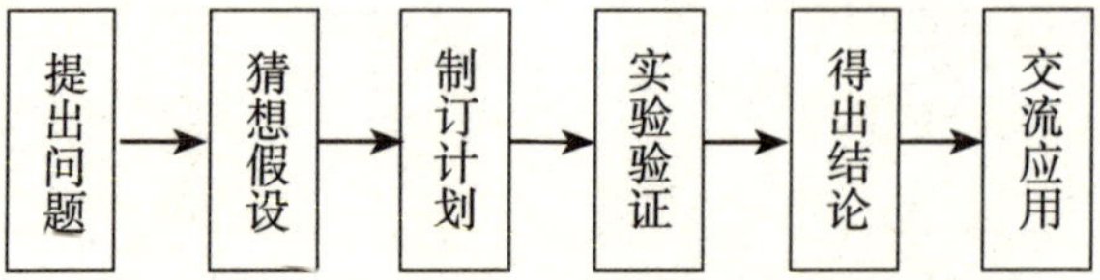

图 5-12　中国教师线性推进的探究教学模式

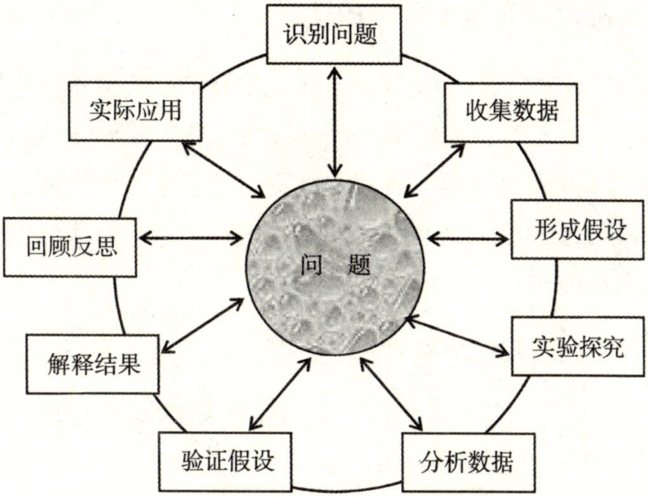

图 5-13　美国教师中心循环的探究教学模式

综上所述，中国教师多在探究教学中关注知识和技能这一维度的目标，而将过程与方法、情感态度与价值观两个维度或内隐和弱化，或作为工具，或并不涉及，这反映出教师知识中心论的思想，是一种探究性缺失的“探究”教学，属于传统演示和讲授式的科学教学。美国教师则将科学探究作为目标或内容，将科学知识或作为基础，或作为工具来进行探究教学，他们的探究教学不仅以探究的方式来学习科学知识，而且更多地是将科学探究作为课程内容和目标来教学。

探究教学本身具有两重涵义，以探究为方法的教学和以探究为内容的教学。前者指以科学探究为主要模式的教学方法，也就是我们通常所说的探究式教学，它将科学探究作为一种教学方式来进行科学知识的教学，它的教学目标是科学知识或者科学知识和科学探究,类似于基于探究的教学。后者以科学探究的技能、过程以及本质作为教学内容和目标，并采用探究的方式来教授，可以说是以探究作为内容的教学，它以科学探究为教学目标，并不关注科学知识，或者不涉及可以结构化的知识，而是强调探究的方法和步骤及其本质，可以看作以探究作为课程内容的教学。由于国内没有探究能力培养的传统，探究教学更多的是从教学法层面而不是从课程的层面来讨论，但是在美国探究教学的培训中则更倾向于课程内容。

二、中美科学探究教学目标的达成

中美教师科学探究目标的达成具有不同的特征。我国新课程标准倡导学科教育的“三维目标”，即知识与技能、过程与方法、情感态度与价值观是一个整体，不可分割；美国基于探究的科学课程目标突出三要素、两主线的整合论。这部分主要以我国科学学科知能结构的变化和美国科学课程的整合思想来比较中美科学探究教学目标的达成。

（一）科学学科的知能结构

以物理学科为例，它的结构包括物理学的基本概念、定律和理论、基本方法以及它们之间的相互联系。美国哈佛物理教材改革计划（Harvard Physics Project，HPP）的发起人霍尔顿（Holton，1970）曾提出物理学的三维结构模型。他认为，物理学任何一部分内容的结构及其发展都可以分解为三个因素：实验（事实），物理思想（逻辑、方法论等），数学（表述形式或计量公式）。在这一观点的影响下，一种以知识为中心的物理教学理论逐渐形成并写入物理教学法教科书，其表述形式为物理学的知能结构图。旧的知能结构的路径是：物理现象——物理知识（概念、规律等）——科学方法；物理现象——物理知识（概念、规律等）——延伸与应用。图 5-14 由上（实验）、中（核心理论）、左（科学方法论）、右（数学）、下（延伸与应用）五个区域构成，反映了物理学科所要求的知能结构。

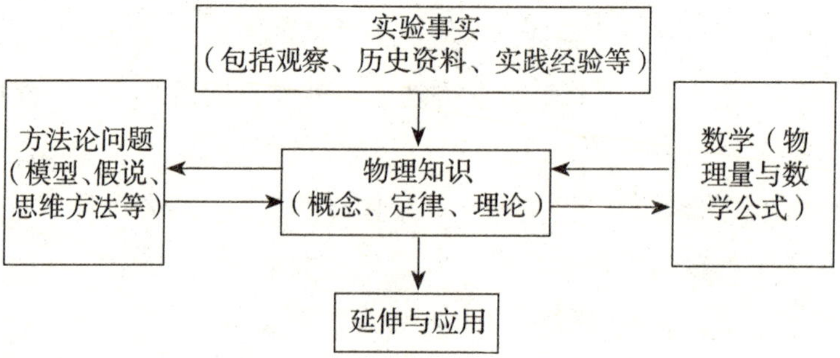

图 5-14　物理学旧的知能结构图

国内有学者认为物理课程中的科学方法和过程教育应该以外显的方式来进行，比如中学物理教学的主要物理方法有演绎推理法、实验归纳法、理想化方法、比值定义法、控制变量法、比例系数法、近似方法等，主要思维方法有分析、综合、抽象、概括、判断、推理、假设、分类等，在实际教学中，教师需要外显这些科学方法，教授给学生。因此，他们提出了新的知能结构，即：物理现象——科学方法——物理知识（概念、定律等）;物理现象——科学方法——延伸与应用。（见图 5-15）新的知能结构强调科学方法在物理教学中的重要性，通过科学方法来进行物理知识的学习。

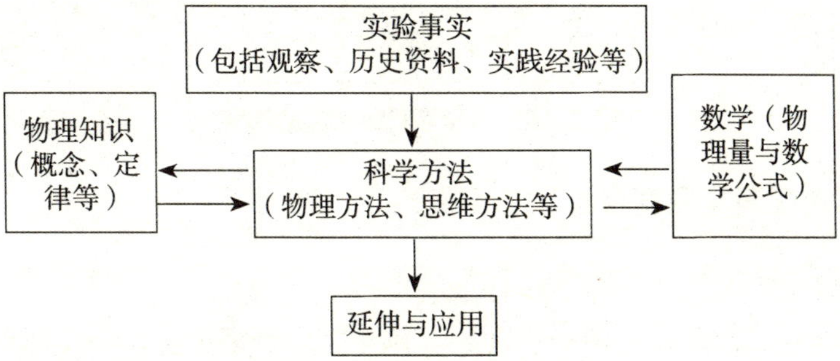

图 5-15　物理学新的知能结构图

这一知能结构也适用于其他科学学科（见图 5-16），比如在化学教学中，大多数教师认为认识化学科学主题的方法有实验、假说、模型、比较、分类等，为了提高学生的探究能力，需要以知识和技能为基础，知识的掌握对能力和方法的形成具有促进作用，很明显，这是传统的知能结构模式，而新课程标准明确提出了过程与方法这一目标，很多研究者也认为化学是一门实验科学，学生学习化学不仅仅是学习化学的基本知识和技能，而且要通过过程与方法逐步学习并掌握科学的认知方式和培养科学探究的能力，获得一定的科学素养。这种认识在生物等科学学科中也非常普遍。对过程和方法的认识，存在工具论和目标论两种情况。[1]

[1]　资料来源：http://www.pep.com.cn/gzhx/gzhxjs/ghpxpd/ghjyjl/200803/t20080327_454703.htm

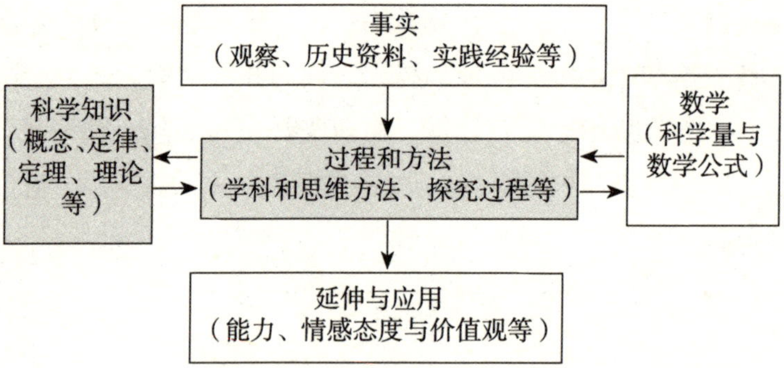

图 5–16　科学学科的知能结构图

（二）美国科学课程目标的三要素论

美国基于探究的科学课程目标被概括为三要素、两主线的整合论（Sandra Laursen，2004）。三要素，即科学知识、做科学、科学本质；两主线，即作为教与学的探究，作为课程内容的探究。当今美国科学课程的目标是将科学探究作为 K–12 科学教育中最好的实践方法，强调探究的三个要素：通过探究学习重要的科学概念，即学习科学知识；学习科学的过程，即学会做科学；学习科学的本质，即关于科学的学习。（见图 5–17）

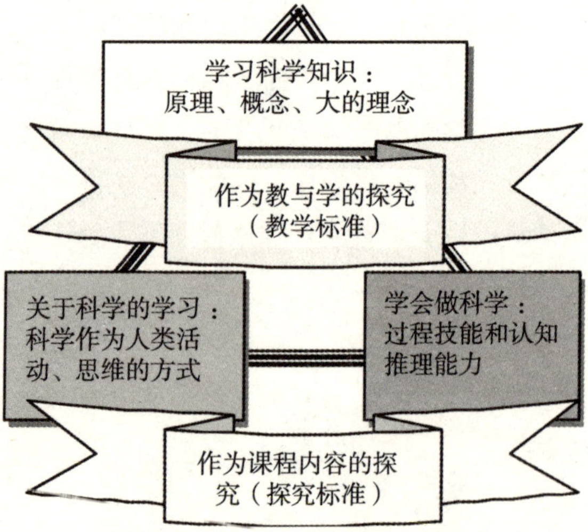

图 5–17　美国科学课程的三要素

第六章

我国拔尖创新人才培养的实证案例

1974年5月，诺贝尔物理学奖获得者李政道先生撰写了一份名为《关于培养基础科学人才的建议——参观上海复旦大学后的一些感想》的建议书，通过周恩来总理上报毛泽东主席。李先生建议，基础科学人员的训练，应该在十三四岁时开始，得到了毛泽东和周恩来的赞同。这就是我国创新人才培养理念最初的提出。回顾我国中小学创新人才培养的历史，30多年来，在学生培养和管理模式、政策制度等方面，我们积累了很多经验。我国有关创新人才培养的中小学校有很多，每所学校都有各自的特色，他们在人才培养的探索道路上不断摸索和进步，各种培养模式共同存在和发展。本章基于北京市教委已经在人大附中和北京八中开展的研究课题，以方便性的原则，实证调查拔尖创新人才培养的教学方法和课程设置。

第一节　人大附中和北京八中的拔尖创新人才培养

从 1985 年开始，中国人民大学附属中学和北京市第八中学开始尝试进行拔尖创新人才培养的研究和实践，经过二十多年的探索和发展，在学生鉴别与选拔、学制确立、课程设置、教师队伍建设等方面取得了一定的经验和成果，本节将对两所学校的拔尖创新人才实验班的基本情况作总体介绍。

一、人大附中创新人才培养的经验回顾

人大附中依托学校本身的教育教学资源优势和多年来的学生管理经验，在创新人才培养方面探索出加速、丰富式的实验班教育模式，丰富了我国拔尖创新人才培养的实践，在人才培养和教育成果方面取得了丰硕的成绩。

（一）人大附中学科发展培养期

1985 年初，人大附中在海淀区举办首届“幼苗杯”数学邀请赛，从 300 名小学六年级的学生中选出了 40 名优胜者，组成了人大附中第一届数学实验班。当时的数学实验班为初高中四年一贯制，通过数学竞赛的方式招生，单独编班，教师都是数学和语文等学科的优秀教师。1987 年，第一届初中实验班的学生毕业后，胡均泽校长建议组建两年制高中实验班。在首届高中实验班中，刘彭之担任数学教师兼班主任，学校选派各科优秀教师任教该班。由此，人大附中开始了延续性拔尖创新人才培养的教育实验工作，并在北京和全国各项比赛中取得了优异成绩，首届学生全部考入北大、清华等重点大学。

1989 年，人大附中基于数学实验班的教学基础和成果，创办了“华罗庚数学学校”，开设现代少年等课程，学制从四年改为五年（初中两年、高中三年），聘请中科院华罗庚数学实验室的专家和中国科技大学的教师到校开讲座或者专修课，由此，人大附中创新人才培养的教育实验并入了学校的常规教育体制。在刘彭之担任人大附中副校长之后，华罗庚数学学校又广泛开设了选修课和各种各样的课外活动，在以往加深数学等专业课学习的基础上，拓宽了各科的学习

内容，增设了各种课程，锻炼学生的创新思维能力、科学探究能力和实际操作能力，并且开设了足球学校、管乐学校等，促进学生德智体美等方面的综合发展。

（二）人大附中多元化发展期

1994 年，人大附中联合华罗庚数学学校、外语学校、计算机学校、创造发明学校等共同成立华罗庚学校，在招生、教学、管理和研究方面进行了统筹安排，这标志着人大附中拔尖创新人才朝着多元化、全面化发展。1996 年，人大附中初高中实验班的学制从五年回归为六年，招生范围扩展到艺术、体育等方面，在能力培养方面，也包含了实际生活等能力，比如组织能力和演讲能力等。1997 年，人大附中面向全体学生实施“素质教育工程”，目的在于使每位学生的潜能都得到充分的发挥，让学生获得宽厚的基础和知识、过强的能力和较高的素质，充分发展学生的特长，做到课内外和校内外的活动相结合。2004 年，华罗庚学校更名为仁华学校，“仁”和“人”谐音，“华”是“华罗庚学校”的简称，“仁华”就是人大附中与华罗庚学校的合称，这样拔尖创新人才的教育就融合到了常规教育中。2010 年，在北京市教委的支持下，人大附中建立了拔尖创新人才早期培养班，简称早培班。

二、北京八中创新人才培养的经验回顾

北京八中的素质班和少儿班也采取了创新人才培养的实验班模式。20 多年来，北京八中在拔尖创新人才早期培养的班级编制、课程设置和教学方法等方面积累了很多经验，并获得了相关的教育教学成果奖。

（一）北京八中拔尖创新人才培养的经验

北京八中的前身是 1921 年成立的四存中学，1949 年更名为北京市第八中学，1951 年迁入现址，学校由初中部、高中部和分校组成。1985 年，在市教委的支持下，北京八中与中科院心理所和北京市教育科学研究所合作，创办了第一届中学超常教育实验班，即现在的少儿班。当时采用四年的弹性学制，入学者为 10 岁左右的智力突出的儿童，采用集中授课的教学方式和加速教学模式，以促进他们智力的发展和人格的成长，并关注他们个性的和谐发展和社会化的过程。八中连续承担“八五”“九五”课题，获得北京市“七五”教育教学研究成果一

等奖，出版了《超常少儿的鉴别与培养》一书；1999年获得北京市首届基础教育教学成果特等奖和全国第二届教育科学优秀成果二等奖；2001年出版《超常儿童成长摇篮》一书；2005年八中举办了超常儿童实验班的20年座谈会；2008年，八中的“超常儿童发展的追踪研究”课题获得北京市第五届教育科学研究优秀成果二等奖。

（二）北京八中创新人才实验班的教学探索

八中少儿班的教学与普通班级有所不同，利用四年的时间来完成从小学五年级到高中三年级共八个年级的课程，各学科的教学时间压缩为常规学制的一半，体育课除外。八中素质班是近年在北京市教委的支持下成立的，时间较晚，它基本上没有缩短学制。除了正常的体育课之外，少儿班和素质班每周均安排了半天的自然体育课，该课程包括了竞技类、体能类、表演类等体育项目，既有个人项目也有集体项目，课程内容丰富。

整体看来，素质班和少儿班的教学有以下几个方面的特点：①学校给予教师相应的自主权，教师可以根据学生的心理特点和智力特征以及本学科知识能力的结构特点，决定教学内容、教学材料和教学进度；②各学科四年的教学设计根据学生的心理发展特点和接受能力来确定，目的在于培养学生的兴趣，逐步地丰富和加速课程教学；③注重学生的自学能力和教师的指导；④重视学生的基础知识和基本能力，并突出学科的原理和方法；⑤关注学生的个体差异，因材施教；⑥将培养学生的创新精神和科学探究学习作为重点；⑥教师关注学生的发展，形成教师团队，一起探讨学生的情况。

第二节　对两所学校教学方法的课堂观察

对人大附中和北京八中课堂教学方法的研究主要是基于首都师范大学教育学院副院长张景斌教授主持的北京市教委委托课题——“北京市优秀拔尖人才早期培养的课程设置、教学模式及其改革试验的政策研究”，通过教学模式研究组的观察员和教师的非参与性课堂观察活动，借鉴课堂观察实录整理而来的。

一、采用的课堂观察方法

由于学生的特殊性，人大附中早培班的教学方法也与常规班级的教学方法有所不同，我们根据人大附中早培班和北京八中素质班、少儿班的听课记录，对其教学方法作了归纳和分析。

关于教学方法的分类，这里主要参考王道俊、王汉澜主编的《教育学》一书，以其他文献的内容作为补充。教学方法可以分为讲授法、谈话法（问答法）、读书指导法、练习法、演示法、实验法、实习作业法、讨论法、研究法、榜样竞争法。对于以上每一种教学方法的判断标准，我们采用王策三的《教学论稿》一书中的三个维度。第一，反映出信息来源的多媒体和渠道及其发展：语言（口头的和书面的）——直观——操作；第二，反映出师生的相互作用关系及其发展：教师为主——学生半独立、教师半放手——学生独立自主；第三，反映出学生掌握知识过程的阶段及其水平：接受知识——形成技能技巧——综合运用知识技能技巧。依照这个标准，我们对每一种教学方法确定了三维分析的策略。（见表 6-1）

现代教育心理学和教学论的研究表明：课堂教学的效果不但取决于教师如何教、学生如何学，还取决于一定的教与学的环境。这里指的教与学的环境包括教与学的物质环境和精神环境，精神环境就是指课堂气氛。课堂气氛是在课堂中呈现的一种综合性的心理状态，它可以用一定的心理、行为指标来衡量。如果我们以秩序、参与、交流三个指标为依据，就可以把课堂气氛划分为三种主要类型：积极的课堂气氛、消极的课堂气氛、对抗的课堂气氛。本节主要从教学方法、教学内容和课堂气氛三个方面定性研究两所学校创新实验班的教学方法。

表 6-1　教学方法的三维分析

教学方法	信息媒体	师生互动	学生认知
讲授法	语言（口头）	教师为主	接受知识
谈话法（问答法）	语言（口头）	学生半独立、教师半放手	接受知识
读书指导法	语言（书面）	学生半独立、教师半放手	形成技能技巧

（续表）

教学方法	信息媒体	师生互动	学生认知
练习法	操作	学生独立自主	形成技能技巧
演示法	直观	教师为主	接受知识
实验法	操作	学生独立自主	综合运用知识技能技巧
实习作业法	操作	学生独立自主	综合运用知识技能技巧
讨论法	语言（口头）	学生半独立、教师半放手	接受知识
研究法	操作	学生独立自主	综合运用知识技能技巧
榜样竞争法	教学中通过设立榜样、相互竞争来激发学生的学习动机		

注：对每一种方法的三维分析并不是绝对的，而是视比重大小来决定。比如，“学生独立自主”并不意味着完全没有教师的参与，而是说相对于“学生半独立、教师半放手”而言，教师参与的时间较少。

二、对人大附中早培班的课堂教学的分析

观察员在人大附中早培班一共听了八门课，分别是语文课“平凡的世界”、数学课“有理数的除法”、化学课“氧气的制法及性质实验”、生物课“细菌的研究性课题”、英语课 Competition：Who is the most knowledgeable person、阳光少年课“想象力训练”、物理课“斜面下滑物体的加速度”和心理课“我的骄傲”，以下是对其教学方法、教学内容和课堂气氛基本情况的分析。

（一）人大附中早培班的教学方法

通过观察员的非参与性课堂观察，我们对人大附中早培班的语文、数学、化学、生物、英语、阳光少年、物理和心理共八门课的教学方法进行了如下的三维分析。（见表 6–2）

表 6–2　对早培班八门课教学方法的分析

依据／方法	信息媒体	师生互动	学生认知
语文课			
读书指导法	语言（书面）：教学的内容是学生的读书笔记。	学生半独立、教师半放手：教师指导学生朗读、分析作品，并给学生自由发言和讨论的时间。	形成技能技巧：在这一教学过程中，让学生逐步提高阅读、思考和交流的能力。

（续表）

依据 方法	信息媒体	师生互动	学生认知
语文课			
谈话法（问答法）	语言（口头）：教师提供给学生回答问题的思路，在学生回答问题的过程中不断追问和评价。	学生半独立、教师半放手：师生的谈话并不是以教师的思路为导向，而是根据学生的回答不断调整思路，利用学生生成的答案不断对教学内容进行微调。	接受知识：这里学生接受到的知识不仅是教师预设的知识，还有在问答过程中生成的知识。
讨论法	教师让学生针对某问题讨论，问题多是师生互动过程中由学生生成的。	学生半独立、教师半放手：这节课的讨论基本是在师生之间，偏重于问答的形式。	接受知识：与谈话法同。
榜样竞争法	这节课教师不是以名家的作品作为学习材料，而是以同班学生自己写的优秀读书笔记作为学习材料，这很好地为学生找到了身边的榜样。		
数学课			
谈话法（问答法）	语言（口头）：整堂课从复习引入到新知识的类比，教师都是运用问答的形式授课。	学生半独立、教师半放手：课堂在师生一问一答中展开，学生在教师的引导下先是复习旧知识，再是类比新知识。	接受知识：这里学生接受到的知识主要是教师引导下由学生生成的知识。
讨论法	语言（口头）：教师让学生针对某问题讨论，问题多是师生互动过程中由学生生成的。	学生半独立、教师半放手：这节课的讨论基本是在师生之间，偏重于问答的形式。	与谈话法同。
榜样竞争法	学生讨论并汇报讨论内容。		
化学课			
讲授法	语言（口头和书面）：教师首先讲解实验目的，又结合 PPT 讲解实验步骤和仪器的使用。	在讲解过程中，教师基本上是以自身讲解为主，较少提出问题。	接受知识：学生以听为主，接受教师讲解的知识。
演示法	直观：教师通过 PPT 和实验器具给学生演示。	教师为主：在演示过程中，教师提醒学生要认真观察。	接受知识：学生接受教师通过演示产生的操作性知识。
实验法	操作：教师讲解过后，剩余时间学生两人一组进行实验操作。	学生独立自主：实验过程中，虽然教师也有巡视，但是基本上属于学生独立操作。	综合运用知识技能技巧：学生将自己以前在化学课上学到的实验原理和通过教师讲解学到的实验方法运用于现实操作之中。

（续表）

依据/方法	信息媒体	师生互动	学生认知
化学课			
讲授法	直观：教师通过PPT和桌上的实验器具亲自给学生演示一定的实验操作。	教师为主：在演示过程中，教师提醒学生要认真观察。	接受知识：学生接受教师通过演示产生的操作性知识。
生物课			
实习作业法	操作：这节课预计呈现学生实习作业的作品，但学生通过PPT呈现了他们的具体操作。	学生独立自主：课前学生亲自设计和完成实验。	综合运用知识技能技巧：学生综合运用生物学知识、实验操作知识和生活常识来设计和完成他们的生物实验。
实验法	操作：学生在课堂上生动地呈现他们的实验操作方案，很多学生的提问多围绕着操作的科学性展开。	学生独立自主：学生以小组为单位进行实验，从设计到成果报告，均由学生完成。	综合运用知识技能技巧：学生综合运用生物学、实验操作知识和生活常识设计和完成生物实验。
研究法	操作：学生通过从不同的角度研究细菌的生长，来给出一些生活中的建议。	学生独立自主：学生以小组为单位进行实验，从设计到成果报告，均由学生完成。	综合运用知识技能技巧：学生综合运用生物学、实验操作知识和生活常识设计完成生物实验。
榜样竞争法	这节课的主角不是教师而是各组报告的学生，学生的优秀实验报告和思路可以给其他学生提供榜样。在学生汇报的过程中，其他学生纷纷提出问题和质疑。这种授课方式不仅为学生树立了榜样，而且调动了学生积极的好奇心和竞争意识，为学生的学习提供了动力。		
英语课			
榜样竞争法	这节课教师设计了一个个游戏，学生以组为单位答题，并根据答题状况给各组加分或减分，最后以少写一次作业作为对胜利组的奖励。		
阳光少年课			
谈话法（问答法）	语言（口头和书面）：教师通过PPT提供给学生文本（即图片），并提供思路让学生回答。问答类似头脑风暴，学生依次回答，答案开放。	学生半独立、教师半放手：教师让学生回答根据教师思路设计的问题。	接受知识：教师通过展示新闻报道，以在班上做统计的形式，让学生认识到虽然国内外对中国学生的想象力评价很低，但是自己还是很有想象力的。
讨论法	语言（口头）：教师会让学生针对某个问题进行讨论，比如针对新闻报告。	学生半独立、教师半放手：基本上是在师生之间，偏重于问答的形式。	接受知识：学生接受师生间和生生间讨论生成的知识，比如本班学生想象力丰富等。

（续表）

依据 方法	信息媒体	师生互动	学生认知
阳光少年课			
演示法	直观：教师通过 PPT 和视频向学生演示与想象力有关的信息。	教师为主：演示过程，学生观看，还需要学生朗读。	接受知识：学生接受教师通过演示产生的知识。
榜样竞争法	这节课教师以新闻报道等形式告诉学生国内外对中国学生想象力的评价很低，又以视频的形式展示了国际奥林匹克竞赛的报道，并且强调本校也有一名学生参赛，从正反两方面为学生提供信息，后面通过清华大学 EMBA 课程刺激学生的想象力。		
物理课			
讲授法	语言（口头和书面）：教师首先讲解实验原理，又结合 PPT 讲解实验步骤和仪器使用。	教师为主：在讲解实验原理的过程中，教师基本上以自身讲解为主。	接受知识：学生以听为主，接受教师讲解的知识。
演示法	直观：教师通过 PPT 和桌子上的实验器具亲自给学生演示一定的实验操作。	教师为主：在演示过程中，教师强调学生认真观察。	接受知识：学生接受教师通过演示产生的操作性知识。
实验法	操作：教师讲解过后，剩余时间学生以组为单位进行实验操作。	学生独立自主：实验过程中，虽然教师也有巡视，但是基本上属于学生独立操作。	综合运用知识技能技巧：学生将自己以前在物理课上学到的实验原理和通过教师讲解学到的实验方法运用到现实操作中。
谈话法 （问答法）	语言（口头和书面）：教师在讲解实验时提出了一些供学生思考和回答的问题。	学生半独立、教师半放手：教师提出问题，有些问题让学生作答，但有些问题则没给学生机会，教师自己作答。	接受知识：实验讲解阶段，学生以接受知识为主。
心理课			
讲授法	语言（口头和书面）：教师给学生系统地讲解人类的个人优势标准。	教师为主：讲解过程中教师并没有提问，只是要求学生倾听和判断。	接受知识：学生接受个人优势标准的 24 种类型。
演示法	直观：播放尼克的视频。	教师为主：教师播放视频，学生观看，根据教师思路理解。	接受知识：学生接受观看视频中教师给予的情感态度知识。
实习作业法	操作：教师发给学生活动页，讲解后让学生以小组形式按照教师的要求活动。	学生独立自主：学生以小组为单位独立自主地进行活动。	综合运用知识技能技巧：学生结合教师的讲解和生活中的经验对小组成员进行评价。
榜样竞争法	以尼克的例子为学生树立榜样。小组活动后教师让最快的组介绍经验，并且对比两个不同小组的特点，同时给予鼓励。		

我们将人大附中早培班的八节课按照教学方法、信息媒体、师生互动和学生认知四个维度进行了统计，可以看出：①人大附中早培班较多地使用榜样竞争法，这些学生本身具有较强的能力，教师采用榜样竞争法激发他们的潜力，将他们内在的天赋潜能转化为外显的应用能力；②谈话法（问答法）的比重高于讲授法，这与常规课堂应该是有差异的，可能是因为这些学生的能力较同龄人为高，任课教师也并不是专门从事创新人才培养的工作者（我国没有这方面的培训机构和认可证书），所以教师不能仅以经验来预设教学内容，而更多地是在与学生问答的过程中来判断学生的需求，不断调整教学预设；③早培班中媒体运用的形式比较多样，不单一；④师生互动方面，早培班更注重学生的主体性，所以采用的教学方法以体现学生的主体性为主；⑤学生还是以接受知识为主，但是早培班学生所接受的知识并不只是教师讲授的知识，很大程度上还有师生互动和生生互动中生成的知识。（见表 6–3）

表 6–3　对早培班课程教学方法三维分析的具体分类

类型	所用科目	节数
教学方法		
榜样竞争法	语文、数学、生物、英语、阳光少年、心理	6
谈话法（问答法）	语文、数学、阳光少年、物理	4
演示法	化学、阳光少年、物理、心理	4
讨论法	语文、数学、阳光少年	3
实验法	化学、生物、物理	3
讲授法	化学、物理、心理	3
实习作业法	生物、心理	2
读书指导法	语文	1
研究法	生物	1
信息媒体		
语言（口头或书面）	语文、数学、化学、阳光少年、物理、心理	6
操作	化学、生物、物理、心理	4
直观	化学、阳光少年、物理、心理	4

（续表）

类型	所用科目	节数
师生互动		
学生半独立、教师半放手	语文、数学、阳光少年、物理	4
学生独立自主	化学、生物、物理、心理	4
教师为主	化学、物理、心理	3
学生认知		
接受知识	语文、数学、化学、阳光少年、物理、心理	6
综合运用知识技能技巧	化学、生物、物理、心理	4
形成技能技巧	语文	1

（二）人大附中早培班的教学内容

教学内容的呈现与组织直接影响课堂中学生的学习兴趣及学生对教学内容的理解和掌握，在对人大附中早培班进行听课记录和师生访谈之后，观察员总结了以下四个方面的特点。

1. 教学内容多以问题形式呈现，且逐层深入，具有较高的逻辑顺序

以问题的方式提出教学内容能够使学生产生学习兴趣和研究热情，尤其是在理科课程中。如在物理课上，教师提问利用打点计时器测量匀加速直线运动的速度时，是先放小车还是先开电源，学生都能积极思考；在讨论 $F = g\sin\theta$ 时，教师进一步让学生讨论 $g\sin\theta$ 与 F 的大小关系，通过教师的层层引导，学生的思维十分灵活。

2. 借助多媒体辅助呈现教学内容，具有直观形象与信息量大的特点

如在英语课中，教师通过 PPT 播放一组动物图片，让学生快速记忆，又播放了一组不同国家的标志性建筑的图片，让学生快速调动已有知识说出国家名称。这两个活动能够直接用图片刺激学生的形象思维，展现了不同的较大容量的信息。另外，教师还以必答题和抢答题的方式提前用 PPT 做好地理、科学、文化方面的问题，从多角度有效地提高了学生学习和思维的积极性。

3. 教学内容充分根据学生的身心发展规律来组织与呈现

早培班的校本课程“阳光少年”由特级教师专门编写教材并授，重点是

想象力训练。教师由图片入手，将太阳和蛋壳作为想象力训练的工具，由跳高图片入手，让学生投入其中，提出自己的观点，并通过表情、动作等细节进行想象。这个活动充分考虑了学生的生活经验与身心发展情况。在心理课上，以“我的骄傲”为主题，教师例举了 24 个个人优秀标准，在解释过程中让学生通过讨论挑选出最符合自己的 3 项，提高了学生的自信，并鼓励学生客观地了解自我与评价他人。

4. 内容的呈现方式和组织有实效性

如在阳光少年课中，教师截取了两天前的新闻联播关于全球青少年头脑风暴大赛的报道，与课程中的想象力训练相联系，介绍了一些新奇的创意，学生开扩了眼界，对想象力有了更多的了解。

（三）人大附中早培班的课堂气氛

对早培班的课堂氛围将从教师的人格魅力、业务水平、教学风格，师生关系，生生关系，教师的课堂掌控，学生的配合以及教师对偶发事件的控制等方面展开描述。

1. 教师的人格魅力、业务水平和教学风格

教师的劳动不仅在于“传道、授业、解惑”，还在于以人格来培育人格、以灵魂来塑造灵魂。教师的人格力量是第一教育力量，教师的教学作风对课堂气氛的形成有着重要的影响。良好的课堂气氛的形成，需要教师以民主的方式组织教与学的活动，以培养学生热爱学习的内在积极性，挖掘学生的学习潜能，促进师生之间知情的双向交流与反馈，唤起学生学习的兴趣和热情，鼓励学生参与教学过程，使学生产生成功的满足感。

人大附中早培班的教师业务水平过硬，他们有着多年的教学经验，熟悉初高中的学科内容，能够自成体系。他们和蔼可亲，各有独特的教学风格。比如语文课上，教师朗读时声音充满柔情，注重引导启发，肯定学生的发言，并帮助学生总结和提炼发言等；数学课上，课程总体流畅，有疑问时教师放缓节奏，集体讨论商榷，激起思想的火花，在回答问题时，教师尽量给更多的学生机会，课堂上有缓有急，教师的教育以小见大，深入浅出，把有形化于无形之中，学生更易于接受，总体看来，数学课将学科知识与数学方法技能、智育与德育结

合得较好。

2. 师生关系

课堂中的师生关系直接制约和影响课堂气氛，因此，建立和谐的师生关系是优化课堂气氛的重要条件之一。早培班的课堂常常是在讨论、切磋中进行的，学生和教师的关系非常融洽。例如，数学课上的讨论很活跃，但是只要老师一讲解，大家就都很认真地听，纪律良好；生物老师和学生的关系很好，课堂时间多留给学生质疑解答，老师聊天式地提问引导。

3. 生生关系

学生与学生的关系也是决定课堂氛围的重要因素之一。早培班的孩子聪明活跃、精力旺盛、竞争意识强，生生关系大致表现在两个方面：其一，学生年龄较小，荣誉心强，爱炫耀，有小虚荣，需要培养合作意识。英语课上竞赛时，学生的言语、行为都表现出这些特点。其二，全班同学比较团结，形成了良性竞争，同伴间相互赞赏。同学间交往广泛，没有分裂成小团体、小派系，对于成绩好的同学认同明显。访谈时发现，学生由于年龄和班级特殊性的原因，和其他初一普通班的学生接触不多，上课时彼此间的竞争意识可能比较强，会质疑，会争论，下课时亲密无间。

4. 教师的课堂掌控

教师是创设良好课堂气氛的关键人物，必须善于控制自己的情感、语言、教态和行为，主动创造生动活泼的课堂气氛。没有控制就没有教学艺术，良好的教学气氛的创设，需要教师进行多方面的控制。语文、数学、阳光少年、心理课由教师引导、学生回答为主；化学、生物、物理、英语为实验课、展示课和竞赛课，都是非常态课，学生的自主能力和动手能力很强。

5. 学生的配合

早培班学生的素质很高，教师课上课下布置的任务学生都能很好地完成。数学课上，教师提出为什么 0 除以 0 无意义的时候，学生们讨论得特别激烈。如果问题有挑战性的话，学生会更投入。教师每问一个问题，全班各个角落都抢着呼应，有嘴里小声回答的，有大声抢着说的，如果站起来的学生答错了，底下的学生就迫不及待地去纠正。教师在黑板上板书，有的学生会自觉记笔记。

学生容易对老师提出的新问题产生兴趣，也很容易识破只是换了一个方式问的同样的问题，这种情况时常发生，需要教师设计得更巧妙，上课更灵活。生物课上，学生展示分组实验成果，从幻灯片就可以看出来他们十分用心：实验选题很贴近生活，内容涉及许多方面；背景很亮，表格、数据清晰明了；喜欢加入幼稚而搞笑的元素，有时候是网络流行语。

6. 教师对偶发事件的控制

课堂上不可避免地会出现偶发事件，机智果断地处理课堂上出现的偶发事件是优化课堂气氛不可缺少的手段。当偶发事件出现时，作为课堂的掌舵人，教师应因势利导，以变应变，确保教学顺利进行。早培班的学生喜欢有挑战性的问题、任务，也有质疑精神，因此经常出现课程设计之外的突发状况，有的学生现场提出修改的办法，教师也采纳了。教师的知识量很大，学生反应快、记忆力好。

总之，创设良好、积极的课堂气氛，需要从多层面上考虑，综合运用多种手段，更需要教师、学生的悟性和创造性。早培班的教师专业素质过硬，教学经验丰富，对课堂控制有自己的一套方法，师生关系、生生关系和谐。但是在如何有效管理这群聪明、自主而年龄尚小的学生，如何应对、进一步利用课堂上的生成性资源，如何既照顾个别学生某方面的天赋又顾及全班多数人的整体情况从而实施教学等方面，还有待进一步的开发和探讨。

三、对北京八中素质班、少儿班课堂教学的分析

观察员在八中素质班一共听了六门课，分别是语文课“卖火柴的小女孩”、中华典籍选读“墨子”、数学课“抽屉原理”、英语课 Talk about the animals、集体培训课“课题研究”和历史课“清明上河图”；观察员在八中少儿班一共听了七门课，分别是英语课 Research and exercise、数学课“二元一次方程与一次函数的关系”、地理课“区域差异”、化学课“有机推断”、语文课“我的母亲”、物理课“静电平衡”和生物课“变异在生产中的应用”，以下是对其教学方法、教学内容和课堂气氛基本情况的分析。

（一）八中素质班的教学方法

根据对人大附中早培班的教学方法的具体分析策略，下面对北京八中素质班的语文、中华典籍选读、数学、英语、集体培训和历史六门课进行教学方法的三维分析。（见表 6–4）

表 6–4　对素质班六门课教学方法的分析

依据 方法	信息媒体	师生互动	学生认知
语文课			
练习法	操作：听力题	学生独立自主：学生独立得出答案。	形成技能技巧：培养学生的记忆力和注意力。
谈话法（问答法）	语言（口头）：教师用 PPT 呈现问题，学生在教师的引导下回答问题。	学生半独立、教师半放手：学生和教师在问答过程中很好地互动，思路以教师为主。	接受知识：学生以接受知识为主。学生在和教师的问答过程中对课文有了深入的理解。
讨论法	语言（口头）：教师会让学生针对 PPT 上的问题做小组讨论。	学生半独立、教师半放手：学生小组讨论，但讨论的框架是由教师设计的。	接受知识：学生接受的知识是在师生问答过程中生成的答案。
中华典籍选读课			
谈话法（问答法）	语言（口头）：教师让学生报告学习成果，在此过程中，教师根据报告提出问题，以问答方式教学。	学生半独立、教师半放手：整堂课的活动是在师生的互动中进行的。	接受知识：学生以接受知识为主，这里学生接受到的知识主要是教师根据学生的报告作出的总结性知识。
讨论法	语言（口头）：针对学生的发言有小讨论。学生表达不同的观点，教师指出讨论的地方让学生讨论。	学生半独立、教师半放手：这节课的讨论基本上是在师生之间，偏重于问答形式。	接受知识：与谈话法同。
榜样竞争法	这节课教师让学生报告自己的研究结果，并给予评价，这给学生树立了身边的榜样。		
研究法	操作：学生报告自己的研究成果。	学生独立自主：学生在课前独立完成讲义上的内容。	综合运用知识技能技巧：学生综合运用古文知识、科学学科知识。
讲授法	语言（口头和书面）：学生没有报告的地方由教师讲解。	教师为主：在讲解实验原理的过程中，教师基本上以自身讲解为主。	接受知识：学生以听为主，接受教师讲解的知识。

（续表）

依据 方法	信息媒体	师生互动	学生认知
数学课			
谈话法（问答法）	语言（口头）：这节课教师基本上是根据书上的问题展开教学的。	学生半独立、教师半放手：教师提问，学生回答，教师也根据学生的反馈调整问题。	接受知识：学生接受知识。
讲授法	语言（口头和书面）：在“抽屉原理”处，教师主要以讲授为主。	教师为主：主要是教师讲，学生听。	接受知识：学生以听为主，接受教师讲解的知识。
英语课			
谈话法（问答法）	语言（口头）：教师用英语展开关于动物的问题。	学生半独立、教师半放手：教师提问，学生回答，教师也根据学生的反馈调整问题。	接受知识：学生接受知识。
读书指导法	语言（书面）：教师发报纸和小讲义，学生根据讲义的问题阅读报纸。	学生半独立、教师半放手：学生独立阅读，但是阅读材料和思路是教师提供的。	形成技能技巧：学生培养英语阅读能力。
集体培训课			
讲授法	语言（口头和书面）：这节课教师大部分时间都是结合 PPT 讲解。	教师为主：主要是教师讲，学生听。	接受知识：学生以听为主，接受教师讲解的知识。
谈话法（问答法）	语言（口头）：教师向学生提问题。	学生半独立、教师半放手：教师提问，学生回答。	接受知识：学生接受知识。
历史课			
实习作业法	操作：这节课呈现的是学生课前学习的成果。	学生独立自主：课前学生通过种种方式和途径完成教师布置的任务。	综合运用知识技能技巧：学生综合运用信息技术、历史知识和文字表达能力。
谈话法（问答法）	语言（口头）：学生报告的过程中和结束后，教师总结并提出问题。	学生半独立、教师半放手：学生报告，教师提问，学生回答。	接受知识：学生接受知识。
研究法	操作：学生从不同的角度研究《清明上河图》。	学生独立自主：学生课前独立完成研究任务。	综合运用知识技能技巧：学生综合运用信息技术、历史知识和文字表达能力。
榜样竞争法	这节课的主角不是教师而是一组组报告的学生，他们的优秀的实验报告和思路可以给其他学生提供榜样。这种授课方式可以很好地调动学生的好奇心和竞争意识，为他们的学习提供动力。		

我们将八中素质班的六门课按照教学方法、信息媒体、师生互动和学生认知四个维度进行了统计，可以看出：①北京八中素质班的教学多使用谈话法（问答法），因为这里的学生相对人大附中的年龄要小，教师主要采用问答的教学方法启发学生的思路；②谈话法（问答法）的比重大于讲授法，这与常规课堂应该是有所差异的，也与人大附中早培班的情况一致，教师不能仅以经验来预设教学内容，而更多的是在与学生问答的过程中分析学生的需求，不断调整教学预设；③八中素质班基本上以语言为信息媒介，这与常规课堂差异不大；④师生互动方面，没有完全放手让学生做，主要以学生半独立、教师半放手为主，可能是学生年龄小的原因；⑤学生还是以接受知识为主，八中素质班的学生接受较多的还是教师提供的知识，学生生成的知识比重相对较小。（见表 6–5）

表 6–5　对素质班课程教学方法三维分析的具体分类

类型	所用科目	节数
	教学方法	
谈话法（问答法）	语文、中华典籍选读、数学、英语、集体培训、历史	6
讲授法	中华典籍选读、数学、集体培训	3
讨论法	语文、中华典籍选读	2
榜样竞争法	中华典籍选读、历史	2
研究法	中华典籍选读、历史	2
读书指导法	英语	1
实习作业法	历史	1
练习法	语文	1
	信息媒体	
语言（口头或书面）	语文、数学、中华典籍选读、英语、集体培训、历史	6
操作	语文、中华典籍选读、历史	3
直观		0
	师生互动	
学生半独立、教师半放手	语文、数学、中华典籍选读、英语、集体培训、历史	6
教师为主	中华典籍选读、数学、集体培训	3
学生独立自主	语文、历史	2

（续表）

类型	所用科目	节数
学生认知		
接受知识	语文、数学、中华典籍选读、英语、集体培训、历史	6
综合运用知识技能技巧	中华典籍选读、历史	2
形成技能技巧	语文、英语	2

（二）北京八中素质班的教学内容

北京八中素质班的教师在课堂教学中主要发挥辅助学生探究和组织课堂的作用，由学生对教学内容进行自我探索，以锻炼学生的批判性思维及解决问题的能力。

1. 以学生探究为主线组织教学内容

数学课上，教师以如何将 4 支铅笔放在 3 个盒子里为问题引起学生讨论，经过讨论，学生列出枚举法、假设法及反证法等解决问题的方法。由此，教师又以分桃形式让学生讨论与研究抽屉问题，将教学内容联系起来。在历史课上，学生在课下分别通过查阅书籍、网络搜索等方法查找和总结有关《清明上河图》的历史、讲解及其不同版本和艺术价值，在课堂上以组为单位进行展示和说明。这种以学生的调查探究报告为主要教学内容的课堂不但避免了传统的教师讲学生被动接受的乏味，而且调动了学生的积极性，使学生的团队合作能力和探究能力得到了有效的发展。值得注意的是，学校专门开设了集训课（主体学习研究课程），鼓励学生发现、提出问题，提高问题意识，突出学生的自主学习，在解决问题的过程中发挥学生的探究性，为培养具有创新精神和实践能力的拔尖人才打下基础。

2. 重视中华经典书籍的阅读和探究

中华典籍选读课以中华经典书籍为依托，学生们通过阅读《墨子》，揭示相应典故中的物理或数学原理,并进行成果展示。学生们能够充分发挥发散性思维，讨论物理中的光的直线传播、小孔成像，数学中的圆的性质、特点，极限，反比例函数以及点的概念等知识。此课程不仅锻炼了学生的探究能力和发散性思维，而且使学生对中国古代的灿烂文明有了更深刻的认识，激发了学生的爱国情感。

3. 采用先进的多媒体设备，更直观和生动

在语文课上，教师讲授《卖火柴的小女孩》，将小女孩想象的烤鸭、圣诞树和奶奶等一幅幅形象生动的图画呈现于学生面前，学生们更加深刻地感受到了小女孩心中传出的幸福与痛苦，为揭示文章主题提供了很大的帮助；历史课上，通过展示不同版本的《清明上河图》和对图中内容的介绍，学生直观地感受到了图画中传递的宋代的社会生活，他们仿佛置身于图中。

（三）八中素质班的课堂气氛

八中素质班是从小学四年级挑选学生，让他们经过四年的学习，提前毕业，以优异的成绩进入高中学习。本次在八中素质班听课的时间为一天，共听七门课，下面将从教师的人格魅力、业务水平、教学风格，师生关系，生生关系，教师的课堂掌控，学生的配合以及教师对偶发事件的控制六个方面分析八中素质班的课堂氛围。

1. 教师的人格魅力、业务水平、教学风格

素质班的教师学科水平过硬，是传道授业解惑者，在教学风格上各有不同。语文教师的声音很特别，有磁性，音色美，板书工整；数学教师比较年轻，有亲和力，她的面部表情生动，讲解时辅助手势，课堂语言得体，注重鼓励学生积极思考。

2. 师生关系

课堂上，教师多以问答的形式，按照既定的教案开展教学。学生多在课下完成教师布置的预习任务，有一定的自主学习空间。中华典籍选读课上，教师之前就发过学案，学生当作作业回家完成，在课堂上举手到讲台上讲解，然后大家讨论。历史课上，教师作了分组，每组同学分到《清明上河图》的一部分，细细观察，查阅相关资料，以文字稿的形式上交自己的观察结果，教师选出有特色的学生作业，课上请学生讲解。该班学生训练有素，养成的习惯很好。阅读课上，孩子们都拿着自己喜欢的书静静地阅读，每人都有一个本子做读书笔记。

3. 生生关系

学生的综合素质高。中华典籍选读课上，对《墨子》中提到力学、光学、

数学的晦涩文字，有些学生不仅仅能够在网络、书籍、父母的帮助下认读，还有着自己的理解。讲解《墨子》中关于光学的知识时，学生在黑板上画出了清晰的示意图。无论在中华典籍选读课还是历史课上，学生都展现了很高的讲演能力，从容、清晰，特别是在历史课上，不少学生脱稿发挥，没有拘束。个别孩子的某些学科十分突出。学生的自觉性很高，课间会填写评价卡，对自己的表现进行评价。班级管理的方式多样化，除了学生自评，侧面黑板上还贴出了对孩子每周表现的评分。班级有公共的博客，每天有学生负责写日志，博客首页还链接了班上所有同学的博客。

4. 教师的课堂掌控

对于这群自觉性比较高的孩子，一旦立下规矩，督促他们养成好习惯，教师在纪律上需要控制就不是很多。对于知识的传授，大多数教师注重打下扎实的基础和学生的消化。对于教学任务，教师稳扎稳打，注重课下继续讨论。

5. 学生的配合

学生很配合教师，有问必答，课上参与回答问题的学生还比较多。学生的学习习惯较好，班级学习氛围浓厚。

6. 教师对偶发事件的控制

这一天听课中的偶发事件较少，中华典籍选读课上，教师成功处理了学生的疑问，可以看出教师十分博学，因此能应付自如。

总之，八中素质班的课堂纪律较好，教师备课认真，有既定的教学任务，但又不急于一节课全部讲完，重书本和学科知识，稳扎稳打。学生自觉，习惯好，爱阅读，会做笔记，能积极回答老师的问题。总体来说，学生有自主学习的空间，并且教师规定的任务明确。

（四）八中少儿班的教学方法

根据对人大附中早培班和八中素质班教学方法的具体分析，下面对所观察的八中少儿班的英语、数学、地理、化学、语文、物理和生物共七门课进行教学方法的三维分析。（见表 6-6）

表 6-6　对少儿班七节课教学方法的分析

依据 方法	信息媒体	师生互动	学生认知
英语课			
实习作业法	操作：这节课首先由学生作报告，报告内容是之前布置的学习任务。	学生独立自主：课前学生通过种种方式和途径完成教师布置的任务。	综合运用知识技能技巧：学生综合运用信息技术、英文知识、统计知识。
谈话法（问答法）	语言（口头）：教师讲解单词，并不时提问。	学生半独立、教师半放手：师生在问答过程中很好地互动，教师集讲授与问答为一体。	接受知识：学生以接受知识为主。
讲授法	语言（口头）：教师结合 PPT 讲授课本内容。	教师为主：以教师讲授为主。	接受知识：学生以接受知识为主。
练习法	操作：教师两次播放听力题，让学生默读课文，扮演课文中的角色。	学生独立自主：学生根据音频独立完成书上的题目，两名学生上台表演。	形成技能技巧：训练学生的英语听力和理解能力以及表达能力。
数学课			
谈话法（问答法）	语言（口头）：教师首先提出问题，学生回答，用问答法引导学生。	学生半独立、教师半放手：学生回答问题，教师追问并根据学生的回答板书。	接受知识：学生以接受知识为主。这里学生接受到的知识主要是教师引导学生回答的内容。
讲授法	语言（口头和书面）：一次函数与二元一次方程的关系，以教师讲授为主。	教师为主：教师以自己的讲授活动为主。	接受知识：学生以听为主，接受教师讲解的知识。
研究法	操作：教师讲解完直线平行的条件后让学生自己研究直线相交时的条件。	学生独立自主：学生自行研究，教师巡视。	综合运用知识技能技巧：学生综合运用类比推理的思想和相关数学知识。
地理课			
讲授法	语言（口头和书面）：学习的主要内容是黄土高原的地理特点以及治理策略等，教师以讲授为主。	教师为主：主要是教师讲，学生听。	接受知识：学生以听为主，接受教师讲解的知识。在治理策略部分教师还要求学生记笔记。

（续表）

依据 方法	信息媒体	师生互动	学生认知
演示法	直观：教师用 PPT 展示黄土高原水土流失的面貌，播放水土流失的视频，讲解治理时在黑板上画图演示。	教师为主：学生观看教师准备的直观图像和视频。	接受知识：学生以接受水土流失的现状为主。
谈话法（问答法）	语言（口头）：教师根据课程内容不断向学生提问。	学生半独立、教师半放手：教师提问，学生回答，教师不断追问和总结。	接受知识：学生以接受教师总结的知识为主。
化学课			
讲授法	语言（口头）：以应试方法为导向，教师结合 PPT 讲解有机体的知识要点。	教师为主：以教师讲授为主。	接受知识：学生接受知识为主。
谈话法（问答法）	语言（口头）：在要点讲解过程中，教师通过 PPT 呈现问题，学生回答，教师追问和总结。	学生半独立、教师半放手：教师提问，学生回答，教师板书和总结。	接受知识：学生接受知识。
练习法	操作：教师展示题目，学生做题，有些是学生之前做过的题。	学生独立自主：学生独立做题，并无讨论。	形成技能技巧：学生形成解题技巧，巩固化学知识。
语文课			
讲授法	语言（口头和书面）：教师引导学生回答问题，并根据学生回答对课文进一步讲解。	教师为主：主要是教师讲，学生听。	接受知识：学生以听为主，接受教师讲解的知识。
谈话法（问答法）	语言（口头）：问题贯穿这堂课的始终，教师根据课文内容不断提问，学生回答，教师又不断追问。	学生半独立、教师半放手：教师提问，学生回答，教师追问和总结。	接受知识：学生接受知识。
练习法	操作：教师先让学生背诵课文，再口述题目，学生答题。	学生独立自主：学生独立答题。但课文是集体背诵的。	形成技能技巧：教师口述题目时语速很快，锻炼了学生的记忆力和理解力。

（续表）

依据 方法	信息媒体	师生互动	学生认知
物理课			
讲授法	语言（口头和书面）：静电平衡为主要内容，在新知识部分，以讲授为主。	教师为主：主要是教师讲，学生听。	接受知识：学生以听为主，接受教师讲解的知识。
演示法	直观：教师播放实验视频，在课堂上具体演示实验，并让学生体验。	教师为主：以教师的实验操作为主，学生观看。	接受知识：学生以接受实验结果为主。
谈话法（问答法）	语言（口头）：教师针对实验过程和新知识提出问题，让学生回答。	学生半独立、教师半放手：教师提问，学生回答，但以教师讲授为主。	接受知识：学生以接受教师总结的知识为主。
生物课			
实习作业法	操作：教师首先回顾学生上节课的酿酒实验，并检查了几位学生酿的酒。	学生独立自主：学生在教师的指导下独立酿酒。	综合运用知识技能技巧：学生综合运用生物知识。
谈话法（问答法）	语言（口头）：主要讲解生物变异在生产中的应用，整堂课以番茄的育种为主，教师不断提出问题。	学生半独立、教师半放手：学生回答，教师对其原理和方法进行追问和总结。	接受知识：学生以接受知识为主。
研究法	操作：让学生通过操作研究酿酒过程，研究番茄的育种问题。	学生独立自主：酿酒过程是学生课下相对独立地完成的。	综合运用知识技能技巧：学生综合运用生物知识。
讨论法	语言（口头）：教师引导学生讨论番茄育种问题。	学生半独立、教师半放手：学生发表不同观点，教师总结梳理。	接受知识：学生以接受教师的总结性知识为主。

我们将八中少儿班的七门课从教学方法、信息媒体、师生互动和学生认知四个维度进行了统计，可以看出：①八中少儿班的教学多使用谈话法（问答法）与讲授法相结合的方法，与常规教学相比，问答法所占的比重大一些，表明少儿班教师致力于引导学生的思维，而不是纯粹地进行知识灌输；②八中少儿班基本上以语言和操作为信息媒介，相对于常规教学来说，这更加能培养学生的动手能力；③师生互动方面，三种方式比较均衡；④学生还是以接受知识为主，主要是教师提供的知识。（见表 6–7）

表 6–7 少儿班课程教学方法三维分析的具体分类

类型	所用科目	节数
教学方法		
谈话法（问答法）	英语、数学、地理、化学、语文、物理、生物	7
讲授法	英语、数学、地理、化学、语文、物理	6
练习法	英语、化学、语文	3
研究法	数学、生物	2
演示法	地理、物理	2
实习作业法	英语、生物	2
讨论法	生物	1
信息媒体		
语言（口头或书面）	英语、数学、地理、化学、语文、生物	6
操作	英语、数学、化学、语文、生物	5
直观	地理、物理	2
师生互动		
学生半独立、教师半放手	英语、数学、地理、化学、语文、生物	6
教师为主	英语、数学、地理、化学、语文	5
学生独立自主	英语、数学、化学、语文、生物	5
学生认知		
接受知识	英语、数学、地理、化学、语文、生物	6
综合运用知识技能技巧	英语、数学、生物	3
形成技能技巧	英语、化学、语文	3

（五）八中少儿班的教学内容

八中少儿班的任课教师重视学生的亲身体验和实践，关注学生的学习兴趣，强调知识与技能之间的相互联系和系统架构，为学生搭设“脚手架”，循序渐进地培养学生解决问题的能力和科学探究能力。

1. 在教学内容的呈现方面注重学生的亲身感受和实践，提高学生兴趣

物理课上，教师不仅通过播放实验录像来展示实验现象，而且在教室里现场演示，教授有关静电平衡的知识，学生在亲身感受之后对静电平衡有了更深刻的感受和理解；除此之外，教师亲自制作避雷针，并现场展示避雷过程，学生通过观察和亲手实践，对相关物理过程的理解更加深刻。生物课上，教师发

动学生课下动手进行酿酒实验，并带来成品展示，使课上知识和课下实践相结合，提高了学生的学习兴趣，并且进行了一定的动手训练，使学生对生物有了更深的认识。英语课上，教师播放有关解决问题的方法的录音，让学生们总结，并要求他们运用这些策略进行小组表演，效果明显，使教学内容不仅是听力练习，也是对学生的口语表达能力和问题解决能力的培养。

2. 教学内容的呈现与组织注重相互联系，有利于学生形成知识网络

化学课上，教师在学生回答问题的过程中总结了同一类型题目的解决技巧，使学生对同类试题有了清晰的认识。生物课上，学生利用杂交、单倍体育种、基因突变及基因工程四种方法解决了如何用两种不同基因型的圣女果得到理想基因型的问题，教师用图表总结了几种方法的优劣，使学生的知识脉络更为清晰。

3. 教学内容按照逻辑顺序呈现和组织，引导学生逐层分析并解决问题

数学课上，教师由实际问题引出讨论问题：对上网费用，电信公司给出两种收费方式，分别让学生列出两种数学表达式，引出二元一次方程和一次函数，并讨论二者是否都能转化成直线，而后讨论二元一次方程和方程组、两条直线平行或相交的条件如何。地理课上，教师从水土流失的案例导入，进而让学生讨论其原因、黄土高原的破坏及如何治理，课堂上图片、视频很多，让学生直观地感受到了地理现象，在解释形成原因时教师引导学生得出答案。

（六）八中少儿班的课堂气氛

八中少儿班的整体课堂氛围用两个字概括就是“活跃”。学生和教师配合默契，课程进程流畅，知识与技能结合。让人印象深刻的是，他们的活跃是适度的活跃，该讨论的时候讨论，该安静的时候安静，动静相宜。

1. 英语课

这节英语听说课以 Conflict resolution（解决争端）为中心。教师把教材上的听力部分和文化广角部分作了灵活的合并，内容充实，节奏明快，既有练习又有活动，既有个人任务又有小组表演。教师基本上通过发布指令来组织课堂活动、控制进度，而大量说英语的机会留给了学生。回答问题时教师尽量让全班学生都参与其中，覆盖班级的前后左右，方式有自愿举手、按座位顺序轮流回答、教师点名等。

2. 语文课

语文课围绕在写作中如何运用好材料展开。第一部分，听写练习和评讲答案；第二部分，周记朗诵和评讲；第三部分，讲授写作文如何“材料丰”；第四部分，为讲义添写材料。按照相似的思路，整节课的动静关系可以这样表述：静（听写练习）——动（对答案）——静（听周记）——动（评周记）——动（回答如何“材料丰”）——动（头脑风暴可添加的材料）——静（写段落）——动（读、评段落）。课堂氛围轻松，教师没有停留在讲台上，而是前后走动，教室的每个角落都能顾及到，对于学生的回答，教师时而点头，时而微笑；教师监控课堂纪律，促进学生良好习惯的养成；教师重视课堂形式的完整性，学生的人文知识丰富，创造力强。

3. 地理课

整节课充满了活跃点，教师上课的方式和一般的课堂差别很大，在中国像孔子的授课方式，在国外像苏格拉底和学生的问答，在今天像大学中的 Seminar（研讨会）。独特之处在于，在大班教学的环境下，学生的讨论没有停顿过，教师对课堂的掌控能力、对课堂内容的选取能力和排列能力很强。

4. 化学课

整节课以做题、讲题、总结方法的步骤进行。教师讲话中气足，讲解清晰、简练，有适宜的教学步骤，也指出了做题不如知道方法和思路。

5. 语文课

整节课分为：听写环节和成语介绍，对课文《我的母亲》的分析，扩展练习——分享父母对自己的影响和模仿《藤野先生》中的白描手法描绘一个人物。整节课在课文分析上花了较多时间，这也是学生参与比较多的环节。教师提出关于文章间架结构的问题让学生作答，通过清晰的板书帮学生理清事件和文章的行文脉络，又针对某些具体问题做了探讨。教师说话流利、思维敏捷，课堂氛围比较平稳。

6. 物理课

整堂物理课学生持续兴奋。教师运用多种教学辅助工具来丰富教学，主要有：实验器材、视频、软件、黑板图示、幻灯片等。学生对实验充满了好奇、惊叹，积极参与，乐在其中。对一些现象，他们能给出初步的解释，对另一些没有接触过的现象也能稍作猜测。在实验前，教师能够通过语调的变化和生动的语言吸引学生的注意力，实验中，能让学生更明显地观察现象，引发学生的思考。学生不仅在课堂上专注、活跃，课下仍然意犹未尽，激动地围着老师询问，好奇地摆弄仪器。

7. 生物课

生物课的内容为“生物变异在生产上的应用”，教师在课堂上关注探究性的课程，结合实际的内容激发学生的讨论和动手的热情。在上课前的课间，就有学生拿出他们利用上节课学到的知识自制的葡萄酒给老师看发酵的状况。课堂上，教师提出问题，学生发言讨论，思维发散，对一个问题能给出好几种解决方案，对一个问题有不同意见时，学生会进行激烈的争论。教师的讲解十分清晰，直观，有时候还会用手势帮助解释。

以上分学科具体陈述了八中少儿班的课堂氛围，探求了其形成的原因。在教学目标方面，人大附中和北京八中的课堂氛围有一个共性，那就是“活跃”。两个学校实验班的孩子都表现出了较高的学科水平和综合素质。

四、对三类实验班课堂观察的总体分析

我们将人大附中早培班的八门课、北京八中素质班的六门课和北京八中少儿班的七门课，按照教学方法、信息媒体、师生互动和学生认知四个维度进行了统计，可以看出：①在人大附中和北京八中的实验班的教学中，问答法和讲授法占据主导地位，且问答法最为突出，此外就是教学方法的多样性，教师在课堂教学中综合使用多种教学方法；②实验班课堂的信息媒体以语言为主，但是相对于常规课堂而言，信息媒体的多样性有所体现；③师生互动方面，以学生半独立、教师半放手为主，这种互动维度将以学生为中心与以教师为中心这两种相悖的教学理论进行了一定的调和，在发挥教师主导作用的同时，尽可能地保证学生的主体性；④学生还是以接受知识为主，但与常规教学相比，在让学生综合运用知识技能技巧和形成技能技巧方面有所提高。（见表 6–8）

表 6-8　对三类班级课程教学方法三维分析的具体分类

类型	所用科目	节数
教学方法		
谈话法（问答法）	英语、数学、地理、化学、语文、物理、生物、语文、数学、阳光少年、物理、语文、中华典籍选读、数学、英语、集体培训、历史	17
讲授法	英语、数学、地理、化学、语文、物理、化学、物理、心理、中华典籍选读、数学、集体培训	12
榜样竞争法	语文、数学、生物、英语、阳光少年、心理、中华典籍选读、历史	8
演示法	地理、物理、化学、阳光少年、物理、心理	6
讨论法	生物、语文、数学、阳光少年、语文、中华典籍选读	6
研究法	数学、生物、生物、中华典籍选读、历史	5
实习作业法	英语、生物、生物、心理、历史	5
练习法	英语、化学、语文、语文	4
实验法	化学、生物、物理	3
读书指导法	语文、英语	2
信息媒体		
语言（口头或书面）	英语、数学、地理、化学、语文、生物、语文、数学、化学、阳光少年、物理、心理、语文、数学、中华典籍选读、英语、集体培训、历史	18
操作	英语、数学、化学、语文、生物、语文、中华典籍选读、历史	8
直观	地理、物理、化学、阳光少年、物理、心理	6
师生互动		
学生半独立教师半放手	英语、数学、地理、化学、语文、生物、语文、数学、阳光少年、物理、语文、数学、中华典籍选读、英语、集体培训、历史	16
学生独立自主	英语、数学、化学、语文、生物、化学、生物、物理、心理、语文、历史	11
教师为主	英语、数学、地理、化学、语文、中华典籍选读、数学、集体培训	8
学生认知		
接受知识	英语、数学、地理、化学、语文、生物、语文、数学、化学、阳光少年、物理、心理、语文、数学、中华典籍选读、英语、集体培训、历史	18
综合运用知识技能技巧	英语、数学、生物、化学、生物、物理、心理、中华典籍选读、历史	9
形成技能技巧	英语、化学、语文、语文、语文、英语	6

第三节　对两所学校课程设置的量化调查

创新人才培养的课程应该充分调动学生的积极性，丰富他们的知识、见解、技术，增强他们的兴趣、动机、价值观等，并帮助他们充分发挥天赋。索维尔（Sowell，1996）认为“课程就是在学校中传递给学生所有内容，包括预期的和非预期的信息、技能和态度”。本节深入调查两所学校创新人才培养课程设置的基本情况，对相关课程进行了相关性和差异性的比较和分析。

一、对创新人才课程设置的研究方法

本节主要根据泰勒课程理论的奠基性研究成果，从课程的取向、课程开发、课程内容的选择、课程组织、课程实施的取向和课程评价六个方面设计了五点量表，并结合随后的深度访谈来实证调查两所学校创新人才培养的课程设置情况。

（一）研究对象和工具

人大附中早培班招收小学五年级毕业的学生，北京八中少儿班和素质班招收小学四年级毕业的学生，都是进行初中课程的学习，我们的研究对象即人大附中早培班、北京八中少年班和素质班初一年级的课程。课堂观察员为 8 名学科教育硕士，研究工具包括创新人才课程的听课问卷观察员版，常规课程的评定版和创新人才培养课程的期望版，以及对师生的半结构化访谈。听课问卷按照二级指标设计，对课程设置的考察可以从六大基本方面来进行，即课程的取向、课程开发、课程内容的选择、课程组织、课程实施的取向和课程评价。我们将课程设置的六大方面细分为二级指标，具体如表 6–9 所示。

表 6–9　研究工具的二级指标

一级指标	二级指标
A. 课程的取向	A–1　学科内容或活动 A–2　教学过程达成目标或计划 A–3　学生的经验或体验

（续表）

一级指标	二级指标
B. 课程开发	B–1　现行初中教材知识体系 B–2　培养学生的高水平思维 B–3　培养学生的多元智能
C. 课程内容的选择	C–1　学科知识 C–2　当代社会生活经验 C–3　学生的经验
D. 课程组织	D–1　以学科逻辑为根据，围绕学科体系 D–2　根据学生的心理、兴趣和发展 D–3　适应实际生活，围绕社会或科学问题
E. 课程实施的取向	E–1　已有教学计划按步骤实施 E–2　与学生相互适应实际问题 E–3　与学生创生新的教育经验
F. 课程评价	F–1　学生对学科知识的学习和掌握 F–2　学生对具体技能的学习和掌握 F–3　学生学习、探究或合作的过程 F–4　学生的情感态度和价值观

（二）数据分析方法

1. 二元相关的理论依据

相关是解释几组变量之间是否存在关系及其关系强弱的统计技术。我们一般采用二元相关的分析方法来比较变量之间的相关性。通过比较两个变量之间的相关性，可以得到形成性评价四个方面的哪个方面与形成性评价的影响最相关。

相关系数代表的是变量之间的相关程度，用 r 表示。相关系数有一定的参考标准，见表 6–10 所示。值得注意的是，相关系数不是成比例的，也就是说，相关系数 0.5 和 0.6 之间的差异与相关系数 0.8 和 0.9 之间的差异是不一样的。

表 6–10　相关系数对应表

相关系数（r）	解释
0.00 ～ 0.25	无相关或弱相关关系
0.25 ～ 0.50	一般程度的相关关系
0.50 ～ 0.75	中度至高度的相关关系
0.75 ～ 1.00	较高至强相关关系

2. 单样本 T 检验

单样本 T 检验是将样本平均数与某个已知值进行比较的方法。根据问卷问题的设计，计算出常规课程和期望的创新人才课程的得分，将收集到的实际的创新实验班课程的各项数据与常规课程和期望课程的得分相比较，可以判断出现课程的基本情况。

（1）单样本 T 检验的理论依据

开展单样本 T 检验的具体方法是首先设定系统检验假说，设系统检验假说为：

虚无假说：H_0：$\mu_{总体}=\mu_{预期}$

备择假说：H_1：$\mu_{总体}<\mu_{预期}$

进行单样本 T 检验后，将样本平均值与理论值进行比较，得出差异是否显著。可能得出的结论有两种：①拒绝虚无假说，接受备择假说。这种情况下，平均值和理论值之间的差异在统计上是显著的，并不是因为随机因素导致了这种差异。这种结论的前提是：t－统计值＞t－临界值；或者 $p<0.05$。②接受虚无假说，拒绝备择假说。这种情况下，平均值和理论值之间的差异不是显著的。这说明我们观测到的差异值足够小，平均值与理论值之间的差异可以认为是随机因素导致的，不存在特别显著的差异。这种结论的前提：t－统计值＜t－临界值；或者 $p>0.05$。

（2）量化数据单样本 T 检验的实际操作

具体到我们进行的实际考察中，我们设定的统计假说为：

虚无假说：H_0：每项的实际得分的平均分＝每一项的期望得分

备择假说：H_1：每项的实际得分的平均分＜每一项的期望得分

希望通过 T 检验的方法，判断实际情况和理论情况的差异性。

（三）师生访谈的设计

关于课程设置方面的教师访谈大纲：①您担任这个班的教师有多长时间了？是在怎样一种情况下来做这个班的教师的？您主要负责哪几门课程？②在负责创新人才教育的过程中，您觉得与其他学生相比，这些孩子有哪些特殊需要么？学校的课程能够满足他们哪些需要呢？③您是如何理解创新人才教育课程的？

④学校设立创新实验班以来，您觉得在课程目标上是否发生了变化？能就您所负责的课程目标的变化作具体的说明么？⑤在实验班所学的课程中，您觉得有哪些内容、时间、评价等方面的变化？可以就您负责的课程作具体的说明么？⑥在课程内容的安排上，创新人才教育课程与常规课程的关系是怎样的？教师如何把握课程的进度和学段的衔接？⑦目前学校有几类创新人才实验班，课程有哪些不同？您能就您所负责的课程谈谈具体差异么？为什么会有这些差别呢？⑧不同领域比如学科学习、体育、艺术等方面的创新人才，他们有哪些个体差异和个性需求？您是如何采取个性化的课程安排的？⑨您在从事创新人才教育的过程中，遇到的困难有哪些？有哪些经验和体会给您留下了深刻的印象？⑩对于课程评价，学校有哪些要求？您在实践中又是如何做的？可以就您所负责的课程谈谈么？

关于课程设置方面的学生焦点团体访谈话题：①作为实验班的一员，大家如何理解这个班？与常规班级比较，你们觉得有哪些差别？②学校给你们安排的课程是否能够满足你们的需要，比如课程内容你们是否感兴趣，是否觉得有一定的挑战性？课程的时间安排是否合适？教师的课程选择是否适合你们的需求？③你们觉得学校给你们提供的课程对你们的哪些方面有帮助？比如，是学科知识的深度、广度，还是个性心理品质的提升，或者是多方面能力的提高？你们觉得这些课程与常规班级的课程相比有哪些差别？④在实验班的学习和生活中，给你们印象最深的事情是什么？为什么会给你们留下深刻的印象呢？⑤你们的父母对你们进实验班持有怎样的态度，在家庭中父母给过你们哪些支持和帮助呢？他们是否关注你们在实验班的生活和学习情况？⑥学校和老师是如何评价你们在实验班的学习情况的？你们有哪些相关的考试或者能力展示的环节？

二、人大附中早培班课程和常规课程的比较

本研究采用成对样本T检验的方式和二元相关分析，选取人大附中早培班的语文、数学、化学、生物、英语、阳光少年、物理和心理课八门课，与常规课程进行比较，研究其在课程设置方面的差异性和相关性，关注二者的异同。

（一）早培班语文课“平凡的世界”的情况

1. 评定者的内部评定

分别利用第一组和第二组的期望值进行单样本 T 检验，这两组期望值来自不同专家群体的评定，第一组是中学教师，第二组是大学教师。利用第一组期望值进行检验，发现在评定者内部有 11 个方面存在差异（$p<0.05$），即开发 – 知识体系、开发 – 高级思维、开发 – 多元智能、内容 – 社会生活、内容 – 学生经验、组织 – 兴趣发展、组织 – 社会生活、实施 – 适应实际、实施 – 创生经验、评价 – 技能掌握和评价 – 探究合作。利用第二组期望值进行检验，发现在评定者内部有 7 个方面存在差异（$p<0.05$），即开发 – 知识体系、开发 – 高级思维、内容 – 学生经验、组织 – 兴趣发展、组织 – 社会生活、实施 – 适应实际和评价 – 情感态度。（见表 6–11）相较之下，第二组的期望值相对好些，只在两个方面存在显著差异。考虑到学生的实际情况同研究者的期望之间存在差异，我们针对出现的结果进行了修正，对期望值进行了调整，对得到的数据重新进行了分析。通过研究修正后的数据，我们发现研究者内部的评定还是相对一致的，即内部保持一定的一致性。（见表 6–12）

表 6–11　第一组和第二组单样本 T 检验

分类	均值 1	期望值 1	差异性 1	均值 2	期望值 2	差异性 2
1. 目标 – 学科内容	3.125	2	.051	3.125	2	.051
2. 目标 – 教学计划	2.25	2	.351	2.25	2	.351
3. 目标 – 学生经验	3.875	4	.351	3.875	4	.351
4. 开发 – 知识体系	.625	2	.001	.625	2	.001
5. 开发 – 高级思维	3.5	4	.033	3.5	3	.033
6. 开发 – 多元智能	3.25	4	.048	3.25	3	.451
7. 内容 – 学科知识	2.125	2	.732	2.125	2	.732
8. 内容 – 社会生活	2.125	4	.011	2.125	3	.155
9. 内容 – 学生经验	3.5	4	.033	3.5	4	.033
10. 组织 – 知识体系	1.875	2	.732	1.875	2	.732
11. 组织 – 兴趣发展	3.5	4	.033	3.5	4	.033
12. 组织 – 社会生活	2.5	4	.000	2.5	3	.033
13. 实施 – 教学计划	2.375	2	.197	2.375	2	.197
14. 实施 – 适应实际	3.375	4	.049	3.375	4	.049

（续表）

分类	均值 1	期望值 1	差异性 1	均值 2	期望值 2	差异性 2
15. 实施 – 创生经验	3.375	4	.049	3.375	3	.197
16. 评价 – 学科知识	1.75	2	.451	1.75	2	.451
17. 评价 – 技能掌握	2.375	4	.010	2.375	3	.217
18. 评价 – 探究合作	2.875	4	.007	2.875	3	.685
19. 评价 – 情感态度	3.75	4	.170	3.75	3	.003

表 6–12　语文课的单样本 T 检验结果

分类	均值	期望值	差异性
1. 目标 – 学科内容	3.125	3	.051
2. 目标 – 教学计划	2.25	2	.351
3. 目标 – 学生经验	3.875	4	.351
4. 开发 – 知识体系	.625	1	.197
5. 开发 – 高级思维	3.5	4	.033
6. 开发 – 多元智能	3.25	3	.451
7. 内容 – 学科知识	2.125	2	.155
8. 内容 – 社会生活	2.125	2	.155
9. 内容 – 学生经验	3.5	4	.033
10. 组织 – 知识体系	1.875	2	.732
11. 组织 – 兴趣发展	3.5	4	.033
12. 组织 – 社会生活	2.5	3	.033
13. 实施 – 教学计划	2.375	2	.197
14. 实施 – 适应实际	3.375	3	.197
15. 实施 – 创生经验	3.375	3	.197
16. 评价 – 学科知识	1.75	2	.451
17. 评价 – 技能掌握	2.375	2	.217
18. 评价 – 探究合作	2.875	3	.685
19. 评价 – 情感态度	3.75	4	.170

2. 语文课和常规课的比较

语文课和常规课在目标 – 教学计划、目标 – 学生经验、开发 – 知识体系、开发 – 高级思维、开发 – 多元智能、内容 – 学科知识、内容 – 学生经验、组织 – 知识体系、组织 – 兴趣发展、实施 – 教学计划、实施 – 适应实际、实施 – 创生经验和评价 – 情感态度这 13 个方面存在显著性差异，在目标 – 学科内容、内容 – 社会生活、

组织－社会生活、评价－学科知识、评价－技能掌握和评价－探究合作这6个方面没有显著差异。（见表6–13）

表6–13　早培班语文课和常规课的比较

比较方面	相关系数	相关程度	差异	差异性
1. 目标－学科内容	.099	弱相关	.476	不显著
2. 目标－教学计划	.424	一般相关	.021	显著差异
3. 目标－学生经验	−.655	中度负相关	.000	显著差异
4. 开发－知识体系	.104	弱相关	.000	显著差异
5. 开发－高级思维	.459	一般相关	.002	显著差异
6. 开发－多元智能	.348	一般相关	.011	显著差异
7. 内容－学科知识	−.545	中度负相关	.010	显著差异
8. 内容－社会生活	−.248	弱负相关	.844	不显著
9. 内容－学生经验	.180	弱负相关	.001	显著差异
10. 组织－知识体系	−.674	中度负相关	.014	显著差异
11. 组织－兴趣发展	.209	弱相关	.001	显著差异
12. 组织－社会生活	−.289	一般负相关	.275	不显著
13. 实施－教学计划	.311	一般相关	.001	显著差异
14. 实施－适应实际	.604	中度相关	.002	显著差异
15. 实施－创生经验	.316	一般相关	.003	显著差异
16. 评价－学科知识	.032	弱相关	.080	不显著
17. 评价－技能掌握	−.290	一般负相关	.549	不显著
18. 评价－探究合作	−.234	弱负相关	.111	不显著
19. 评价－情感态度	.655	中度相关	.000	显著差异

（二）早培班数学课“有理数的除法”的情况

1. 评定者的内部评定

采用单样本T检验，将均值和期望值进行比较，分析差异性，修正后的结果如表6–14所示。数学课单样本T检验的p值均大于0.05，不存在显著差异，评定者内部评定具有一致性。

表 6-14 数学课的单样本 T 检验结果

分类	均值	期望值	差异性
1. 目标 - 学科内容	3.875	4	.351
2. 目标 - 教学计划	3.625	4	.197
3. 目标 - 学生经验	3	3	1.000
4. 开发 - 知识体系	1.5	2	.275
5. 开发 - 高级思维	3.125	3	.351
6. 开发 - 多元智能	3.125	3	.598
7. 内容 - 学科知识	3.25	3	.170
8. 内容 - 社会生活	1.125	1	.598
9. 内容 - 学生经验	1.875	2	.598
10. 组织 - 知识体系	2.875	3	.785
11. 组织 - 兴趣发展	2.75	3	.170
12. 组织 - 社会生活	2.25	2	.170
13. 实施 - 教学计划	3	3	1.000
14. 实施 - 适应实际	3	3	1.000
15. 实施 - 创生经验	2.5	3	.104
16. 评价 - 学科知识	2.625	3	.197
17. 评价 - 技能掌握	2.875	3	.685
18. 评价 - 探究合作	3.25	3	.351
19. 评价 - 情感态度	3.625	4	.080

2. 数学课和常规课的比较

早培班的数学课和常规课在目标 - 学科内容、目标 - 教学计划、目标 - 学生经验、开发 - 知识体系、开发 - 高级思维、内容 - 社会生活、实施 - 教学计划、实施 - 适应实际、评价 - 技能掌握、评价 - 探究合作以及评价 - 情感态度 11 个方面存在显著差异。（见表 6-15）

表 6-15 早培班数学课和常规课的比较

比较方面	相关系数	相关程度	差异	差异性
1. 目标 - 学科内容	.850	强相关	.033	显著差异
2. 目标 - 教学计划	.789	强相关	.020	显著差异
3. 目标 - 学生经验	.712	中度相关	.021	显著差异
4. 开发 - 知识体系	.241	弱相关	.004	显著差异
5. 开发 - 高级思维	-.114	弱负相关	.041	显著差异

（续表）

比较方面	相关系数	相关程度	差异	差异性
6. 开发－多元智能	-.578	中度负相关	.170	不显著
7. 内容－学科知识	.104	弱相关	.685	不显著
8. 内容－社会生活	.112	弱相关	.003	显著差异
9. 内容－学生经验	.000	弱相关	.732	不显著
10. 组织－知识体系	.309	一般相关	.402	不显著
11. 组织－兴趣发展	-.311	一般负相关	.732	不显著
12. 组织－社会生活	-.149	弱负相关	.197	不显著
13. 实施－教学计划	.577	中度相关	.003	显著差异
14. 实施－适应实际	.641	中度相关	.006	显著差异
15. 实施－创生经验	.113	弱相关	.140	不显著
16. 评价－学科知识	-.058	一般负相关	.649	不显著
17. 评价－技能掌握	.226	弱相关	.041	显著差异
18. 评价－探究合作	.236	弱相关	.007	显著差异
19. 评价－情感态度	.488	一般相关	.000	显著差异

（三）早培班化学课“氧气的制法及性质实验”的情况

1. 评定者的内部评定

采用单样本 T 检验，将均值和期望值进行比较，分析差异性，修正后的结果如表 6–16 所示，化学课单样本 T 检验的 p 值均大于 0.05，不存在显著差异，评定者内部评定具有一致性。

表 6–16　化学课的单样本 T 检验结果

分类	均值	期望值	差异性
1. 目标－学科内容	4	4	—
2. 目标－教学计划	3.625	4	.197
3. 目标－学生经验	2.75	3	.451
4. 开发－知识体系	0.5	1	.227
5. 开发－高级思维	2.5	3	.104
6. 开发－多元智能	1.875	2	.598
7. 内容－学科知识	3.625	4	.197
8. 内容－社会生活	1	1	1.000
9. 内容－学生经验	1	1	1.000
10. 组织－知识体系	2.625	3	.402
11. 组织－兴趣发展	2.75	3	.351

（续表）

分类	均值	期望值	差异性
12. 组织 – 社会生活	2.375	2	.080
13. 实施 – 教学计划	3.125	3	.598
14. 实施 – 适应实际	2.875	3	.598
15. 实施 – 创生经验	1.625	2	.197
16. 评价 – 学科知识	2	2	1.000
17. 评价 – 技能掌握	3.125	3	.598
18. 评价 – 探究合作	2.75	3	.351
19. 评价 – 情感态度	1.75	2	.351

2. 化学课和常规课的比较

化学课和常规课在目标 – 学科内容、开发 – 知识体系、内容 – 社会生活、组织 – 兴趣发展、实施 – 教学计划、实施 – 适应实际、评价 – 技能掌握和评价 – 探究合作 8 个方面存在显著差异。（见表 6–17）

表 6–17　早培班化学课和常规课的比较

比较方面	相关系数	相关程度	差异	差异性
1. 目标 – 学科内容	—	—	.033	显著差异
2. 目标 – 教学计划	.086	弱相关	.227	不显著
3. 目标 – 学生经验	–.174	弱负相关	.227	不显著
4. 开发 – 知识体系	.289	一般相关	.000	显著差异
5. 开发 – 高级思维	.162	弱相关	.142	不显著
6. 开发 – 多元智能	.000	弱相关	.763	不显著
7. 内容 – 学科知识	.311	一般相关	.732	不显著
8. 内容 – 社会生活	–.577	中度负相关	.005	显著差异
9. 内容 – 学生经验	–.359	一般负相关	.140	不显著
10. 组织 – 知识体系	–.338	一般负相关	.133	不显著
11. 组织 – 兴趣发展	.709	中度相关	.011	显著差异
12. 组织 – 社会生活	–.298	一般负相关	.402	不显著
13. 实施 – 教学计划	.602	中度相关	.011	显著差异
14. 实施 – 适应实际	.835	强相关	.003	显著差异
15. 实施 – 创生经验	–.546	中度负相关	.626	不显著
16. 评价 – 学科知识	.214	弱相关	.087	不显著
17. 评价 – 技能掌握	.295	一般相关	.007	显著差异
18. 评价 – 探究合作	.394	中度相关	.049	显著差异
19. 评价 – 情感态度	.429	一般相关	.598	不显著

（四）早培班生物课“细菌的研究性课题”的情况

1. 评定者的内部评定

采用单样本 T 检验，将均值和期望值进行比较，分析差异性，修正后的结果如表 6–18 所示。生物课单样本 T 检验的 p 值均大于 0.05，不存在显著差异，评定者内部评定具有一致性。

表 6–18　生物课的单样本 T 检验结果

分类	均值	期望值	差异性
1. 目标 – 学科内容	3.75	4	.351
2. 目标 – 教学计划	3	3	1.000
3. 目标 – 学生经验	4	4	—
4. 开发 – 知识体系	0.625	1	.402
5. 开发 – 高级思维	3.75	4	.351
6. 开发 – 多元智能	3.875	4	.351
7. 内容 – 学科知识	2.375	3	.279
8. 内容 – 社会生活	3.125	3	.598
9. 内容 – 学生经验	3.125	3	.598
10. 组织 – 知识体系	2.25	2	.563
11. 组织 – 兴趣发展	3.75	4	.170
12. 组织 – 社会生活	3.125	3	.351
13. 实施 – 教学计划	1.375	1	.285
14. 实施 – 适应实际	3.625	4	.197
15. 实施 – 创生经验	3.25	3	.170
16. 评价 – 学科知识	1.5	2	.227
17. 评价 – 技能掌握	2.75	3	.451
18. 评价 – 探究合作	4	4	—
19. 评价 – 情感态度	3.625	4	.080

2. 生物课和常规课的比较

生物课和常规课在目标 – 学生经验、开发 – 知识体系、开发 – 高级思维、开发 – 多元智能、内容 – 社会生活、内容 – 学生经验、组织 – 兴趣发展、组织 – 社会生活、实施 – 教学计划、实施 – 适应实际、实施 – 创生经验、评价 – 探究合作和评价 – 情感态度 13 个方面存在显著差异。（见表 6–19）

表 6-19　人大附中生物课和常规课的比较

比较方面	相关系数	相关程度	差异	差异性
1. 目标 – 学科内容	.378	一般相关	.351	不显著
2. 目标 – 教学计划	.320	一般相关	.685	不显著
3. 目标 – 学生经验	—	—	.000	显著差异
4. 开发 – 知识体系	.325	一般相关	.000	显著差异
5. 开发 – 高级思维	-.087	弱负相关	.005	显著差异
6. 开发 – 多元智能	-.436	一般负相关	.002	显著差异
7. 内容 – 学科知识	-.256	一般负相关	.054	不显著
8. 内容 – 社会生活	.361	一般相关	.006	显著差异
9. 内容 – 学生经验	-.187	弱负相关	.005	显著差异
10. 组织 – 知识体系	-.688	中度负相关	.060	不显著
11. 组织 – 兴趣发展	.602	中度相关	.000	显著差异
12. 组织 – 社会生活	.000	弱相关	.015	显著差异
13. 实施 – 教学计划	-.084	弱负相关	.000	显著差异
14. 实施 – 适应实际	-.144	弱负相关	.009	显著差异
15. 实施 – 创生经验	-.277	一般负相关	.008	显著差异
16. 评价 – 学科知识	-.161	弱负相关	.064	不显著
17. 评价 – 技能掌握	.213	弱相关	.080	不显著
18. 评价 – 探究合作	—	—	.000	显著差异
19. 评价 – 情感态度	.488	一般相关	.000	显著差异

（五）早培班英语课 Who is the most knowledgeable person 的情况

1. 评定者的内部评定

采用单样本 T 检验，将均值和期望值进行比较，分析差异性，修正后的结果如表 6-20 所示。英语课单样本 T 检验的 p 值均大于 0.05，不存在显著差异，评定者内部评定具有一致性。

表 6-20　英语课的单样本 T 检验结果

分类	均值	期望值	差异性
1. 目标 – 学科内容	2.5	3	.316
2. 目标 – 教学计划	2.25	2	.451
3. 目标 – 学生经验	3.375	3	.080
4. 开发 – 知识体系	1	1	1.000

（续表）

分类	均值	期望值	差异性
5. 开发 – 高级思维	2.875	3	.862
6. 开发 – 多元智能	3.125	3	.815
7. 内容 – 学科知识	2.625	3	.351
8. 内容 – 社会生活	2.625	3	.285
9. 内容 – 学生经验	3	3	1.000
10. 组织 – 知识体系	1.875	2	.763
11. 组织 – 兴趣发展	3.375	3	.285
12. 组织 – 社会生活	2.375	2	.402
13. 实施 – 教学计划	2.625	3	.285
14. 实施 – 适应实际	2.625	3	.285
15. 实施 – 创生经验	2.375	2	.351
16. 评价 – 学科知识	2.25	2	.451
17. 评价 – 技能掌握	1.75	2	.516
18. 评价 – 探究合作	2.625	3	.476
19. 评价 – 情感态度	2.875	3	.802

2. 英语课和常规课的比较

英语课和常规课在目标 – 学生经验、开发 – 知识体系、内容 – 学科知识、内容 – 学生经验、组织 – 知识体系、组织 – 兴趣发展和实施 – 教学计划 7 个方面存在显著差异。（见表 6–21）

表 6–21　早培班英语课和常规课的比较

比较方面	相关系数	相关程度	差异	差异性
1. 目标 – 学科内容	–.408	一般负相关	.121	不显著
2. 目标 – 教学计划	–.241	弱负相关	.111	不显著
3. 目标 – 学生经验	–.447	一般负相关	.007	显著差异
4. 开发 – 知识体系	–.333	一般负相关	.000	显著差异
5. 开发 – 高级思维	–.020	弱负相关	.148	不显著
6. 开发 – 多元智能	.106	弱相关	.094	不显著
7. 内容 – 学科知识	–.218	弱负相关	.038	显著差异
8. 内容 – 社会生活	–.421	一般负相关	.402	不显著
9. 内容 – 学生经验	–.359	一般负相关	.008	显著差异
10. 组织 – 知识体系	–.831	强负相关	.024	显著差异
11. 组织 – 兴趣发展	–.091	弱负相关	.019	显著差异

（续表）

比较方面	相关系数	相关程度	差异	差异性
12. 组织 – 社会生活	.520	中度相关	.351	不显著
13. 实施 – 教学计划	−.253	一般负相关	.026	显著差异
14. 实施 – 适应实际	−.304	一般负相关	.351	不显著
15. 实施 – 创生经验	−.424	一般负相关	.407	不显著
16. 评价 – 学科知识	−.097	弱负相关	.305	不显著
17. 评价 – 技能掌握	−.548	中度负相关	.668	不显著
18. 评价 – 探究合作	.218	弱相关	.351	不显著
19. 评价 – 情感态度	.261	一般相关	.068	不显著

（六）早培班阳光少年课“想象力训练”的情况

1. 评定者的内部评定

采用单样本 T 检验，将均值和期望值进行比较，分析差异性，修正后的结果如表 6–22 所示。阳光少年课单样本 T 检验的 p 值均大于 0.05，不存在显著差异，评定者内部评定具有一致性。

表 6–22　阳光少年课的单样本 T 检验结果表

分类	均值	期望值	差异性
1. 目标 – 学科内容	3.125	3	.685
2. 目标 – 教学计划	3	3	1.000
3. 目标 – 学生经验	2.875	3	.685
4. 开发 – 知识体系	1.375	1	.476
5. 开发 – 高级思维	3.25	3	.451
6. 开发 – 多元智能	3.25	3	.451
7. 内容 – 学科知识	2.25	2	.626
8. 内容 – 社会生活	3.25	3	.351
9. 内容 – 学生经验	3.25	3	.351
10. 组织 – 知识体系	2.5	3	.170
11. 组织 – 兴趣发展	3	3	1.000
12. 组织 – 社会生活	3	3	1.000
13. 实施 – 教学计划	3	3	1.000
14. 实施 – 适应实际	3	3	1.000
15. 实施 – 创生经验	2.875	3	.598
16. 评价 – 学科知识	1.625	2	.285

（续表）

分类	均值	期望值	差异性
17. 评价 – 技能掌握	2.375	2	.197
18. 评价 – 探究合作	2.75	3	.451
19. 评价 – 情感态度	3.25	3	.351

2. 阳光少年课和常规课的比较

阳光少年课和常规课在开发 – 知识体系、开发 – 高级思维、开发 – 多元智能、内容 – 学科知识、内容 – 社会生活、内容 – 学生经验、组织 – 知识体系、实施 – 创生经验和评价 – 情感态度 9 个方面存在边缘显著差异。（见表 6–23）

表 6–23　早培班阳光少年课和常规课的比较

比较方面	相关系数	相关程度	差异	差异性
1. 目标 – 学科内容	–.480	一般负相关	.402	不显著
2. 目标 – 教学计划	–.226	弱负相关	.785	不显著
3. 目标 – 学生经验	–.647	中度负相关	.180	不显著
4. 开发 – 知识体系	–.274	一般负相关	.004	显著差异
5. 开发 – 高级思维	.208	弱相关	.014	显著差异
6. 开发 – 多元智能	.348	一般相关	.011	显著差异
7. 内容 – 学科知识	–.333	一般负相关	.033	显著差异
8. 内容 – 社会生活	–.655	中度负相关	.033	显著差异
9. 内容 – 学生经验	–.339	一般负相关	.006	显著差异
10. 组织 – 知识体系	.000	弱相关	.033	显著差异
11. 组织 – 兴趣发展	.373	一般相关	.064	不显著
12. 组织 – 社会生活	–.204	弱负相关	.068	不显著
13. 实施 – 教学计划	.000	弱相关	.080	不显著
14. 实施 – 适应实际	–.320	一般负相关	.064	不显著
15. 实施 – 创生经验	–.301	一般负相关	.050	显著差异
16. 评价 – 学科知识	–.480	一般负相关	.402	不显著
17. 评价 – 技能掌握	–.226	弱负相关	.785	不显著
18. 评价 – 探究合作	–.647	中度负相关	.180	不显著
19. 评价 – 情感态度	–.274	一般负相关	.004	显著差异

（七）早培班物理课“斜面下滑物体的加速度”的情况

1. 评定者的内部评定

采用单样本 T 检验，将均值和期望值进行比较，分析差异性，修正后的结果如表 6-24 所示。除开发 - 知识体系外，物理课单样本 T 检验的 p 值均大于 0.05，不存在显著差异，评定者内部评定具有一致性。

表 6-24　物理课的单样本 T 检验结果

分类	均值	期望值	差异性
1. 目标 - 学科内容	3.625	4	.080
2. 目标 - 教学计划	3.25	3	.451
3. 目标 - 学生经验	2.875	3	.598
4. 开发 - 知识体系	1.5	2	.040
5. 开发 - 高级思维	2.875	3	.732
6. 开发 - 多元智能	2.5	3	.227
7. 内容 - 学科知识	3.375	3	.285
8. 内容 - 社会生活	1.625	2	.285
9. 内容 - 学生经验	1.875	2	.685
10. 组织 - 知识体系	2.625	3	.402
11. 组织 - 兴趣发展	2.875	3	.598
12. 组织 - 社会生活	2.25	2	.170
13. 实施 - 教学计划	3.125	3	.685
14. 实施 - 适应实际	2.875	3	.598
15. 实施 - 创生经验	2.25	2	.516
16. 评价 - 学科知识	2.625	3	.080
17. 评价 - 技能掌握	3	3	1.000
18. 评价 - 探究合作	2.875	3	.598
19. 评价 - 情感态度	2.625	3	.285

2. 物理课和常规课的比较

物理课和常规课在开发 - 知识体系、组织 - 兴趣发展、实施 - 适应实际、评价 - 技能掌握、评价 - 探究合作和评价 - 情感态度 6 个方面存在显著差异。（见表 6-25）

表 6-25　早培班物理课和常规课的比较

比较方面	相关系数	相关程度	差异	差异性
1. 目标 – 学科内容	.258	一般相关	.598	不显著
2. 目标 – 教学计划	−.241	弱负相关	.802	不显著
3. 目标 – 学生经验	−.361	一般负相关	.095	不显著
4. 开发 – 知识体系	.000	弱相关	.008	显著差异
5. 开发 – 高级思维	−.278	一般负相关	.108	不显著
6. 开发 – 多元智能	−.289	一般负相关	.407	不显著
7. 内容 – 学科知识	.253	一般相关	.285	不显著
8. 内容 – 社会生活	.253	一般相关	.095	不显著
9. 内容 – 学生经验	−.316	一般负相关	.598	不显著
10. 组织 – 知识体系	−.338	一般负相关	.133	不显著
11. 组织 – 兴趣发展	.391	一般相关	.020	显著差异
12. 组织 – 社会生活	.000	弱相关	.516	不显著
13. 实施 – 教学计划	.092	弱相关	.095	不显著
14. 实施 – 适应实际	.835	强相关	.003	显著差异
15. 实施 – 创生经验	.207	弱相关	.402	不显著
16. 评价 – 学科知识	.360	一般相关	.563	不显著
17. 评价 – 技能掌握	.000	弱相关	.018	显著差异
18. 评价 – 探究合作	.739	中度相关	.003	显著差异
19. 评价 – 情感态度	.276	一般相关	.048	显著差异

（八）早培班心理课“我的骄傲”的情况

1. 评定者的内部评定

采用单样本 T 检验，将均值和期望值进行比较，分析差异性，修正后的结果如表 6-26 所示。除目标 – 学科内容外，心理课单样本 T 检验的 p 值均大于 0.05，不存在显著差异，评定者的内部评定具有一致性。

表 6-26　心理课的单样本 T 检验结果

分类	均值	期望值	差异性
1. 目标 – 学科内容	3.5	4	.033
2. 目标 – 教学计划	3.25	3	.351
3. 目标 – 学生经验	3.375	3	.197
4. 开发 – 知识体系	1.375	1	.351
5. 开发 – 高级思维	2.75	3	.516

（续表）

分类	均值	期望值	差异性
6. 开发 – 多元智能	2.875	3	.732
7. 内容 – 学科知识	1.875	2	.763
8. 内容 – 社会生活	2.75	3	.451
9. 内容 – 学生经验	3.125	3	.732
10. 组织 – 知识体系	2.875	3	.685
11. 组织 – 兴趣发展	3	3	1.000
12. 组织 – 社会生活	2.625	3	.285
13. 实施 – 教学计划	3.125	3	.685
14. 实施 – 适应实际	2.875	3	.598
15. 实施 – 创生经验	2.625	3	.285
16. 评价 – 学科知识	2.125	2	.685
17. 评价 – 技能掌握	2.25	2	.351
18. 评价 – 探究合作	3.25	3	.451
19. 评价 – 情感态度	3.375	3	.285

2. 心理课和常规课的比较

心理课和常规课在目标 – 学习经验、开发 – 知识体系、内容 – 学科知识、内容 – 学生经验、组织 – 知识体系、组织 – 兴趣发展、评价 – 探究合作和评价 – 情感态度 8 个方面存在显著差异。（见表 6–27）

表 6–27　人大附中心理课和常规课的比较

比较方面	相关系数	相关程度	差异	差异性
1. 目标 – 学科内容	.000	弱相关	1.000	不显著
2. 目标 – 教学计划	–.303	一般负相关	.785	不显著
3. 目标 – 学生经验	–.726	中度负相关	.026	显著差异
4. 开发 – 知识体系	–.364	一般负相关	.001	显著差异
5. 开发 – 高级思维	–.178	弱负相关	.138	不显著
6. 开发 – 多元智能	.156	弱相关	.087	不显著
7. 内容 – 学科知识	–.343	一般负相关	.006	显著差异
8. 内容 – 社会生活	–.522	中度负相关	.275	不显著
9. 内容 – 学生经验	–.315	一般负相关	.020	显著差异
10. 组织 – 知识体系	.480	一般相关	.049	显著差异
11. 组织 – 兴趣发展	.295	一般相关	.021	显著差异
12. 组织 – 社会生活	.168	弱相关	.180	不显著

（续表）

比较方面	相关系数	相关程度	差异	差异性
13. 实施 – 教学计划	.092	弱相关	.095	不显著
14. 实施 – 适应实际	.033	弱相关	.080	不显著
15. 实施 – 创生经验	−.070	弱负相关	.142	不显著
16. 评价 – 学科知识	.017	弱相关	.197	不显著
17. 评价 – 技能掌握	−.535	中度负相关	.598	不显著
18. 评价 – 探究合作	.692	中度相关	.002	显著差异
19. 评价 – 情感态度	.606	中度相关	.001	显著差异

三、北京八中素质班和常规课程的比较

对北京八中的素质班主要考察了六门课的情况，分别是语文课、中华典籍选读课、数学课、英语课、集体培训课和历史课，以下是对这六门课的量化分析和比较。

（一）素质班语文课“卖火柴的小女孩”的情况

1. 评定者的内部评定

采用单样本 T 检验，将数据值和期望值进行比较，分析差异性，修正后的结果如表 6–28 所示。除目标 – 教学计划外，语文课 T 检验的 p 值均大于 0.05，即不存在显著的差异，这说明评定者的内部评定具有一致性。

表 6–28　语文课的单样本 T 检验结果

分类	均值	期望值	差异性
1. 目标 – 学科内容	3.625	4	.080
2. 目标 – 教学计划	3.5	4	.033
3. 目标 – 学生经验	2.375	2	.402
4. 开发 – 知识体系	3.5	4	.104
5. 开发 – 高级思维	2.75	3	.451
6. 开发 – 多元智能	2.25	2	.451
7. 内容 – 学科知识	2.875	3	.732
8. 内容 – 社会生活	2.125	2	.785
9. 内容 – 学生经验	2.125	2	.763
10. 组织 – 知识体系	3.125	3	.685
11. 组织 – 兴趣发展	2.375	2	.351

（续表）

分类	均值	期望值	差异性
12. 组织－社会生活	2.25	2	.626
13. 实施－教学计划	3.375	3	.285
14. 实施－适应实际	2.5	3	.170
15. 实施－创生经验	2	2	1.000
16. 评价－学科知识	3	3	1.000
17. 评价－技能掌握	2.25	2	.351
18. 评价－探究合作	2.875	3	.732
19. 评价－情感态度	3	3	1.000

2. 素质班的语文课和常规课的比较

素质班的语文课和常规课，只在内容－学科知识方面存在显著差异。（见表6–29）

表 6–29　北京八中语文课和常规课的比较

比较方面	相关系数	相关程度	差异	差异性
1. 目标－学科内容	.258	一般相关	.598	不显著
2. 目标－教学计划	.480	一般相关	.197	不显著
3. 目标－学生经验	.325	一般相关	.763	不显著
4. 开发－知识体系	.408	一般相关	.351	不显著
5. 开发－高级思维	.069	弱相关	.086	不显著
6. 开发－多元智能	-.348	一般负相关	.649	不显著
7. 内容－学科知识	.545	中度相关	.021	显著差异
8. 内容－社会生活	-.309	一般负相关	.815	不显著
9. 内容－学生经验	-.107	弱负相关	.351	不显著
10. 组织－知识体系	.160	弱相关	.685	不显著
11. 组织－兴趣发展	.762	强相关	.285	不显著
12. 组织－社会生活	.000	弱相关	.351	不显著
13. 实施－教学计划	.253	一般相关	.685	不显著
14. 实施－适应实际	.277	一般相关	.351	不显著
15. 实施－创生经验	.000	弱相关	.732	不显著
16. 评价－学科知识	.495	一般相关	.763	不显著
17. 评价－技能掌握	.258	一般相关	.598	不显著
18. 评价－探究合作	.480	一般相关	.197	不显著
19. 评价－情感态度	.325	一般相关	.763	不显著

（二）素质班中华典籍选读课“墨子”的情况

1. 评定者的内部评定

采用单样本 T 检验，将均值和期望值进行比较，分析差异性，修正后的结果如表 6-30 所示。中华典籍选读课单样本 T 检验的 p 值均大于 0.05，即不存在显著差异，这说明评定者的内部评定具有一致性。

表 6-30　中华典籍选读课的单样本 T 检验结果

分类	均值	期望值	差异性
1. 目标 – 学科内容	3.714	4	.172
2. 目标 – 教学计划	3.285	3	.172
3. 目标 – 学生经验	2.143	2	.788
4. 开发 – 知识体系	1.714	2	.631
5. 开发 – 高级思维	3.286	3	.356
6. 开发 – 多元智能	3	3	1.000
7. 内容 – 学科知识	2.571	3	.448
8. 内容 – 社会生活	2.429	2	.356
9. 内容 – 学生经验	2.286	2	.522
10. 组织 – 知识体系	2.143	2	.736
11. 组织 – 兴趣发展	2.286	3	.253
12. 组织 – 社会生活	2.429	2	.356
13. 实施 – 教学计划	2.857	3	.231
14. 实施 – 适应实际	3	3	1.000
15. 实施 – 创生经验	2.571	3	.289
16. 评价 – 学科知识	2.286	2	.356
17. 评价 – 技能掌握	2.429	2	.078
18. 评价 – 探究合作	3	3	1.000
19. 评价 – 情感态度	2.571	3	.356

2. 中华典籍选读课和常规课的比较

素质班的中华典籍选读课和常规课存在一定的差异，但是并不明显。在开发 – 知识体系、组织 – 知识体系、实施 – 教学计划和实施 – 适应实际 4 个方面存在显著差异。（见表 6-31）

表 6-31　八中中华典籍选读课和常规课的比较

比较方面	相关系数	相关性	差异	差异性
1. 目标 – 学科内容	−.091	弱负相关	.356	不显著
2. 目标 – 教学计划	.194	弱相关	1.000	不显著
3. 目标 – 学生经验	.181	弱相关	.788	不显著
4. 开发 – 知识体系	−.815	强负相关	.033	显著差异
5. 开发 – 高级思维	−.493	一般负相关	.070	不显著
6. 开发 – 多元智能	−.741	强负相关	.248	不显著
7. 内容 – 学科知识	−.210	弱负相关	.103	不显著
8. 内容 – 社会生活	−.559	中度负相关	.805	不显著
9. 内容 – 学生经验	−.481	一般负相关	.386	不显著
10. 组织 – 知识体系	−.167	弱负相关	.025	显著差异
11. 组织 – 兴趣发展	.600	中度相关	.766	不显著
12. 组织 – 社会生活	−.147	弱负相关	.510	不显著
13. 实施 – 教学计划	.354	一般相关	.017	显著差异
14. 实施 – 适应实际	.681	中度相关	.017	显著差异
15. 实施 – 创生经验	−.081	弱负相关	.220	不显著
16. 评价 – 学科知识	.354	一般相关	.078	不显著
17. 评价 – 技能掌握	.710	中度相关	.172	不显著
18. 评价 – 探究合作	.242	弱相关	.078	不显著
19. 评价 – 情感态度	.222	弱相关	.140	不显著

（三）素质班数学课“抽屉原理”的情况

1. 评定者的内部评定

采用单样本 T 检验，将均值和期望值进行比较，分析差异性，修正后的结果如表 6-32 所示。数学课单样本 T 检验的 p 值均大于 0.05，即不存在显著差异，这说明评定者的内部评定具有一致性。

表 6-32　数学课的单样本 T 检验结果

分类	均值	期望值	差异性
1. 目标 – 学科内容	3.427	3	.078
2. 目标 – 教学计划	3	3	1.000
3. 目标 – 学生经验	2.571	3	.289
4. 开发 – 知识体系	3	4	1.000

（续表）

分类	均值	期望值	差异性
5. 开发 – 高级思维	2.714	3	.356
6. 开发 – 多元智能	2.143	2	.604
7. 内容 – 学科知识	3.571	4	.078
8. 内容 – 社会生活	3	3	1.000
9. 内容 – 学生经验	2.571	3	.140
10. 组织 – 知识体系	2.571	3	.356
11. 组织 – 兴趣发展	3	3	1.000
12. 组织 – 社会生活	2.857	3	.407
13. 实施 – 教学计划	3	3	1.000
14. 实施 – 适应实际	2.857	3	.604
15. 实施 – 创生经验	2.714	3	.356
16. 评价 – 学科知识	2.857	3	.604
17. 评价 – 技能掌握	2.429	2	.200
18. 评价 – 探究合作	2.857	3	.604
19. 评价 – 情感态度	2.429	2	.289

2. 素质班的数学课和常规课的比较

素质班的数学课和常规课的差异不明显，只在开发 – 知识体系和评价 – 探究合作方面存在显著差异。（见表 6–33）

表 6–33 北京八中数学课和常规课的比较

比较方面	相关系数	相关程度	差异	差异性
1. 目标 – 学科内容	.417	一般相关	1.000	不显著
2. 目标 – 教学计划	.540	中度相关	.356	不显著
3. 目标 – 学生经验	.650	中度相关	.356	不显著
4. 开发 – 知识体系	.837	强相关	.008	显著差异
5. 开发 – 高级思维	–.415	一般负相关	.225	不显著
6. 开发 – 多元智能	–.575	中度负相关	1.000	不显著
7. 内容 – 学科知识	.091	弱相关	.604	不显著
8. 内容 – 社会生活	.132	一般相关	1.000	不显著
9. 内容 – 学生经验	.028	弱相关	.143	不显著
10. 组织 – 知识体系	–.382	一般负相关	.231	不显著
11. 组织 – 兴趣发展	.841	强相关	.200	不显著
12. 组织 – 社会生活	.131	一般相关	.356	不显著
13. 实施 – 教学计划	.000	弱相关	.182	不显著

（续表）

比较方面	相关系数	相关程度	差异	差异性
14. 实施 – 适应实际	.307	一般相关	.094	不显著
15. 实施 – 创生经验	-.070	弱负相关	.111	不显著
16. 评价 – 学科知识	.258	一般相关	.522	不显著
17. 评价 – 技能掌握	.482	一般相关	.356	不显著
18. 评价 – 探究合作	.400	一般相关	.047	显著差异
19. 评价 – 情感态度	-.258	一般负相关	.231	不显著

（四）素质班英语课 Talk about the animals 的情况

1. 评定者的内部评定

采用单样本 T 检验，将均值和期望值进行比较，分析差异性，修正后的结果如表 6–34 所示。除开发 – 多元智能外，英语课单样本 T 检验的 p 值均大于 0.05，即不存在显著差异，这说明评定者的内部评定具有一致性。

表 6–34　英语课的单样本 T 检验结果

分类	均值	期望值	差异性
1. 目标 – 学科内容	3	3	1.000
2. 目标 – 教学计划	3.125	3	.351
3. 目标 – 学生经验	2.5	3	.104
4. 开发 – 知识体系	2.375	2	.180
5. 开发 – 高级思维	2.625	3	.197
6. 开发 – 多元智能	2.5	3	.033
7. 内容 – 学科知识	2.875	3	.598
8. 内容 – 社会生活	2.375	2	.197
9. 内容 – 学生经验	2.375	2	.197
10. 组织 – 知识体系	2.75	3	.451
11. 组织 – 兴趣发展	2.875	3	.598
12. 组织 – 社会生活	2.375	2	.140
13. 实施 – 教学计划	2.75	3	.451
14. 实施 – 适应实际	2.5	3	.170
15. 实施 – 创生经验	2.25	2	.516
16. 评价 – 学科知识	2.75	3	.351
17. 评价 – 技能掌握	2.5	3	.170
18. 评价 – 探究合作	2.625	3	.285
19. 评价 – 情感态度	2.5	3	.227

2. 素质班的英语课和常规课的比较

素质班的英语课和常规课存在差异，但是相对来说不是很明显。在开发－知识体系、内容－学科知识、组织－兴趣发展和实施－教学计划4个方面存在显著差异，其他方面都无差异。（见表6–35）

表6–35　北京八中英语课和常规课的比较

比较方面	相关系数	相关程度	差异	差异性
1. 目标－学科内容	.000	弱相关	.104	不显著
2. 目标－教学计划	−.061	弱负相关	1.000	不显著
3. 目标－学生经验	−.408	一般负相关	.516	不显著
4. 开发－知识体系	−.585	中度负相关	.036	显著差异
5. 开发－高级思维	−.124	弱负相关	.133	不显著
6. 开发－多元智能	−.289	一般负相关	.275	不显著
7. 内容－学科知识	−.120	弱相关	.021	显著差异
8. 内容－社会生活	.104	弱相关	.685	不显著
9. 内容－学生经验	.032	弱相关	.080	不显著
10. 组织－知识体系	−.302	一般负相关	.111	不显著
11. 组织－兴趣发展	.739	中度相关	.003	显著差异
12. 组织－社会生活	.145	弱相关	.442	不显著
13. 实施－教学计划	.522	中度相关	.007	显著差异
14. 实施－适应实际	−.092	弱负相关	.442	不显著
15. 实施－创生经验	.041	弱相关	.442	不显著
16. 评价－学科知识	−.041	弱负相关	.815	不显著
17. 评价－技能掌握	.204	弱相关	.227	不显著
18. 评价－探究合作	.335	一般相关	.170	不显著
19. 评价－情感态度	−.189	弱负相关	.180	不显著

（五）素质班集体培训课“课题研究”的情况

1. 评定者的内部评定

采用单样本T检验，将均值和期望值进行比较，分析差异性，修正后的结果如表6–36所示。集体培训课单样本T检验的p值均大于0.05，即不存在显著差异，这说明评定者的内部评定具有一致性。

表 6-36 集体培训课的单样本 T 检验结果

分类	均值	期望值	差异性
1. 目标 - 学科内容	3.25	3	.170
2. 目标 - 教学计划	3.125	3	.598
3. 目标 - 学生经验	1.875	2	.732
4. 开发 - 知识体系	1.25	1	.563
5. 开发 - 高级思维	2.5	3	.275
6. 开发 - 多元智能	2.375	2	.402
7. 内容 - 学科知识	1.625	2	.442
8. 内容 - 社会生活	2.25	2	.170
9. 内容 - 学生经验	2	2	1.000
10. 组织 - 知识体系	2.375	2	.351
11. 组织 - 兴趣发展	1.625	2	.285
12. 组织 - 社会生活	2.25	2	.351
13. 实施 - 教学计划	2.625	3	.402
14. 实施 - 适应实际	2.25	2	.516
15. 实施 - 创生经验	2	2	1.000
16. 评价 - 学科知识	1.625	2	.285
17. 评价 - 技能掌握	2.375	2	.402
18. 评价 - 探究合作	2.375	2	.476
19. 评价 - 情感态度	1.75	2	.598

2. 素质班的集体培训课和常规课的比较

素质班的集体培训课和常规课存在差异，但是相对来说不是很明显。在开发 - 知识体系、内容 - 学科知识、组织 - 知识体系和实施 - 教学计划 4 个方面存在显著差异。（见表 6-37）

表 6-37 北京八中集体培训课和常规课的比较

比较方面	相关系数	相关程度	差异	差异性
1. 目标 - 学科内容	-.577	中度负相关	.451	不显著
2. 目标 - 教学计划	.501	中度相关	1.000	不显著
3. 目标 - 学生经验	.078	弱相关	.351	不显著
4. 开发 - 知识体系	-.927	强负相关	.003	显著差异
5. 开发 - 高级思维	-.410	一般负相关	.320	不显著
6. 开发 - 多元智能	-.779	强负相关	.612	不显著
7. 内容 - 学科知识	-.178	弱负相关	.004	显著差异

（续表）

比较方面	相关系数	相关程度	差异	差异性
8. 内容－社会生活	.333	一般相关	1.000	不显著
9. 内容－学生经验	-.359	一般负相关	.351	不显著
10. 组织－知识体系	.126	弱相关	.026	显著差异
11. 组织－兴趣发展	.578	中度相关	.104	不显著
12. 组织－社会生活	-.218	弱负相关	.598	不显著
13. 实施－教学计划	.844	强相关	.007	显著差异
14. 实施－适应实际	-.372	一般负相关	.826	不显著
15. 实施－创生经验	-.160	弱负相关	.815	不显著
16. 评价－学科知识	-.047	弱负相关	.060	不显著
17. 评价－技能掌握	.318	一般相关	.402	不显著
18. 评价－探究合作	.099	弱相关	.649	不显著
19. 评价－情感态度	.236	弱相关	.785	不显著

（六）素质班历史课“清明上河图”的情况

1. 评定者的内部评定

采用单样本 T 检验，将均值和期望值进行比较，分析差异性，修正后的结果如表 6-38 所示。除开发－高级思维和评价－探究合作外，历史课单样本 T 检验的 p 值均大于 0.05，即不存在显著差异，这说明评定者的内部评定具有一致性。

表 6-38　历史课的单样本 T 检验结果

分类	均值	期望值	差异性
1. 目标－学科内容	3.375	3	.197
2. 目标－教学计划	3.25	3	.451
3. 目标－学生经验	3	3	1.000
4. 开发－知识体系	3.125	3	.685
5. 开发－高级思维	3.5	3	.033
6. 开发－多元智能	3.25	3	.351
7. 内容－学科知识	3.25	4	.351
8. 内容－社会生活	2.625	3	.351
9. 内容－学生经验	2.5	3	.170
10. 组织－知识体系	3.375	3	.080
11. 组织－兴趣发展	3	3	1.000
12. 组织－社会生活	3.125	3	.732

（续表）

分类	均值	期望值	差异性
13. 实施 – 教学计划	3.125	3	.598
14. 实施 – 适应实际	3	3	1.000
15. 实施 – 创生经验	3.125	3	.685
16. 评价 – 学科知识	2.625	3	.197
17. 评价 – 技能掌握	2.625	3	.197
18. 评价 – 探究合作	3.5	3	.033
19. 评价 – 情感态度	3.25	3	.351

2. 素质班的历史课和常规课的比较分析

素质班的历史课和常规课在开发 – 高级思维、开发 – 多元智能、组织 – 兴趣发展、组织 – 社会生活、实施 – 教学计划、实施 – 适应实际、实施 – 创生经验、评价 – 技能掌握、评价 – 探究合作和评价 – 情感态度 10 个方面存在显著差异。（见表 6–39）

表 6–39　八中历史课和常规课的比较

比较方面	相关系数	相关程度	差异	差异性
1. 目标 – 学科内容	.180	弱相关	.685	不显著
2. 目标 – 教学计划	.145	弱相关	.763	不显著
3. 目标 – 学生经验	–.408	一般负相关	.080	不显著
4. 开发 – 知识体系	.092	弱相关	.095	不显著
5. 开发 – 高级思维	.000	弱相关	.006	显著差异
6. 开发 – 多元智能	–.426	一般负相关	.038	显著差异
7. 内容 – 学科知识	–.218	弱负相关	.170	不显著
8. 内容 – 社会生活	–.073	弱负相关	.402	不显著
9. 内容 – 学生经验	–.104	弱负相关	.087	不显著
10. 组织 – 知识体系	–.258	一般负相关	.685	不显著
11. 组织 – 兴趣发展	.241	弱相关	.041	显著差异
12. 组织 – 社会生活	.156	弱相关	.038	显著差异
13. 实施 – 教学计划	.120	弱相关	.049	显著差异
14. 实施 – 适应实际	.453	一般相关	.021	显著差异
15. 实施 – 创生经验	.026	弱相关	.019	显著差异
16. 评价 – 学科知识	.250	弱相关	.598	不显著
17. 评价 – 技能掌握	.508	中度相关	.049	显著差异
18. 评价 – 探究合作	.209	一般相关	.001	显著差异
19. 评价 – 情感态度	.429	一般相关	.004	显著差异

四、北京八中少儿班和常规课程的比较

对北京八中少儿班主要考察了七门课的情况，分别是英语课、数学课、地理课、化学课、语文课、物理课和生物课，以下是对这七门课的量化分析和比较。

（一）少儿班英语课 Research and exercise 的情况

1. 评定者的内部评定

采用单样本 T 检验，将数据值和期望值进行比较，分析差异性，修正后的结果如表 6-40 所示。英语课单样本 T 检验的 p 值均大于 0.05，即不存在显著差异，这说明评定者的内部评定具有一致性。

表 6-40　英语课的单样本 T 检验结果

分类	均值	期望值	差异性
1. 目标 – 学科内容	3.25	3	.561
2. 目标 – 教学计划	3.25	3	.351
3. 目标 – 学生经验	2.75	3	.451
4. 开发 – 知识体系	2.75	3	.516
5. 开发 – 高级思维	3.375	3	.285
6. 开发 – 多元智能	3	3	1.000
7. 内容 – 学科知识	3.25	3	.451
8. 内容 – 社会生活	2.75	3	.351
9. 内容 – 学生经验	3.125	3	.598
10. 组织 – 知识体系	3.125	3	.685
11. 组织 – 兴趣发展	2.875	3	.732
12. 组织 – 社会生活	2.875	3	.598
13. 实施 – 教学计划	3	3	1.000
14. 实施 – 适应实际	2.75	3	.351
15. 实施 – 创生经验	2.875	3	.598
16. 评价 – 学科知识	2.75	3	.351
17. 评价 – 技能掌握	2.875	3	.685
18. 评价 – 探究合作	3	3	1.000
19. 评价 – 情感态度	3	3	1.000

2. 少儿班的英语课和常规课的比较

少儿班的英语课和常规课存在一定差异，但是并不明显，在开发 – 高级思维、

内容 – 学生经验、实施 – 创生经验、评价 – 技能掌握、评价 – 探究合作和评价 – 情感态度 6 个方面存在显著差异。（见表 6–41）

表 6–41　北京八中英语课和常规课的比较

比较方面	相关系数	相关程度	差异	差异性
1. 目标 – 学科内容	−.561	中度负相关	.626	不显著
2. 目标 – 教学计划	.182	弱相关	.732	不显著
3. 目标 – 学生经验	−.522	中度负相关	.275	不显著
4. 开发 – 知识体系	−.447	一般负相关	.068	不显著
5. 开发 – 高级思维	−.703	中度负相关	.048	显著差异
6. 开发 – 多元智能	−.833	强相关	.155	不显著
7. 内容 – 学科知识	.174	弱相关	.170	不显著
8. 内容 – 社会生活	−.281	一般负相关	.170	不显著
9. 内容 – 学生经验	−.487	一般负相关	.009	显著差异
10. 组织 – 知识体系	.160	弱相关	.285	不显著
11. 组织 – 兴趣发展	.028	弱相关	.111	不显著
12. 组织 – 社会生活	−.722	中度负相关	.133	不显著
13. 实施 – 教学计划	−.816	强负相关	.111	不显著
14. 实施 – 适应实际	−.424	一般相关	.217	不显著
15. 实施 – 创生经验	−.033	弱负相关	.033	显著差异
16. 评价 – 学科知识	.608	中度相关	.732	不显著
17. 评价 – 技能掌握	.453	一般相关	.021	显著差异
18. 评价 – 探究合作	.295	一般相关	.021	显著差异
19. 评价 – 情感态度	.000	弱相关	.026	显著差异

（二）少儿班数学课“二元一次方程与一次函数的关系”的情况

1. 评定者的内部评定

采用单样本 T 检验，将均值和期望值进行比较，分析差异性，修正后的结果如表 6–42 所示。数学课单样本 T 检验的 p 值均大于 0.05，即不存在显著差异，这说明评定者的内部评定具有一致性。

表 6-42　数学课的单样本 T 检验结果

分类	均值	期望值	差异性
1. 目标 – 学科内容	4	4	1.000
2. 目标 – 教学计划	3.67	3	.184
3. 目标 – 学生经验	3.33	3	.423
4. 开发 – 知识体系	4	4	1.000
5. 开发 – 高级思维	3.33	3	.423
6. 开发 – 多元智能	3	3	1.000
7. 内容 – 学科知识	4	4	1.000
8. 内容 – 社会生活	3	3	1.000
9. 内容 – 学生经验	2	3	.225
10. 组织 – 知识体系	3.67	3	.184
11. 组织 – 兴趣发展	3	3	1.000
12. 组织 – 社会生活	2.67	3	.667
13. 实施 – 教学计划	3.33	3	.667
14. 实施 – 适应实际	3	3	1.000
15. 实施 – 创生经验	2.33	3	.184
16. 评价 – 学科知识	3	3	1.000
17. 评价 – 技能掌握	2	2	1.000
18. 评价 – 探究合作	3	3	1.000
19. 评价 – 情感态度	2.67	3	.667

2. 少儿班的数学课和常规课的比较分析

我们采用成对样本 T 检验，对少儿班的数学课和常规课进行了比较，二者没有显著性差异。（见表 6-43）

表 6-43　八中数学课和常规课的比较

比较方面	相关系数	相关程度	差异	差异性
1. 目标 – 学科内容	—	—	.423	不显著
2. 目标 – 教学计划	.866	强相关	.184	不显著
3. 目标 – 学生经验	-.500	一般负相关	.225	不显著
4. 开发 – 知识体系	—	—	—	—
5. 开发 – 高级思维	-1.000	强负相关	.130	不显著
6. 开发 – 多元智能	-.500	一般负相关	.423	不显著

（续表）

比较方面	相关系数	相关程度	差异	差异性
7. 内容 – 学科知识	—	—	—	—
8. 内容 – 社会生活	.000	弱相关	.423	不显著
9. 内容 – 学生经验	.000	弱相关	.667	不显著
10. 组织 – 知识体系	–.500	一般负相关	1.000	不显著
11. 组织 – 兴趣发展	—	—	.184	不显著
12. 组织 – 社会生活	1.000	强相关	.423	不显著
13. 实施 – 教学计划	—	—	.423	不显著
14. 实施 – 适应实际	.000	弱相关	.667	不显著
15. 实施 – 创生经验	—	—	—	—
16. 评价 – 学科知识	.327	一般相关	.742	不显著
17. 评价 – 技能掌握	—	—	1.000	不显著
18. 评价 – 探究合作	—	—	.225	不显著
19. 评价 – 情感态度	—	—	.423	不显著

（三）少儿班地理课“区域差异”的情况

1. 评定者的内部评定

采用单样本 T 检验，将均值和期望值进行比较，分析差异性，修正后的结果如表 6–44 所示。地理课单样本 T 检验的 p 值均大于 0.05，即不存在显著差异，这说明评定者的内部评定具有一致性。

表 6–44　地理课的单样本 T 检验结果

分类	均值	期望值	差异性
1. 目标 – 学科内容	3.857	4	.356
2. 目标 – 教学计划	3.857	4	.356
3. 目标 – 学生经验	3.714	4	.172
4. 开发 – 知识体系	3.857	4	.356
5. 开发 – 高级思维	3.571	4	.200
6. 开发 – 多元智能	3.428	4	.103
7. 内容 – 学科知识	3.857	4	.356
8. 内容 – 社会生活	3.714	4	.172
9. 内容 – 学生经验	3.428	4	.103
10. 组织 – 知识体系	3.714	4	.172
11. 组织 – 兴趣发展	3.714	4	.172

（续表）

分类	均值	期望值	差异性
12. 组织 – 社会生活	3.714	4	.172
13. 实施 – 教学计划	3.571	4	.078
14. 实施 – 适应实际	3.428	4	.103
15. 实施 – 创生经验	3.428	4	.103
16. 评价 – 学科知识	3.428	3	.078
17. 评价 – 技能掌握	3.285	4	.094
18. 评价 – 探究合作	3.571	4	.200
19. 评价 – 情感态度	3.428	4	.231

2. 少儿班的地理课和常规课的比较

我们采用成对样本 T 检验，发现少儿班的地理课和常规课基本没有显著差异。（见表 6–45）

表 6–45　北京八中地理课和常规课的比较

比较方面	相关系数	相关程度	差异	差异性
1. 目标 – 学科内容	.354	一般相关	.437	不显著
2. 目标 – 教学计划	–.417	一般负相关	.352	不显著
3. 目标 – 学生经验	.400	一般相关	.374	不显著
4. 开发 – 知识体系	.645	中度相关	.117	不显著
5. 开发 – 高级思维	–.423	一般负相关	.344	不显著
6. 开发 – 多元智能	–.572	中度负相关	.180	不显著
7. 内容 – 学科知识	.645	中度相关	.117	不显著
8. 内容 – 社会生活	.400	一般相关	.374	不显著
9. 内容 – 学生经验	–.040	弱负相关	.932	不显著
10. 组织 – 知识体系	.091	弱相关	.846	不显著
11. 组织 – 兴趣发展	.141	弱相关	.762	不显著
12. 组织 – 社会生活	–.342	一般负相关	.453	不显著
13. 实施 – 教学计划	–.548	中度负相关	.203	不显著
14. 实施 – 适应实际	–.336	一般负相关	.461	不显著
15. 实施 – 创生经验	–.135	弱负相关	.774	不显著
16. 评价 – 学科知识	.750	中度相关	.052	不显著
17. 评价 – 技能掌握	.689	中度相关	.087	不显著
18. 评价 – 探究合作	–175	弱负相关	.707	不显著
19. 评价 – 情感态度	–.222	弱负相关	.632	不显著

（四）少儿班化学课“有机推断”的情况

1. 评定者的内部评定

采用单样本 T 检验，将均值和期望值进行比较，分析差异性，修正后的结果如表 6-46 所示。化学课单样本 T 检验的 p 值均大于 0.05，即不存在显著差异，这说明评定者的内部评定具有一致性。

表 6-46 化学课的单样本 T 检验结果

分类	均值	期望值	差异性
1. 目标 – 学科内容	3.571	3	.103
2. 目标 – 教学计划	3.285	3	.356
3. 目标 – 学生经验	2.571	3	.289
4. 开发 – 知识体系	2.714	3	.604
5. 开发 – 高级思维	2.714	3	.604
6. 开发 – 多元智能	2.142	2	.736
7. 内容 – 学科知识	3.428	3	.200
8. 内容 – 社会生活	1.714	2	.522
9. 内容 – 学生经验	2.285	3	.140
10. 组织 – 知识体系	3.000	3	1.000
11. 组织 – 兴趣发展	2.143	2	.736
12. 组织 – 社会生活	2.143	2	.788
13. 实施 – 教学计划	3.429	3	.200
14. 实施 – 适应实际	2.571	3	.200
15. 实施 – 创生经验	2.429	3	.103
16. 评价 – 学科知识	3.286	3	.356
17. 评价 – 技能掌握	2.571	2	.356
18. 评价 – 探究合作	2.429	3	.172
19. 评价 – 情感态度	2.429	3	.172

2. 少儿班的化学课和常规课的比较分析

我们采用成对样本 T 检验发现，少儿班的化学课和常规课基本没有显著差异。（见表 6-47）

表 6–47 北京八中化学课和常规课的比较

比较方面	相关系数	相关程度	差异	差异性
1. 目标 – 学科内容	−.283	一般负相关	.736	不显著
2. 目标 – 教学计划	−.167	弱负相关	1.000	不显著
3. 目标 – 学生经验	−.050	弱负相关	.522	不显著
4. 开发 – 知识体系	.106	弱相关	.111	不显著
5. 开发 – 高级思维	.170	弱相关	.225	不显著
6. 开发 – 多元智能	−.371	一般负相关	1.000	不显著
7. 内容 – 学科知识	−.062	弱负相关	.457	不显著
8. 内容 – 社会生活	.482	一般相关	.172	不显著
9. 内容 – 学生经验	−.085	弱负相关	.321	不显著
10. 组织 – 知识体系	−.382	一般相关	.231	不显著
11. 组织 – 兴趣发展	−.032	弱负相关	1.000	不显著
12. 组织 – 社会生活	.124	弱相关	.818	不显著
13. 实施 – 教学计划	−.496	一般负相关	.522	不显著
14. 实施 – 适应实际	−.605	中度负相关	.482	不显著
15. 实施 – 创生经验	−.370	一般负相关	.321	不显著
16. 评价 – 学科知识	−.471	一般负相关	.818	不显著
17. 评价 – 技能掌握	.304	一般相关	.356	不显著
18. 评价 – 探究合作	.636	中度相关	.356	不显著
19. 评价 – 情感态度	.194	弱相关	.172	不显著

（五）少儿班语文课“我的母亲”的情况

1. 评定者的内部评定

采用单样本 T 检验，将均值和期望值进行比较，分析差异性，修正后的结果如表 6–48 所示。语文课单样本 T 检验的 p 值均大于 0.05，即不存在显著差异，这说明评定者的内部评定具有一致性。

表 6–48 语文课的单样本 T 检验结果

分类	均值	期望值	差异性
1. 目标 – 学科内容	3.67	4	.363
2. 目标 – 教学计划	3.5	3	.203
3. 目标 – 学生经验	2.67	3	.465
4. 开发 – 知识体系	3.5	3	.203

（续表）

分类	均值	期望值	差异性
5. 开发－高级思维	2.83	3	.611
6. 开发－多元智能	2.5	3	.296
7. 内容－学科知识	3.83	4	.363
8. 内容－社会生活	2.33	3	.235
9. 内容－学生经验	2.5	3	.415
10. 组织－知识体系	3.5	3	.203
11. 组织－兴趣发展	2.83	3	.741
12. 组织－社会生活	2.33	2	.286
13. 实施－教学计划	3.33	3	.363
14. 实施－适应实际	3	3	1.000
15. 实施－创生经验	2.667	3	.363
16. 评价－学科知识	3.167	3	.611
17. 评价－技能掌握	2.667	3	.175
18. 评价－探究合作	3.167	3	.611
19. 评价－情感态度	3.5	3	.076

2. 少儿班的语文课和常规课的比较分析

少儿班的语文课和常规课程在目标－学生经验、开发－知识体系、开发－高级思维、组织－兴趣发展、组织－社会生活、实施－教学计划、实施－适应实际、实施－创生经验、评价－技能掌握和评价－情感态度 10 个方面存在显著差异。（见表 6–49）

表 6–49　北京八中语文课和常规课的比较

比较方面	相关系数	相关程度	差异	差异性
1. 目标－学科内容	–.167	弱相关	.621	不显著
2. 目标－教学计划	.869	强相关	.374	不显著
3. 目标－学生经验	.612	中度相关	.004	显著差异
4. 开发－知识体系	.535	中度相关	.034	显著差异
5. 开发－高级思维	.667	中度相关	.033	显著差异
6. 开发－多元智能	.685	中度相关	.099	不显著
7. 内容－学科知识	–. 612	中度相关	.374	不显著
8. 内容－社会生活	–.167	弱相关	.921	不显著
9. 内容－学生经验	.000	弱相关	.208	不显著
10. 组织－知识体系	.000	弱相关	.305	不显著

（续表）

比较方面	相关系数	相关程度	差异	差异性
11. 组织－兴趣发展	.645	中度相关	.005	显著差异
12. 组织－社会生活	.873	强相关	.016	显著差异
13. 实施－教学计划	−.250	弱相关	.034	显著差异
14. 实施－适应实际	.327	一般相关	.033	显著差异
15. 实施－创生经验	.535	中度相关	.034	显著差异
16. 评价－学科知识	−.491	一般相关	.921	不显著
17. 评价－技能掌握	.707	中度相关	.034	显著差异
18. 评价－探究合作	.559	中度相关	.099	不显著
19. 评价－情感态度	—	—	.033	显著差异

（六）物理课“静电平衡”的情况

1. 评定者的内部评定

采用单样本 T 检验，将均值和期望值进行比较，分析其差异性，修正后的结果如表 6–50 所示。物理课单样本 T 检验的 p 值均大于 0.05，即不存在显著的差异，这说明评定者的内部评定具有一致性。

表 6–50　物理课的单样本 T 检验结果

分类	均值	期望值	差异性
1. 目标－学科内容	3.857	4	.356
2. 目标－教学计划	3.857	4	.356
3. 目标－学生经验	3.428	3	.078
4. 开发－知识体系	3.857	4	.356
5. 开发－高级思维	3.285	3	.356
6. 开发－多元智能	3	3	1.000
7. 内容－学科知识	3.857	4	.356
8. 内容－社会生活	3	3	1.000
9. 内容－学生经验	2.857	3	.604
10. 组织－知识体系	3.857	4	.356
11. 组织－兴趣发展	3.285	3	.457
12. 组织－社会生活	3.429	3	.078
13. 实施－教学计划	3.429	3	.200
14. 实施－适应实际	3.714	4	.200
15. 实施－创生经验	3.571	3	.172

（续表）

分类	均值	期望值	差异性
16. 评价－学科知识	3.286	3	.172
17. 评价－技能掌握	3.286	2	.078
18. 评价－探究合作	3.429	3	.200
19. 评价－情感态度	3.429	3	.457

2. 少儿班的物理课和常规课的比较

少儿班的物理课和常规课在目标－学生经验、内容－社会生活、内容－学生经验、组织－兴趣开发、组织－社会生活、实施－适应实际、实施－创生经验、评价－技能掌握、评价－探究合作和评价－情感态度 10 个方面存在显著差异。（见表 6–51）

表 6–51　北京八中物理课和常规课的比较

比较方面	相关系数	相关程度	差异	差异性
1. 目标－学科内容	.354	一般相关	.078	不显著
2. 目标－教学计划	−.417	一般负相关	.172	不显著
3. 目标－学生经验	.730	中度相关	.000	显著差异
4. 开发－知识体系	.645	中度相关	.356	不显著
5. 开发－高级思维	−.493	一般负相关	.070	不显著
6. 开发－多元智能	−.741	中度负相关	.248	不显著
7. 内容－学科知识	.645	中度相关	.356	不显著
8. 内容－社会生活	.000	弱相关	.047	显著差异
9. 内容－学生经验	−.091	弱负相关	.030	显著差异
10. 组织－知识体系	.471	般相关	.172	不显著
11. 组织－兴趣发展	.710	中度相关	.000	显著差异
12. 组织－社会生活	−.212	弱负相关	.035	显著差异
13. 实施－教学计划	−.258	一般负相关	1.000	不显著
14. 实施－适应实际	−.370	一般负相关	.035	显著差异
15. 实施－创生经验	−.651	中度负相关	.025	显著差异
16. 评价－学科知识	.548	中度相关	.689	不显著
17. 评价－技能掌握	−.645	中度负相关	.022	显著差异
18. 评价－探究合作	−.132	弱负相关	.022	显著差异
19. 评价－情感态度	−.331	一般负相关	.016	显著差异

（七）少儿班生物课“变异在生产中的应用”的情况

1. 评定者的内部评定

采用单样本 T 检验，将均值和期望值进行比较，分析差异性，修正后的结果如表 6-52 所示。生物课单样本 T 检验的 p 值均大于 0.05，即不存在显著的差异，这说明评定者的内部评定具有一致性。

表 6-52 生物课的单样本 T 检验结果

分类	均值	期望值	差异性
1. 目标 – 学科内容	3.714	4	.172
2. 目标 – 教学计划	3.571	4	.078
3. 目标 – 学生经验	2.857	3	.356
4. 开发 – 知识体系	3.429	3	.078
5. 开发 – 高级思维	3.286	3	.356
6. 开发 – 多元智能	2.857	3	.604
7. 内容 – 学科知识	3.571	4	.078
8. 内容 – 社会生活	3	3	1.000
9. 内容 – 学生经验	2.429	2	.289
10. 组织 – 知识体系	3.429	3	.200
11. 组织 – 兴趣发展	2.857	3	.689
12. 组织 – 社会生活	3	3	1.000
13. 实施 – 教学计划	3.143	3	.689
14. 实施 – 适应实际	3	3	1.000
15. 实施 – 创生经验	3.143	3	.356
16. 评价 – 学科知识	3.143	3	.604
17. 评价 – 技能掌握	3	3	1.000
18. 评价 – 探究合作	3.143	3	.604
19. 评价 – 情感态度	3	3	1.000

2. 少儿班的生物课和常规课的比较

少儿班的生物课和常规课在目标 – 学生经验、开发 – 高级思维、开发 – 多元智能、内容 – 社会生活、组织 – 社会生活、实施 – 创生经验和评价 – 技能掌握 7 个方面存在显著差异。（见表 6-53）

表 6–53　北京八中生物课和常规课的比较

比较方面	相关系数	相关程度	差异	差异性
1. 目标 – 学科内容	−.091	弱负相关	.356	不显著
2. 目标 – 教学计划	−.059	弱负相关	.457	不显著
3. 目标 – 学生经验	.258	一般相关	.030	显著差异
4. 开发 – 知识体系	.548	中度相关	.172	不显著
5. 开发 – 高级思维	.415	一般相关	.016	显著差异
6. 开发 – 多元智能	.575	中度相关	.047	显著差异
7. 内容 – 学科知识	.091	弱相关	.604	不显著
8. 内容 – 社会生活	.000	弱相关	.047	显著差异
9. 内容 – 学生经验	.194	弱相关	.140	不显著
10. 组织 – 知识体系	.113	弱相关	.689	不显著
11. 组织 – 兴趣发展	.038	弱相关	.140	不显著
12. 组织 – 社会生活	.408	一般相关	.038	显著差异
13. 实施 – 教学计划	−.651	中度负相关	.280	不显著
14. 实施 – 适应实际	−.642	中度负相关	.143	不显著
15. 实施 – 创生经验	.070	弱相关	.012	显著差异
16. 评价 – 学科知识	.194	弱相关	1.000	不显著
17. 评价 – 技能掌握	.418	一般相关	.017	显著差异
18. 评价 – 探究合作	−.091	弱负相关	.356	不显著
19. 评价 – 情感态度	−.059	弱负相关	.457	不显著

第四节　对两所学校课程设置的质性调查

我们在对两所学校课程设置的情况进行量化调查的同时，对人大附中早培班、北京八中素质班和少儿班的负责领导、任课教师和学生分别进行个案访谈和焦点团体访谈，通过定量和定性两种手段共同研究两所学校课程设置的情况。

一、对两所中学量化数据的定性总结

本部分基于对两所中学量化数据的分析，进一步对期望的创新课程和常规课程的评定进行了修正，并通过直观的图线，将人大附中早培班和北京八中少儿班的各项课程与我们修正后的常规课程进行了比较。

（一）人大附中早培班和常规课程的比较

图 6-1 为常规课程与创新人才课程期望值之间的比较，虚线三角的为我们期望的创新人才课程设置的六大维度的标准值。常规课程和期望值差异较大的方面有课程取向维度的学科内容、目标和学生经验，课程开发维度的知识体系和高水平思维，课程内容维度的学科知识和学生经验，课程组织维度的学科体系和学生兴趣，课程实施维度的教学计划和创生经验，课程评价维度的学科知识和学生情感。可见，与常规课程相比，我们期望的创新人才课程的取向更关注学生的经验，在课程开发中更关注学生高水平思维的发展，在课程内容安排上并没有把学科知识作为重点，关注的是学生经验，在课程组织上，更注重学生的兴趣和社会生活，在课程实施上，更注重实际问题和课堂中的创生经验，在课程评价上，更注重学生的探究和情感。

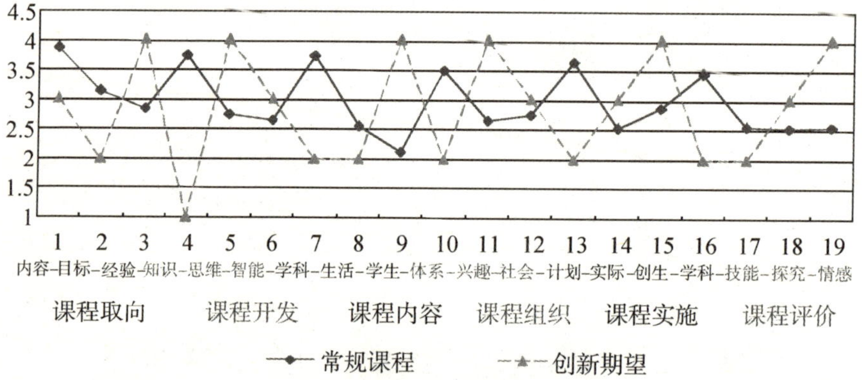

图 6-1 期望课程和常规课程的比较

图 6-2 线状加粗的为常规课程中课程设置六大维度的情况，人大附中早培班的四节课则用不同的线条和标志标出。与常规课相比，在课程取向这一维度，语文课更强调学生经验，其他三门课差别不明显；在课程开发维度上，早培班的四节课更强调高水平思维和多元智能，尤其是生物课，而常规课明显强调学科知识；在课程内容维度上，情况比较复杂，数学、化学课与常规课相似，更强调学科知识，弱化社会生活和学生体验，生物课更强调社会生活，语文课更强调学生经验；在课程组织这一维度上，常规课更强调学科体系，相对而言，生物和语文课更强调学生兴趣；在课程实施这一维度上，常规课更强调教学计划，

早培班的四节课更强调实际问题，语文和生物课强调课堂中创生的经验；在课程评价这一维度上，常规课强调学科知识，生物课更重视学生探究和情感，语文和数学课更重视学生情感，化学课则弱化学生情感。

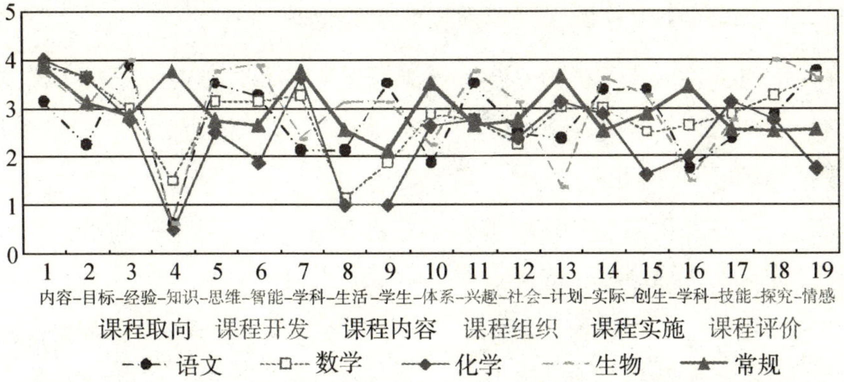

图 6-2　人大附早培班语文、数学、化学、生物四门课和常规课的比较

图中 6-3 是早培班英语、阳光少年、物理和心理课与常规课的比较。在课程取向维度，物理课、心理课与常规课类似，更为强调学科内容和课程目标，英语课更为强调学生经验，弱化学科内容和课程目标；在课程开发维度，常规课明显强调学科知识，阳光少年课更关注高水平思维和多元智能；在课程内容维度，物理与常规课类似，强调学科知识，阳光少年课关注实际生活和学生经验，英语和心理课关注学生经验；在课程组织维度，常规课更为强调学科体系，英语课明显弱化学科体系、强调学生兴趣；在课程实施维度，常规课关注教学计

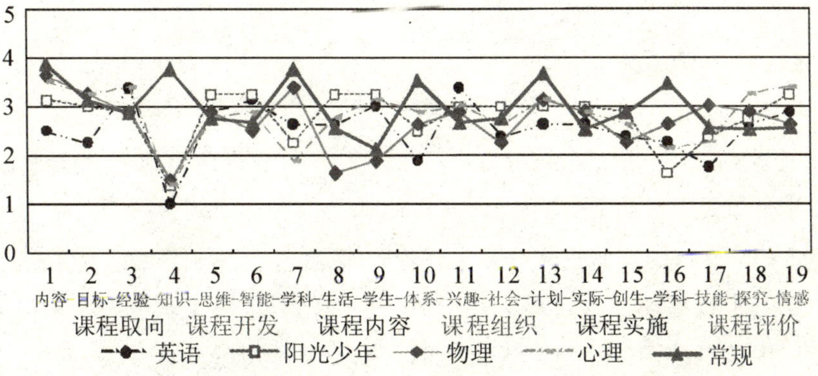

图 6-3　人大附早培班英语、阳光少年、物理、心理四门课和常规课的比较

划，阳光少年强调实际问题，其他课与常规课没有明显的差别;在课程评价维度，常规课更为强调对学科的学习和掌握方面，物理课强调学科技能，心理课强调科学探究和学生情感，阳光少年强调学生情感。

（二）北京八中少儿班课程和常规课程的比较

图 6–4 是北京八中少儿班英语、数学和语文课与常规课的比较。在课程取向维度，英语课更为关注学科内容和课程目标，数学和语文课与常规课相似，关注学科内容；在课程开发维度，除了英语课关注学生的高水平思维、弱化学科知识外，其他课程均与常规课类似，强调学科知识；在课程内容维度，少儿班的三门课与常规课一样，都关注学科知识；在课程组织维度，少儿班的三门课与常规课都强调学科体系，而数学则弱化社会和生活问题（常规课强调，少儿班的三门课则否）；在课程实施维度，常规课与少儿班的三门课都更为关注教学计划，而语文课弱化课堂中的创生；在课程评价维度，常规课更为关注学科内容的学习和掌握，语文课弱化学生技能，关注科学探究，英语课强调学科技能、科学探究和学生情感，数学课强调科学探究和学生情感，且极为关注学生情感。

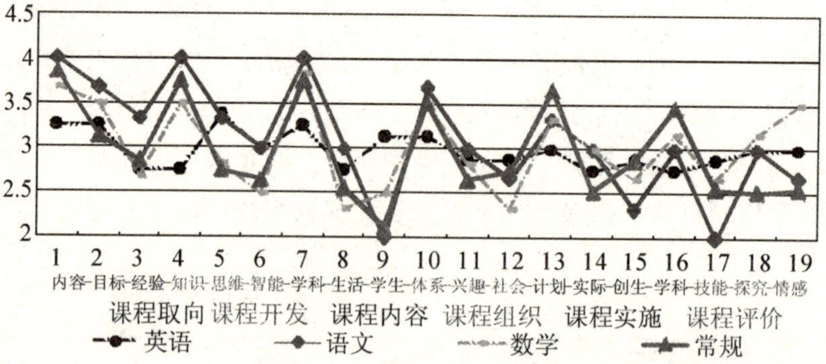

图 6–4　八中少儿班英语、数学、语文三门课和常规课的比较

图 6–5 是北京八中少儿班化学、生物、物理和地理四门课与常规课的比较。在课程取向维度，少儿班的四门课与常规课类似，均强调学科内容的深度和教学目标，物理课和地理课也关注学生经验和体验；在课程开发维度，物理、地理和生物课与常规课类似，强调学科知识体系，化学课弱化学生智能；在课程内容维度，少儿班的四门课与常规课类似，强调学科知识，地理课还关注实际生活和学生经验；在课程组织维度，少儿班的四门课与常规课类似，强调学科体

系，地理和物理课还关注学生兴趣和社会及生活问题；在课程实施维度，化学课、常规课类似，注重教学计划，物理课关注实际问题，地理课关注课堂中的创生；在课程评价维度，化学、地理和常规课类似，关注学科本身，物理和生物课关注学科技能、科学探究与学习情感。

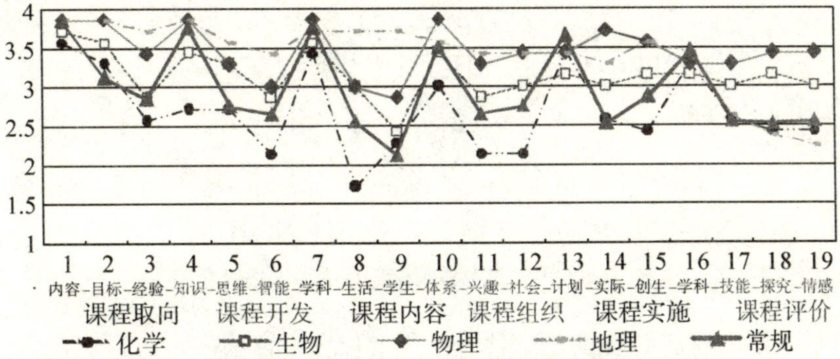

图 6–5　八中少儿班化学、生物、物理、地理四门课和常规课的比较

二、对两所学校师生访谈的定性分析

在对两所学校的课程进行观察并作量化评定的同时，我们对负责领导、任课教师和学生展开了个案访谈和焦点团体访谈，并采用文本分析方法，进行了概念图的分析。

（一）教师访谈的概念图

通过访谈，我们了解到人大附中与北京八中不同，人大附中早培班不以高考为目的，他们不仅关注学科竞赛还关注课题研究，合作机构有大学和研究机构。在招收学生时，学校很注重综合素质。早培班中的有些学生由于某方面发展突出，高二就被推荐到研究机构参与研究，担任某一项目的负责人，现在已成为研究员。早培班的课程设置和普通班一样，但深广度不同，任课教师有很大的课程自主权，他们一般以学生的经验或体验为中心，自编教材，边讲边编。课程以培养学生的多元智能为目的，更加关注学生的学习、探究或合作过程及多方面能力的发展；课程的组织关注学生的心理逻辑、兴趣和发展。早培班的氛围很宽松，可以给学生自由发展的空间。（见图 6–6）

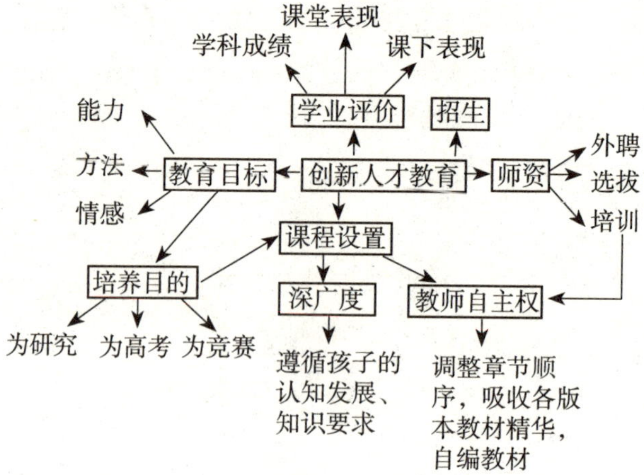

图 6–6　人大附中教师培养目的型课程设置

北京八中的课程设置突出“整合”与“探究”这两个特点。在这里，不是简单地把不同学科知识之间的综合作为追求的唯一目标，而是通过对内容的有机融合，让学生从整体上认识、从基本观念上理解学科内容。北京八中的课程开发以培养学生的高水平思维为目的展开，以最普遍的范畴和概念组成结构体系来组织教学内容，使不同学科领域的知识与技能之间达到融汇贯通；通过对科学、技术与社会的关系进行综合分析，以适应实际生活为根据，围绕社会或科学问题来组织教学；通过在专题科学探究活动中综合应用学科知识、技能、研究方法来培养学生高水平的思维和多元智能。北京八中最突出的特色是设置了文科和理科综合，多以科学探究的方式开展课程，所用教材也由教师自主编制，以学生的经验或体验为中心，突出文理贯通、学科融合，根据学生需求调整，对学生的评价也突出探究学习，更关注学生的反思、探究与合作过程，以档案袋评价为主。（见图 6–7）

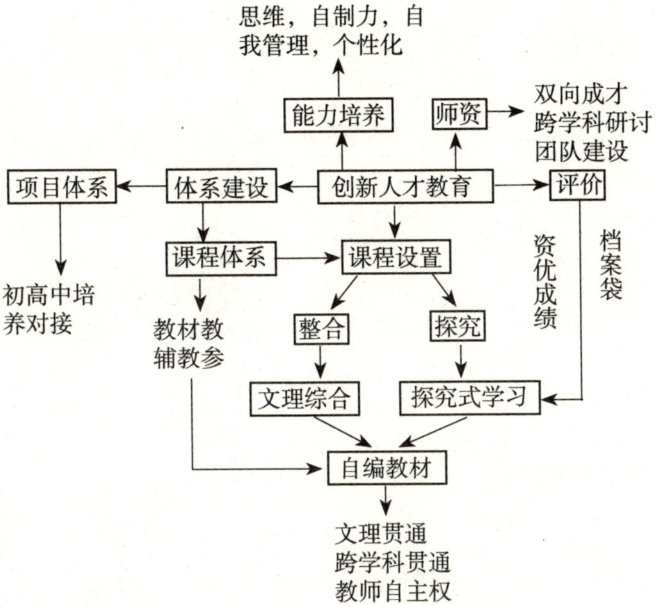

图 6–7　北京八中教师整合探究型课程设置

（二）学生焦点团体访谈的概念图

根据访谈，我们发现北京八中的学生观察能力和沟通能力都非常强，他们精力充沛，课程设置基本上满足了他们对知识的需求，但也有“吃不饱”的现象。教师以学生的经验或体验为中心，对课程内容进行删补。课程开发以培养学生的多元智能为目的展开，课程内容丰富。课程以适应实际生活为根据，围绕社会或科学问题组织，各科作业并不多，自学时间充足，学生根据自己的喜好，在外面报了不同的辅导班，吸收不同的知识。学生之间关系融洽，形成了良性竞争，各方面能力可以突出发展，但同学之间缺乏合作。可以说，学生在宽松的氛围下学习，教师尊重学生的自由发展。（见图 6–8）

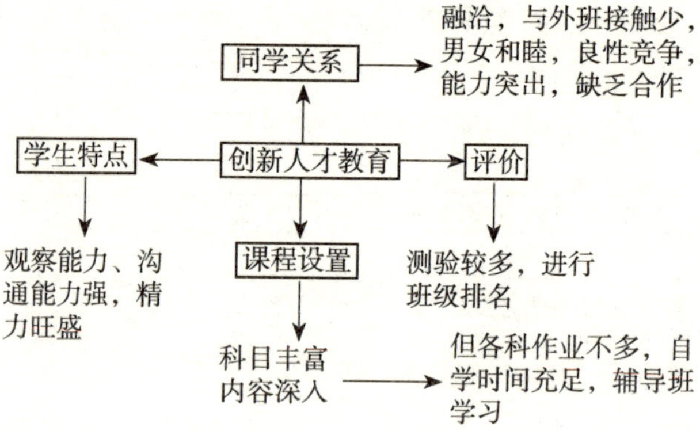

图 6-8　北京八中学生焦点团体访谈自由发展型思维导图

（三）观察员的概念图

观察员在听课过程中发现，人大附中的学生基础扎实，创新能力强；课程以学生的经验或体验为中心，关注他们的学习兴趣，课程开发以培养学生多元智能为目的展开；课堂内容以学科知识为主，以适应实际生活为根据，围绕社会或科学问题组织，课堂气氛比较宽松；教师教法多样，提问教学、小组讨论与共同探究相结合；教师以尊重学生的兴趣为本组织教学，教师自主性较大，课程的评价更关注学生的学习、探究与合作过程，但课堂管理并未过多强调纪律性。人大附中的课堂突出地尊重了学生的兴趣与学生的个性自由发展。（见图 6-9）

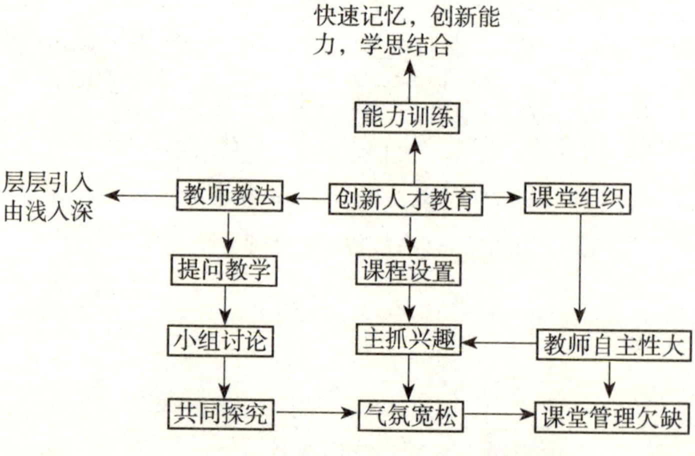

图 6-9　观察员人大附中听课总结概念图

观察员在听课过程中发现，北京八中的课程设置突出了“整合”与“探究”

两大主题，这与教师访谈的结果相符。课堂上，教师对学生进行了能力培养，通过探究问题锻炼学生的注意力和记忆力等。教师以学生的经验或体验为中心，开发了适合创新人才的课程，以培养学生的多元智能为主。教师在课程中用了多种教学方法，例如，在学习“清明上河图”时，从“画中学历史”“美术角度观赏”“艺术的殿堂走进百姓生活”三方面进行讲解，适应实际生活，围绕社会或科学问题组织教学,有效地实现了跨学科教育。课堂上学生还积极地讨论学习，彼此交流和分享不同的观点。课程的评价更关注学生的学习、探究与合作过程。（见图 6-10）

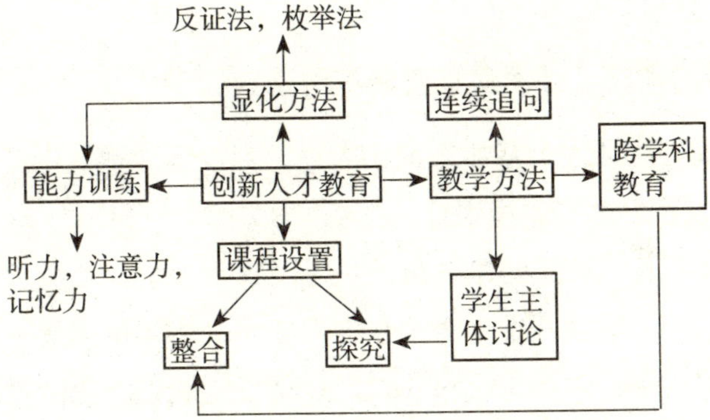

图 6-10　观察员北京八中听课总结概念图

三、两所学校混合研究的启示和建议

全国中小学正如火如荼地进行着教与学方式的重大变革，在实践新的教学模式时，往往是问题多于答案，但我们在教与学的摸索中不断总结着相关的经验。我们选取的两所中学创新人才实验班的案例，只是全国中小学创新人才培养实践的一个组成部分，很多中小学虽并没有专门的创新人才实验班，但也采用了其他多元化的教学模式和课程设置，这里只是对已有实证研究的案例进行进一步分析，以期从多个侧面对我国中小学创新人才培养的教与学提供启迪。

（一）两所学校创新人才培养的课程设置模式

应该给所有学生提供最适合他们的课程，因此两所中学采取了针对创新人才培养的特色课程设置。从国际创新人才培养的课程设置的十大模式来看，包括：人才搜寻模式、全校充实模式、自主学习模式、创造性问题解决模式、多元智力模式、普度三阶段充实模式、卡普兰框架模式、梅克矩阵、智力模型结构式以及无限才能模式。人大附中和北京八中采取的多是加速式和丰富式的课程设置方案，以人才搜寻模式为主，取得了一定的经验和成果，值得进一步研究，测查课程设置对创新人才的哪些方面有显著影响。

自主学习模式、创造性问题解决模式等属于以某种创新人才的重要素质为培养目标的课程设置模式，在我国创新人才培养中也需要进一步实践与研究。应结合主体的人才搜寻的加速模式，针对创新人才的不同特征，采用多样化的培养模式，进行课程实施的检测。

（二）期望的创新人才课程设置特征与现状

对课程设置可以从六大基本方面来考察，即课程取向、课程开发、课程内容、课程组织、课程实施和课程评价，六大基本方面又可以细分为三个不同水平。与常规课程相比，我们期望的培养创新人才的课程的取向更关注深度的课程内容和学生的经验，在课程开发中更关注学生高水平思维的发展，在课程内容的安排上更关注学生经验而不是学科知识，在课程组织上，更注重学生兴趣和社会生活，在课程实施上，更注重实际问题和课堂中的创生经验，在课程评价上，更注重学生的探究和情感评估。

从实证研究可以发现，人大附中和北京八中的创新人才培养课程多采用加速学习模式，不同学科的创新人才培养课程的设置存在一定差异，与常规课程相比，更为关注学生本身与生活实践。整体来看，在课程取向方面，除了关注学科内容或活动之外，较常规课更为关注学生经验和体验；在课程开发方面，更为强调学生的高水平思维，同时也注重发展学生的多元智能，而弱化现行教材知识体系；课程内容的选择兼顾学科知识、社会生活经验以及学生经验；课程组织围绕学科体系，也兼顾学生的心理逻辑、兴趣和发展，但是在适应实际生活、围绕社会或科学问题方面还不十分突出；课程实施方面多围绕与学生相适应的实际问题展开课堂，课堂中的创生经验还有待进一步深入；课程评价方面同时关注学生的学科知识、具体技能、科学探究和情感等。两所学校开设的诸多创新人才课程存在一定的差异，既有针对创新思维的课程，也有常规课程的丰富和加速，有必要加强各学科教师之间的合作和学科融合，形成课程群，对每一课程的设置目标和整体课程的目标进行规划，以在发展学生多元智能和创造力的不同方面，达到 1+1 大于 2 的学科综合效果。

参考文献

一、中文部分

1. 阿曼贝尔．创造性社会心理学 [M]. 上海：上海社会科学院出版社，1987.

2. 蒋志峰．脑科学与创新人才培养 [M]. 开封：河南大学出版社，2003.

3. 李士，徐治立，李成智．创新理论导论 [M]. 北京：中国科学技术大学出版社，2009.

4. [德] 汉斯•波塞尔．科学：什么是科学 [M]. 李文潮译．上海：上海三联书店，2002.

5. 林崇德．创新人才与教育创新研究 [M]. 北京：经济科学出版社，2009.

6. 林崇德．教育与发展：创新人才的心理学整合研究 [M]. 北京：北京师范大学出版社，2004.

7. 刘爱伦．思维心理学 [M]. 上海：上海教育出版社，2002.

8. 美国国家研究理事会．美国国家科学教育标准 [M]. 戢守志等译．北京：科学技术文献出版社，1999.

9. 美国科学促进协会．面向全体美国人的科学 [M]. 中国科学技术学会译．北京：科学普及出版社，2001.

10. 美国科学促进协会．科学素养的基准 [M]. 中国科学技术学会译．北京：科学普及出版社，2001.

11. 美国科学促进协会．科学教育改革的蓝本 [M]. 中国科学技术学会译．北京：科学普及出版社，2001.

12. 美国科学促进协会．科学素养的设计 [M]. 中国科学技术学会译．北京：科学普及出版社，2001.

13. 美国国家研究理事会．科学探究与国家科学教育标准——教与学的指南 [M]. 罗星凯等译．北京：科学普及出版社，2004.

14. 邵志芳．思维心理学 [M]. 上海：华东师范大学出版社，2007.

15. 施建农．成长之路 [M]. 北京：科学出版社，2008.

16. 王晶莹．科学探究论 [M]. 上海：华东师范大学出版社，2010.

17. 张庆林 . 思维心理学 [M]. 重庆：西南师范大学出版社，2007.

18. 钟启泉，崔允漷，张华 . 基础教育课程改革纲要（试行）解读 [M]. 上海：华东师范大学出版社，2001.

19. 刘彭之 . 中国人民大学附属实验中学超常儿童教育实验发展 30 年 [A]. 施建民编 . 超常儿童成长之路：中国超常教育 30 年历程 [M]. 北京：科学出版社，2008.

20. 洪振方，探究式教学的历史回顾与创造性探究模式之初探 [J]. 高雄师范大学学报，2001,（15）.

21. 陈裕方，李文德 . 5E 建构式学习环教学与一般教学法探究“生锈”概念改变成效之研究 [J]. 科学教育研究与发展季刊，2005,（39）.

22. 葛霆，周华东 . 国际创新理论的七大进展 [J]. 中国科学院院刊，2007,（6）.

23. 胡卫平，林崇德 . 青少年的科学思维能力研究 [J]. 教育研究，2003,（12）.

24. 和学新，张利钧 . 关于创新及创新人才标准的探讨 [J]. 上海教育科研，2007,（11）.

25. 刘湘瑶，李丽菁，蔡今中 . 科学认识观与社会性科学议题抉择判断之相关性探讨 [J]. 科学教育学刊，2007,（15）.

26. 马雪 . 建设创新型国家和培养创新型人才研究 [J]. 当代教育论坛，2010,（1）.

27. 秦秋，程冷杰 . 创新思维及其能力培养探析 [J]. 江苏社会科学，2009,（6）.

28. 王晶莹 . 中美科学教师探究教学课程目标达成的比较 [J]. 全球教育展望，2010,（4）.

29. 叶山岭 . 创新人才观是我国高等教育人才观的革命性变革 [J]. 中国高等教育，2009,（11）.

30. 臧玲玲，唐俭欣 . 美国青少年创造力培养的理论与实践 [J]. 外国中小学教育，2012,（2）.

31. 张海和 . OECD/PISA 研究中科学素养评价的内容 [J]. 生物学通报，2005,（7）.

32. 张项民 . 创新人才研究的理论综述与展望 [J]. 中国人才，2010,（6）.

33. 郑青岳 . 把科学探究作为课程内容的意义何在 [J]. 物理教师，2008,（4）.

34. 高振强，CIPP 教育评价模式述评 [J]. 教学与管理，1998,（Z1）.

35. 罗国忠,英国 APU 的科学探究评价案例简析 [J]. 考试与评价,2008,(8).

36. 王晶莹，郭东辉 . 中小学生科学探究能力评价的国际比较研究 [J]. 中国教师，2012,（19）.

37. 张雨强，崔允漷 . 义务教育阶段学生科学学业成就评价框架的初步开发 [J]. 华东师范大学学报（教育科学版），2010,（3）.

38. 张跃，王晶莹 . 试论基于课堂教学的形成性评价 [J]. 教学月刊（中学版），2011,（5）.

39. 赵宝钢 . 英国 GCE 物理课程科学探究能力评价的特点 [J]. 课程•教材•教法，2005,（9）.

40. 郅庭瑾，张建 . 我国中小学思维教学研究：进展、缺失与展望 [J]. 教育科学研究，2011,（1）.

41. 郭东辉，中学生科学探究能力评价的理论与实践研究 [D]. 北京：首都师范大学，2011,（6）.

42. 陈小燕 . 创新思维的哲学思考 [D]. 北京：中央民族大学，2007

43. 刘宏文 . 高中学生进行开放式科学探究活动之个案研究 [D]. 彰化：彰化师范大学，2001.

44. 王晶莹 . 中美理科教师对科学探究及其教学的认识 [D]. 上海华东师范大学，2009.

45. 张国锋 . 中学生创造力的结构、发展特点研究及其教育启示 [D]. 济南：山东师范大学，2005.

46. 中华人民共和国科学技术部 . 中小学科学探究学习实施指南(试行稿)[R]. 2010.

47. http://www.cn-teacher.com/runwen/xklw/sx/200809/404387.html.

48. http://gz2010.qlteacher.com/submission/wuli/4010404.

49. http://baike.baidu.com/view/543653.htm.

二、英文部分

1. AAAS. (1989). *Project* 2061: *Science for all Americans*. Washington，DC.

2. AAAS. (1968). *Science —A Process Approach*. New York，Xerox Corporation.

3. AAAS. (1993). *Benchmarks for Science Literacy*. New York: Oxford University Press.

4. AAAS. (2001). *The Atlas of Science Literacy*: *Project* 2061. AAAS Press.

5. AAAS. (1998). *Blueprint for Science Literacy*. New York: Oxfords University Press.

6. Andrade，H.L. and Cizek，G.J. (2009). *Handbook of Formative Assessment*, Taylor & Francis e-Library.

7. Bell，B.& Cowie，B. (2002). *Formative Assessment and Science Education*. Kluwer Academic Publishers，New York，Boston，Dordrecht，London，Moscow.

8. Bybee，R.W. (1993). *Reforming Science Education: Social Perspectives and Personal Reflections*. Teachers College Press，Columbia University.

9. Halonen，J.S.，Bosack，T.N.，Clay，S.，& McCarthy，M.(2003). A Rubric for Learning，Teaching，and Assessing Scientific Inquiry in Psychology，*Teaching of Psychology*，30(3)，98~202.

10. Hanuer，D.I.，Hatrull，G.F.，& Jacobs，S.D. (2009). *Active Assessment: Assessing Scientific Inquiry*. Springer，31~42.

11. Heller，A.K.，Mönks，J.F.，Sternberg，J.R.，& Subotnik，F.R. (2002). *International Handbook of Giftedness and Talent*. Second edition，2000. Elsevier Science & Technology.

12. Lederman，N.G. (1992). Students' and Teachers' Conceptions of the Nature of Science: A Review of the Research. *Journal of Research in Science Teaching*，29(4)，331~359.

13. Lederman, N.G.& O' Malley, M. (1990). Students' Perceptions of Tentativeness in Science: Development，Use，and Sources of Change. *Science Education*，74，225~239.

14. Lederman，N.G. (1996). The Nature of Science: *Instructional Implications for a Process More Tentative than Products*. Paper presented at the annual meeting of the National Association for Research in Science Teaching，St. Louis. MO.

15. Lederman, N.G., Lederman, J., & White, K. (2008). *Linking Progressive Development of Teachers' Understandings of Nature of Science and Scientific Inquiry with Progressive Development of Instructional Ability*. Paper presented at the meeting of NATST, Baltimore.

16. Lederman, N.G. & Zeidler, D.L. (1987). Science Teachers' Conceptions of the Nature of Science: Do They Really Influence Teacher Behavior? *Science Education*, 70(5), 721~734.

17. Lederman, N.G., Schwartz, R.S., Abd-El-Khalick, F., & Bell, R.L. (2001) . Pre-service Teachers' Understanding and Teaching of the Nature of Science: An Intervention Study, *Canadian Journal of Science*, *Mathematics and Technology Education*, 1 (2), 135~160

18. Lederman, N.G. (2007). Nature of Science: Past, Present, and Future. In Abell, S.K. & Lederman, N.G. (Eds.), *Handbook of Research on Science Education* (pp.831~880). Lawrence Erlbaum Associates.

19. Lederman, N.G., Lederman, J.S., Kim, B.S., & Ko, E. (2006) . *Project ICAN: A Program to Enhance Teachers and Students' Understandings of Nature of Science and Scientific Inquiry*. Paper presented at the annual meeting of NARST, San Francisco, California.

20. OECD. (2006). *Assessing Scientific*, *Reading and Mathematical Literacy*. Paris: OECD.

21. Ralph W. Tyler. *Basic Principles of Curriculum and Instruction*. Chicago: University of Chicago Press, 1949.

22. Sandoval, W.A. (2005). Understanding Students' Practical Epistemologies and Their Influence on Learning Through Inquiry. *Science Education*, 89, 634~656.

23. Sandoval, W. A., & Morrison, K. (2003). High School Students' Ideas About Theories and Theory Change after a Biological Inquiry Unit. *Journal of Research in Science Teaching*, 40(4), 369~392.

24. Tullberg, A., Strömdahl, H., and Lybeck, L. (1994). Students' Conception of 1 mol and Educators' Conceptions of how They Teach "the mole" .

International Journal of Science Education, 16, 145~156.

25. Tsai, C. (2002). Nested Epistemologies: Science Teacher' s Belief of Teaching, Learning and Science. *International Journal of Science Education*, 24(8), 771~783.

26. Van den Akker, J.J.H. (1998). The Science Curriculum: Between Ideals and Outcomes. In B.J. Fraser & K.G. Tobin (Eds.), *International Handbook of Science Education* (pp. 421~447). Dordrecht: Kluwer.

27. Van Driel, J.H., De Jong, O., & Verloop, N. (2002) . The Development of Preservice Chemistry Teachers' PCK. *Science Education*, 86, 572~590.

28. Wallace C.S., Kang, N.H. (2004). An Investigation of Experienced Secondary Science Teachers' Beliefs about Inquiry. *Journal of Research in Science Teaching*, 41, 936~960.

29. Welch, W. Klopfer, L. Robinson, J. & Aikenhead, G.S. (1981). Inquiry in School Science. In Harms, N. & Yager, R. (Eds.), *What Research Says to the Science Teacher*. Washington, D.C.: NSTA.

30. Wenning, C.J. (2005). Levels of Inquiry: Hierarchies of Pedagogical Practices and Inquiry Processes. *Journal of Physics Teacher Education Online*, 2, 3, 3~11.

31. White, B., & Frederiksen, J. (1998). Inquiry, Modeling, and Metacognition: Making Science Accessible to All Students. *Cognition and Instruction*, 16(1), 3~118.

32. White, R. (2001) . The Revolution in Research on Science Teaching. In Richardson, V. (Ed.), *Handbook of Research on Teaching* (4ed. pp. 457~472). New York: Macmillan.

33. Williams, M. & Burden, R.L. (2000). *Psychology for Language Teachers*. Foreign Language Teaching & Research Press, People' s Education Press and Cambridge University Press.

34. William A. Sandoval. (2005).Understanding Students' Practical Epistemologies and Their Influence on Learning Through Inquiry. *Science Education*,

89(4), 634~656.

35. Welch, W. (1979). Twenty Years of Science Curriculum Development: A Look Back. In D. Berliner (Ed.), *Review of Research in Education* (pp. 282~306). Washington, DC: AERA.

36. White, B., & Frederiksen, J. "Metacognitive Facilitation: An Approach to Making Scientific Inquiry Accessible to All." In J. Minstrell and E. van Zee (Eds.), *Inquiring into Inquiry Learning and Teaching in Science*. (pp. 331~370). Washington, DC: AAAS, 2000.

37. Wong Alice S.L. etc., *Comparison of Views about Inquiry-Based Teaching Held by Science Teachers from Hong Kong, Mainland China and United States*. Paper presented at the meeting of NATST, Baltimore.

38. Zhang, B.H., Krajcik, J.S., Sutherland, L.M., Wang, L., Wu, J., & Qian, Y. (2003). Opportunities and Challenges of China's Inquiry-Based Education Reform in Middle and High Schools. *International Journal of Science and Mathematics Education*, 1(4), 477~503.